IP To Win
创新怎样赢？

主　编　□　白光清

副主编　□　夏国红

知识产权出版社

全国百佳图书出版单位

图书在版编目（CIP）数据

IP创新怎样赢？ / 白光清主编.—北京：知识产权出版社，2017.8

ISBN 978-7-5130-5122-4

Ⅰ．①I… Ⅱ．①白… Ⅲ．①知识产权—文集 Ⅳ.①D913.04-53

中国版本图书馆CIP数据核字（2017）第223125号

责任编辑: 段红梅　石陇辉　　　　责任校对: 王　岩

装帧设计: 睿思视界　　　　　　　责任出版: 刘译文

IP创新怎样赢？

主　编　白光清
副主编　夏国红

出版发行: 知识产权出版社有限责任公司　　　　网　　址: http://www.ipph.cn

社　　址: 北京市海淀区气象路50号院　　　　邮　　编: 100081

责编电话: 010–82000860 转 8175　　　　　　责编邮箱: shilonghui@cnipr.com

发行电话: 010–82000860 转 8101/8102　　　发行传真: 010–82000893/82005070/82000270

印　　刷: 北京科信印刷有限公司　　　　　　经　　销: 各大网上书店、新华书店及相关销售网点

开　　本: 787 mm × 1092 mm　1/16　　　　印　　张: 22.25

版　　次: 2017年8月第1版　　　　　　　　印　　次: 2017年8月第1次印刷

字　　数: 350千字　　　　　　　　　　　　定　　价: 78.00元

ISBN 978-7-5130-5122-4

本书编委会

主　　编：白光清

副主编：夏国红

编　　委：王娇丽　孙瑞丰　陈敏泽

　　　　　王子元　张　丹　林婧弘

　　　　　刘　鹤　胡　延

序

国家知识产权局专利局专利审查协作北京中心的技术分享类微信公众号"IP创新赢"的文章能够合集成册、付梓出版，是一件非常好的事情。

《国家知识产权战略纲要》的战略目标中明确提出：到2020年，知识产权意识深入人心，自主知识产权的水平和拥有量能够有效支撑创新型国家建设，知识产权制度对经济发展、文化繁荣和社会建设的促进作用充分显现。

在深入实施知识产权战略行动计划、努力建设知识产权强国的新形势下，专利审查协作北京中心创设"IP创新赢"公众号是落实知识产权战略的一种具体创新实践。公众号创立以来，不仅通过生动的分析解读增强了读者的知识产权意识，同时客观上也对优秀的创新主体和创新成果进行了正面的宣传，为社会创造培育高质量核心专利、大力度保护创新成果和以转化运营提升创新价值等提供了参考。

本书中的70多位作者都多年从事知识产权工作，他们将专业知识、生活经验、兴趣特长、关注见闻等与职业技能有机结合，根据新媒体特点，进行图文并茂的观点阐述和生动形象的答疑解惑。通过"IP创新赢"，他们的经验和智慧成果，不仅能快速而广泛地分享出去，而且还能很快地收到读者的反馈，在网络空间中与读者轻松地互动起来。在移动互联时代，这样一个梳理、总结、发布、反馈、交流的过程，不仅让读者能够了解前沿科技，而且架起了知识产权工作者和读者之间的沟通桥梁。

在这个以创新赢得未来的时代，知识产权是创新驱动的基础保障，是创新创业的重要支撑。希望本书的出版不仅能够为业内人士带来思考，也为科技爱好者、科研人员、创业者以及企业家们普及知识，带来启示，解答"IP创新怎样赢"这个问题。

最后，希望本书编写组的同志们，不断总结和利用新媒体的发展和运行规律，将"IP创新赢"越办越好。

国家知识产权局专利局
专利审查协作北京中心主任

前 言

在 2016 年 8 月 9 日，国家知识产权局专利局专利审查协作北京中心的技术分享类微信公众号"IP 创新赢"创刊了。秉承着"分享 IP 技术，解读最 IN 科技"的理念，"IP 创新赢"用生动幽默的语言对百姓生活和社会热点，结合专利视角进行科学解读。一年来，公众平台作为一个知识分享的载体，通过趣味性和科普性相结合，努力转变人们对专利"冰冷"的感觉，得到大量关注和转载，在众多多媒体平台累计推送超过了一千万次，多篇文章引起了行业和社会的广泛关注和好评。

本公众号是审查协作北京中心落实国家知识产权战略，服务"大众创业，万众创新"和"中国制造 2025"的一个窗口和一次创新。通过对科技产品与相关专利的联合解读，利用专利信息全面、深度和覆盖面广的优势，对科技产品的发展历史进行梳理，对发展现状和未来的发展趋势进行探讨和预测。

本书精选了过去一年中社会反馈较好的 76 篇文章，经过修改和编辑后集结出版。本书的作者均是具有多年专利审查经验的专家型人才，利用微信传播方式的特点，幽默、科普地传递科技与专利知识。本书不仅面对专利从业人员，对科技感兴趣的爱好者也是一本很好的科普读物。从航天科技到母婴产品，既关注社会热点又关注百姓民生，既包括专利知识又解读科学原理，图文结合的方式增加了本书的可读性。

"IP 创新赢"公众号的成立和本书的出版得到了专利审查协作北京中心领导和各个部门的大力支持，在此谨表谢意。

与此同时，向所有长期关注公众号的读者、为公众号投稿的作者、转载和关注公众号文章的媒体朋友们表示衷心的感谢。希望大家能够继续关注并支持我们，为我们多提宝贵意见。

目　录

第三章　科技前沿

第四章　社会热点

第五章　智能家居

第六章　2016 年度最佳发明

Chapter1

第一章

爆款产品

1
靖王代言的水
美在哪里？

小赢说：靖王和霓凰郡主相聚跨界歌王半决赛，小赢很是激动呢！赛后，靖王含泪出局，有没有感到遗憾？有没有在"七夕"这个特别的日子很想念全民情人？不能让靖王在比赛中复活，小赢只能让靖王在朋友圈里重生。小赢七夕特别奉送——靖王代言的水美在哪里？聊聊这背后的专利故事。

当看到电视中靖王 / 赵医生满脸微笑地在水中向你扑面而来的时候，心里的小鹿有没有乱撞？

粉丝甲：哇，是靖王哥哥代言的水唉，一定要支持！不管多贵、不管好不好都要支持。

粉丝乙：你好！能不能当一个有技术含量的粉丝啊？靖王哥哥代言的水怎么可能不好？一定是高大上的呢！你看是专利产品哟——CN300829678S①。

粉丝甲：真的啊……好激动、好开心、好有型！

粉丝乙：Stop！不要激动，听我说！不比不知道，其他的矿泉水瓶都是图 1 这样的，有没有看到？这些包装瓶仅有条纹和带状产品信息配色上的小改动，没新意、没创意、没诚意。

粉丝甲：是的，是的，真像你说的唉！

粉丝乙：做靖王这样颜值与智慧并存的男神的粉丝，要做就做高端粉！靖王的水美在哪儿？再仔细往下看。

---

① 中国外观设计专利授权公告号，统一企业股份有限公司申请，2008 年 9 月 7 日获专利授权。

现有设计		
产品名称：饮料瓶（31） 公告号：CN3248573 申请人：周敬良	产品名称：饮料瓶 (16) 公告号：CN3111667 申请人：珠海市中富工业集团公司	产品名称：饮料瓶 公告号：CN301229903S 申请人：广东广粮实业有限公司
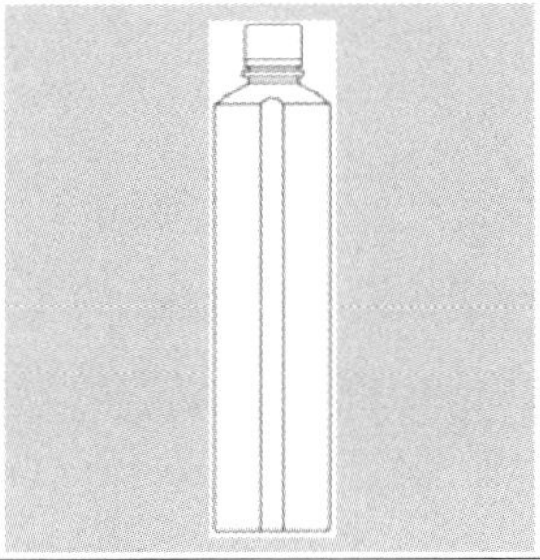		
产品名称：饮料瓶 公告号：CN301391370S 申请人：宋守伟	产品名称：饮料瓶 公告号：CN3081252 申请人：上海掬水轩食品有限公司	产品名称：饮料瓶 公告号：CN3071315 申请人：普罗克特和甘保尔公司
	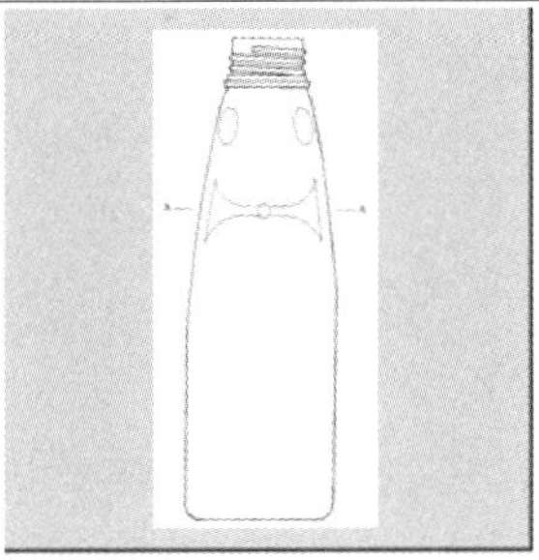	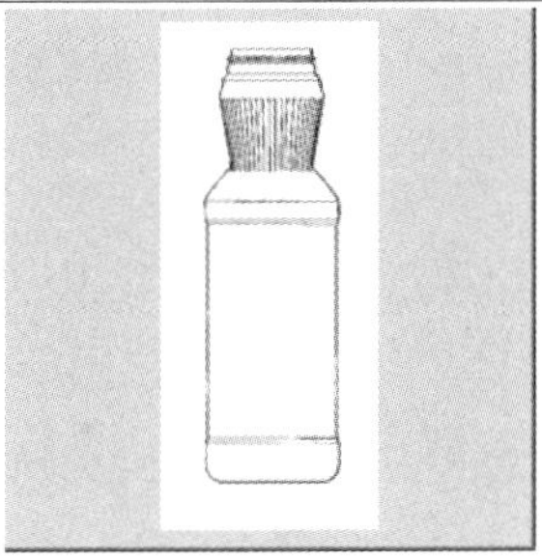
产品名称：饮料瓶（京膳堂花果饮品） 公告号：CN302893541S 申请人：乔彩宾	产品名称：饮料瓶（子弹头） 公告号：CN3427514 申请人：深圳市活力宝有限公司	产品名称：饮料瓶 公告号：CN302296518S 申请人：李治
	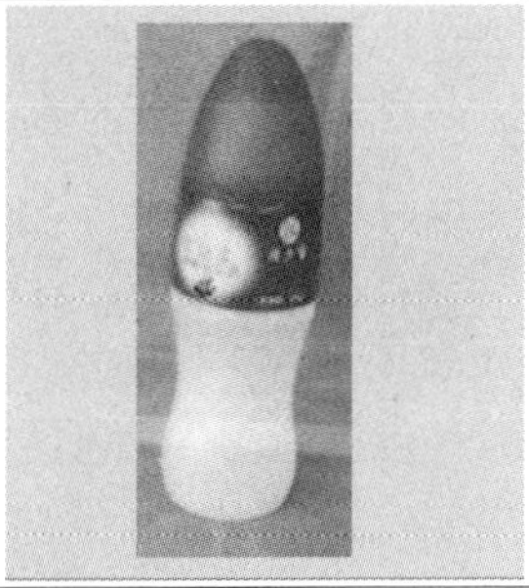	

图 1　矿泉水瓶外观设计专利公告号及附图

3

推介理由

"Less is more！"是 20 世纪 30 年代著名建筑大师路德维希·密斯·凡德罗提出的一种提倡简单、反对过度装饰的设计理念，简单的东西往往给人们的是更多的享受，简洁到极致却不简单。

本产品的设计师正是秉承这一理念把传统的纯净水包装简洁到极致（见图 2、图 3）。那么问题来了：配料成分标示在什么地方呢？

图 2　爱夸矿泉水产品宣传图

图 3　爱夸矿泉水产品实拍图

原来设计师巧妙运用了凸透镜的成像原理，标贴在背面的配料表通过透明弧面的放大作用，能清晰地显示出来，被消费者阅读（见图 4）。设计师只用一张标贴就解决了包装问题，无论从哪个角度来说都是无可挑剔，的确是美与科学原理的高度结合（见图 5）。

图 4　产品背面成分标签

图 5　手持产品背面实拍图

第一次看见这款矿泉水时有种惊艳的感觉。由于运用了直圆柱体且没有任何纹理的光滑瓶身，给人稳定感的同时更大程度上还原了人的视角——直接、强烈地感受到水的甘冽。

标签使用窄条状，并辅以纯色的底色和白色大字体文字，让人感到深远、宁静、旷达、洁净、明快。轻轻转动瓶身，又会发现设计的巧妙，一种豁然感受凸透镜原理的趣味性油然而生（见图5、图6）。

粉丝甲＆乙：怎么样，有没有来一瓶的冲动？

图6　产品室外拍摄图

本文作者：

国家知识产权局专利局

专利审查协作北京中心外观部

唐昱龙

①　爱夸矿泉水瓶图片均来自 weibo.com/alkaqua。

2

无叶风扇
为何能空穴来风？

小赢说："风扇"——太平凡、太普通不过了，以至于人们常常对其视而不见。但是，在这个炎炎夏日里，小赢偏要把这个传统小家电拿出来跟大家好好聊聊。希望从戴森的案例中大家不仅能得到创新创业的启示，也能共同感悟专利保护攻防之道！

传统风扇有台扇、转页扇、塔扇、吊扇……但它们的缺点也是众所周知。

1）安全性较差。小朋友常常好奇地伸出小手去试试扇叶到底是怎么转的，很容易发生意外事故。

2）吹出来气流断断续续，不均匀的"波浪式"气流常常让人感觉"风太硬"，吹得时间长了很不舒服。

3）运转时有一定噪声，"呼……呼……呼……"地吹个不停，还是有点影响睡眠的。

4）清洗时太考验人了，每次烦琐的拆装，文艺青年真心搞不定啊！

颠覆之作——无叶风扇

传统风扇一直固化在三个扇叶"转啊转"的模式，然而，戴森站出来 Say No，凭借黑科技打造未来感十足的颠覆之作。

图 1　戴森风扇及戴森公司创始人[①]

颠覆传统风扇之处在于——完全没有扇叶！（见图1）有了它，妈妈再也不用担心宝宝的小嫩手受伤；送风量稳定均匀、

---

① 图片源自 http://dyson.cn/community/about-dyson.aspx。

噪声小，清爽宜人的小风真是睡眠轻的人的福音；出风部件外形简单且由单一塑料组成，清洁擦拭方便，从此告别拆卸风扇外罩的日子。

专利解读黑科技——风从哪里来？

初次面对黑科技，小赢着实吓了一跳：没有扇叶，空环也能出风？

打开戴森风扇看看到底是什么神奇装置。然而……打开后我和小伙伴都被惊呆了：这个圆环打开只是一个中空的管子，什么也没有啊！（见图2）

此时，只能默念三遍"芝麻开门"，让专利技术帮咱们揭示一下无叶风扇黑科技。

图2　戴森创始人及产品剖视图[①]

戴森公司最早于2007年在英国申请了无叶风扇的专利（GB2452593A等），并于2008年在中国提交了专利申请（CN101424278A，见图3），其同族专利最早于2009年3月5日在美国公开（US2009060711A1）。

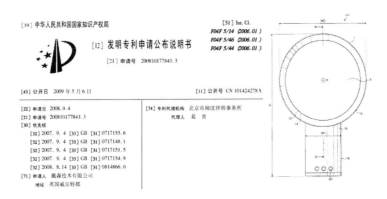

图3　CN101424278A 著录项目及说明书附图

1. 专利信息看戴森风扇发展脉络

专利文献将戴森的神奇产品揭示的一览无余（见图4~图6），无叶风扇的引擎基座中带有电力马达，能够将空气吸入基座内部，经过气旋加速器加速后，空气流通速度被增大至16倍左右，并以高速向外吹出。这就是无叶风扇的基本原理。

那么问题来了：气流是怎么倍增的？噪声是怎么消减的？

---

① 图片源自 http://baike.baidu.com。

2. 戴森风扇核心技术——空气倍增

戴森专利中公开：喷嘴的排气口处设置柯恩达（Coanda）表面。主气流通过排气口从喷嘴射出并流过柯恩达表面，将喷嘴排气口周围的空气卷吸走，像空气放大器一样将主气流和卷吸的空气吹向使用者。输出的气流具有更低湍流和更加线性的气流轮廓，更少损失能量和速度。

柯恩达表面到底是什么？其实柯恩达表面利用了流体或气体的附壁作用，即流体或气体具有离开本来流动方向，改为随着凸出的物体表面流动的倾向。这一现象也叫柯恩达效应（Coanda Effect）。而这一原理又源自何方？是如何与戴森的无叶风扇联系在一起的呢？

秉承打破沙锅问到底的精神，小赢带你回顾喷气式飞机的产生历史。1910 年，旅居巴黎的罗马尼亚人亨利·柯恩达进行了最早的喷气式飞机试验，通过活塞推动卷吸排气口空气，倍增向后喷出而产生反作用力驱动飞机前进，奠定了喷气式飞机的理论基础。随后的 30 年里，在这一理论基础上科学家们继续试验探索，终于在第二次世界大战爆发前一个星期，德国飞行员驾驶 He-178 型战斗机完成了世界上第一架喷气式飞机的成功试飞。从此，这种能够使空气倍增的表面被命名为柯恩达表面。可见，柯恩达表面既然能托起一架战斗机，那把它转用到风

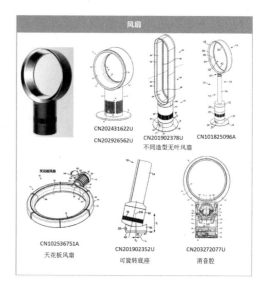

图 4　戴森风扇专利布局图

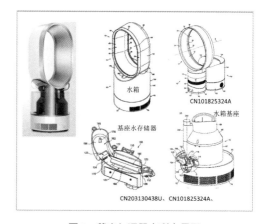

图 5　戴森加湿器专利布局图

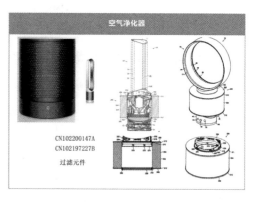

图 6　戴森空气净化器专利布局图

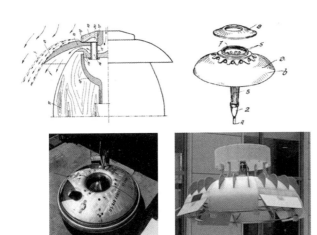

图 7　柯恩达效应①

（左上、右上均为 US2108652A 说明书附图，左下为利用了柯恩达表面原理的美军垂直升降飞行器，右下为利用柯恩达表面原理的创意飞行器）

扇中，在小型设备中吹出强劲持续的气流当然是小菜一碟！

小赢不得不感叹，戴森小小的风扇竟来自军工技术，跨界的创新力量的确不容小觑啊！

在专利文献中，小赢发现最早在 1936 年申请的美国专利（US2108652A）中就揭示了如何利用气流的流动使物件飞起来，这也是利用了柯恩达效应，如图 7 所示。是不是有点像科幻片中的飞碟呢？

搞明白原理后小赢回想了一下，戴森的产品，除了风扇外，还包括吸尘器、吹风机、干手机。这些产品都与空气动力学相关，相信也利用了戴森擅长的柯恩达效应。小赢在此大胆预测，吸油烟机也和空气动力学息息相关，也许有朝一日戴森会推出利用柯恩达效应的黑科技吸油烟机。

3. 戴森风扇核心技术——噪声消减

答案同样来自戴森的专利文献。戴森在风扇结构中应用了亥姆霍兹共振腔原理。

亥姆霍兹 (Helmholtz) 是德国著名物理学家、数学家，于 150 年前发明了亥姆霍兹共振器，无须用电即可实现放大、扩声和吸声。如果接收的声波中有与该共振腔固有基音相同的谐音，就发生共鸣，否则就听不到声音。

亥姆霍兹共振原理在耳机、音响等领域已经广泛应用，但能够跨界地将其应用于风扇中，是戴森迈出的关键一步。

将风扇的腔体设计成如图 8 所示的结构，通过腔体尺寸的调整（满足图 8 中的公式），使得腔体共振频率与马达产生的噪声频率相同，即可达到消除噪声的效果。这就是戴森无叶风扇的消音秘籍，也是跨界成功的典型案例。

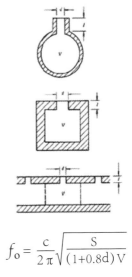

$$f_o = \frac{c}{2\pi}\sqrt{\frac{S}{(1+0.8d)V}}$$

图 8　风扇的腔体结构及腔体尺寸的调整公式

① 图片源自 http://baike.baidu.com。

9

戴森的专利之战

无叶风扇无疑是一个革命性产品，戴森公司为了保护自己的创新、获得最大市场利益，在该产品上市前进行了全面的专利布局。从 2008 年开始，戴森公司在中国申请了多达 216 件无叶风扇相关专利，其中发明专利 129 件、实用新型专利 57 件、外观设计专利 30 件。这些专利目前大多处于有效状态，形成了有效的专利保护网。

无叶风扇推向市场后迅速取得成功，很多企业生产和销售类似的无叶风扇产品。戴森则举起专利大棒，将这些企业告上法庭。目前，仅生效的专利类民事判决达 40 余件，其中大部分案件以戴森维权成功告终。

很多企业偷鸡不成蚀把米，被法院判决立即停止生产、销售侵权产品，销毁库存侵权产品和制造侵权产品的模具，并赔偿戴森损失。更有甚者，侵权企业宣告破产清算后，戴森为了主张专利权，仍将承诺对未决债务负责人的自然人股东告上法庭，要求两个原公司股东赔偿侵权经济损失，并得到法院支持。

同时，戴森还将淘宝、京东等电商作为共同被告告上法庭，迫使电商平台下架侵权产品。这样也让侵权企业无法利用电商这一当下最主要的销售渠道进行市场推广。

戴森除了在专利侵权中集中火力，还对其他企业的无叶风扇相关专利提起无效宣告请求。近年来，戴森公司向专利复审委员会提出宣告无叶风扇类专利 200 余件。其中，只有一小部分企业的无叶风扇专利进行了实质上的技术改进、能够站得住脚，而绝大部分企业的专利都只是简单的模仿和抄袭，被宣告无效。这为戴森进一步扫清了创新路上的绊脚石。

其他企业的应对之道

面对戴森的专利地雷、面对高额的市场利润，难道其他企业就眼睁睁地看着戴森赚得盆满钵满吗？

其实，一项技术的突破性创新往往会带动一系列改进型技术创新。在原创设计之外，进一步改进创新仍然可以大有作为。

部分企业深知专利武器的威力，在戴森技术的基础上进行规避

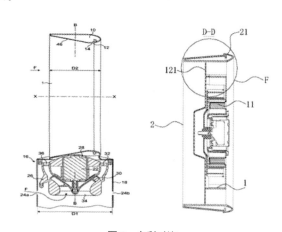

图 9　专利对比
左：戴森专利附图，风机位于产品底部
右：美的专利附图，风机位于产品中部

性设计，避开戴森的专利地雷。例如，美的将无叶风扇的风机置于风道中部，从而改变了出风路径，一方面规避了戴森的专利布局，另一方面提供了结构更为紧凑的风扇设计（见图9）。

还有的企业则更胜一筹，他们不仅规避设计，还进一步研究空气动力学，实现无叶风扇的二次创新。例如，松下公司在现有空气循环和气流走向的基础上设计出一次气流与二次气流混合的改良版无叶风扇，同时针对消费者心理，重新设计无叶风扇外观，打造了"萌版"无叶风扇（见图10）。松下也为萌版风扇申请了PCT国际申请，目前在日本和中国均已授权。

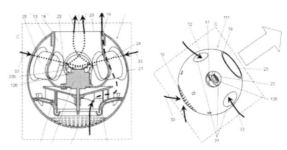

图10 松下公司无叶风扇专利附图

结语

至此，小赢通过戴森的案例总结一下企业专利运用的成功之道：

1）颠覆的技术创新往往是跨界的，而专利文献也许能给黑暗中摸索的发明人点亮一盏烛光。

2）突破性的创新更需要配有全面的专利保护，否则只能为他人做嫁衣裳。而有效专利保护能够维持企业的垄断地位，获得较高的利润，享受创新带来的先发优势。

3）后来赶上的企业，除了规避设计外，要勇于二次技术研发，站在巨人的肩膀上才能看得更高更远。

本文作者：

国家知识产权局专利局

专利审查协作北京中心专利服务部

李楠

3
揭开阿迪 NMD 跑鞋
热销之谜

小赢说: 听说过 NMD 吗? 什么, 你没听说过? 你 out 啦! 小赢不是在骂人, 这也不是美国国家导弹防御系统的简称。NMD 是阿迪达斯 2015 年 12 月发布的一款跑鞋 (见图 1), 到现在还卖断货! NMD 跑鞋的火爆有技术含量吗? 小赢带你从专利角度深度揭秘——火爆不仅靠广告, 还要看功效! [①]

图 1 阿迪达斯 NMD 跑鞋广告[①]

"NMD, 终于拥有你!" 在朋友圈看到这样的话, 第一反应是: 真没素质! 表白怎么还爆粗口? 仔细一看, 原来是一双阿迪达斯的鞋。心中不免疑惑: 至于买到一双新鞋就这么激动吗?

仔细一搜, 这双 NMD 价格不便宜啊! 官方旗舰店每双价格 1000~2000 元, 而且没货! 原色款保持着令人咋舌的售价, 某知名电商平台上第三方售价高达 6999 元!

---

① 图片源自阿迪达斯官网。

一搜该鞋的新闻，大多是：

- 2016年3月15日，阿迪达斯NMD登陆中国，因为太过火爆，部分门店只能以"先到先得"的方式限量发售。南京西路店、北京三里屯店出于安全的考虑只好临时取消销售计划。在其他正常发售的门店，铁忠粉通宵排队等待，黄牛甚至将千余元的价格炒到了3倍。

- 阿迪达斯NMD全球首发于2015年12月10日，发布会的选址就不走寻常路——在纽约的一个旧军火库，另类的风格果然与名字匹配。

那么问题来了：NMD备受追捧的原因是什么？是颜值取胜，还是技术含量爆表？

先来看颜值。有人说鞋底侧面那一红一蓝两个长方形装饰最吸引人眼球，真是很好的设计哦！然而，这并不是创新设计，其实在1985年阿迪达斯的经典跑鞋Rising Star上就有类似的设计（见图2）。

图2 阿迪达斯1985年款Rising Star跑鞋

阿迪达斯NMD是在向前辈致敬，这款融合了传统设计元素的跑鞋再次吸引了年轻人的眼球，阿迪达斯也为它申请了外观设计专利。

不只在美国本土，NMD在欧洲有4项外观设计专利（见图3）：003039619-0001、003039619-0002、003039619-0003、003039619-0004（欧盟外观设计注册号）。

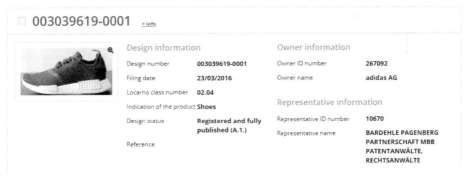

图3 欧盟外观设计专利附图

看完颜值，再来说说技术内涵。

从阿迪达斯发布的资料来看，其鞋底采用的是BOOST技术，鞋面采用的是PRIMEKNIT技术。有人说了，别净用些个洋字码来糊弄人吧，我看那个鞋底中间不就是一块白色的泡沫塑料吗？那个鞋面不就是像网兜一样的针织物吗？没什么了不起的吧！

No, no, no！BOOST 技术和 PRIMEKNIT 技术并不像看起来的那么简单。肯尼亚选手丹尼斯·基米托(Dennis Kimetto) 穿着配置 BOOST 技术的跑鞋在 2014 年柏林马拉松比赛中获得冠军，并将人类当时的马拉松纪录提高了 26 秒之多，至 2 小时 02 分 57 秒。

图 4 NMD 跑鞋拆解图

阿迪达斯把这项技术在美、日、欧、中都申请了专利。在中国，有多件专利申请与 BOOST 技术相关（见图 4），其中有代表性的是 ZL201410049624.2、ZL201410049571.4 和 CN103976506A、CN103976504A。

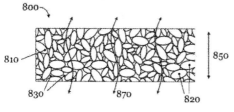

图 5 BOOST 技术膨胀粒子专利附图

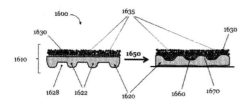

图 6 BOOST 技术膨胀材料叠加控制元件专利附图

抽丝剥茧，接下来就从专利角度带你细扒一下。看着像白色泡沫的鞋底其实并不简单，是由不规则排列的粒子组成（图 5 中标记为 820，看成是米花糖的"吃货"请和小赢一起去反省 5 分钟），这些粒子为膨胀材料，有弹性，在粒子之间或之中还存在着空隙 830。这样的设计保证了缓冲作用，还有很强大的透气功能。

BOOST 技术的鞋底除了含膨胀材料的缓冲元件，还具有不含膨胀材料的控制元件（图 6 中标记为 1620），其作用在于降低缓冲元件在特定区域内的剪切运动。通俗地说，就是在受力较大的部位（如脚后跟、脚掌外缘的部位）嵌入没有弹性的元件，防止由于鞋底变形太大而崴脚。

至于鞋面处理技术（PRIMEKNIT 技术，见图 7），主要特点是整个鞋面无缝针织成一个整体，能为鞋的每一部分提供精准的灵活度和支持力。这一技术在 2012 年伦敦奥运会期间就已经被应用在 Zero PRIMEKNIT 上了。

说起针织，其实大家并不陌生，我们穿的袜子、内衣等，很多都是针织产品。针织产品的线与线

图 7 PRIMEKNIT 技术鞋面产品图

之间都是一圈套一圈的（你要是会织毛衣肯定一下子就明白了），因此针织产品与梭织产品相比更有弹性（见图8）。

阿迪达斯的鞋面处理（PRIMEKNIT技术）很复杂吗？当然是的。其他国家不说了，在中国，CN104106883A、CN104106882A和ZL201310128387.4都与这一技术有关。看了这些专利文献你就知道了，把针织技术用在鞋上可比织毛衣复杂多了。

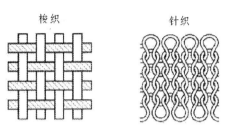

图8 梭织和针织对比示意

如图9所示，鞋面是织成一整块的，但不同部位所用的丝线材质、针织密度、针织层数又有所不同，为的是在不同的部位提供不同的弹性、耐磨度和支撑强度。为满足上述需要，织的时候要频繁地并且位置精准地换线和换针法。如此复杂的织法只有计算机控制的专用设备才能完成。

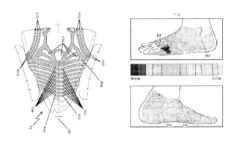

图9 鞋面不同部位对应不同织法

原来，看似简单的鞋底BOOST技术和鞋面PRIMEKNIT技术，实际都是阿迪达斯公司在制鞋方面多年的技术沉淀得到的。

综合两方面，可以公布答案了：NMD不仅具有向经典致敬的颜值，又有从鞋底到鞋面的全方位科技内涵。加上之前几代鞋的不断积累打磨，集大成之后配合成功的商业推广，难怪成为爆款。

本文作者：

国家知识产权局专利局

专利审查协作北京中心专利服务部

连书勇

4

你听到
火星在唱歌吗**？**

小 赢说：小赢第一次见到这款名为 Mars 的悬浮音箱，瞬间被吸引，莫非是"火星叔叔马丁"的作品？重视外观又在意音质的小赢在脑海中浮现出几个问题：外观这么炫，音效如何？设计、材质、工艺水平怎样？会不会又是一款哗众取宠的产品？细读本文，小赢和您一起感受来自火星的声音。

在智能音箱市场上，亚马逊的 Echo 自推出以来，销售业绩出乎意外得惊人。而谷歌也新近推出一款功能如出一辙的音箱 Google Home，欲与 Echo 一争高下。这场竞赛方兴未艾之时，一个中国团队研发的音箱产品进入了人们视线。

会唱歌的"飞碟"

这款会唱歌的"飞碟"音箱，名为 Mars by Crazybaby。Mars 由两部分组成：下面是圆柱形的低音炮底座 Mars Base，上面是飞碟造型的 360° 环绕扬声器 Mars Craft。Mars Craft

图 1　Mars 音箱外观[①]

发出的中高音和 Mars Base 发出的低音相辅相成，音响体验立体真实。Mars Craft 顶面和 Mars Base 均使用航空级铝合金材质，辅以豪华轿跑级别的抛光处理，外观充满未来科幻感。更具科幻感的是，当开启时，"飞碟"Mars Craft 会从底座缓缓升起，悬浮于距底座约 2cm 处，一边播放音乐，一边自行旋转，边缘不时闪过一道亮光；而当电量不足时，Mars Craft 便会不动声色地降落到底座充电（见图 1）。

[①]　图片源自疯童科技官网 www.Crazybaby.com。

整个过程，既充满安静的东方禅意，又充满高科技的未来科幻感，两种看似矛盾的体验和谐统一于一体。

Crazybaby 是由以张海星为首的几位年轻设计师和技术狂人组成的软硬件团队。他们的 Mars 项目于 2014 年 12 月在北美众筹平台 Indiegogo 开启后，获得了来自世界各地多达 4200 名技术人士的支持，筹款近 82 万美元。这个数字在 Indiegogo 全球所有音频类项目中位列第 3，在中国项目支持人数中排位第 1。2015 年 Crazybaby 还被李开复选中，低调完成天使投资。此次天使投资也是创新工场在智能硬件领域布局的重要一环。Mars 于 2015 年 11 月 6 日零点登录淘宝网众筹频道，同步开启国内发行。2016 年 Mars 获得了德国红点产品设计奖（Red Dot Award）。能有如此多的光环加身，源于 Mars 有很多闪亮的高科技设计。

Crazybaby 给 Mars Craft 提供了 Hi-Fi 高保真音质，这个部分小巧精致，全频扬声器、无源辐射器、CSRaptX 解码器等全部封装在 4cm 高的密封腔体内。Mars Craft 设计极简，移除了所有不必要元素，甚至充电接口都找不到，只需把它放在 Mars Base 上，然后打开底座上的电源键，Mars Craft 就会根据电量等情况自动悬浮或下落。悬浮时，Mars Craft 距离基座最高会有 20mm，理论上能维持 6 小时，当电量不足降落到底座上时自动充电。

图 2　Mars Craft 防水效果[①]

Mars Craft 可以单独作为便携式扬声器在很多场合使用。超强磁力让它可以吸附在金属材质上，如果吸附在自行车上，即使运动也不会掉落。Mars Craft 还具有 IPX7 级防水功，意味着它在 1m 深的水下能够保持 30 分钟以上不进水（见图 2），因此可以在各种户外恶劣天气下使用。

Mars base 内除磁悬浮装置外，还内置 3.75 英寸低音炮以及大容量电池，最长能支持 8 小时的播放。

Mars 智能贴心，可以通过蓝牙感应与用户的距离，自动调节音量，保持恒定音量，提供高品质音乐效果的同时还能保护听力。如果在几个房间里均放置 Mars 配合使用，随着用户走动，不同的 Mars 将相继播放用户选中的同一首音乐，带来惊喜的环绕音效体验。看电影或欣赏音乐时，可以将两只 Mars 配对，制造环绕声的效果。工作场合，Mars 又可以用作电话会议、网络会议的会话声源。

如此多的亮点，小赢最关心的还是音箱最核心的东西——音质。

---

① 图片源自极果网 www.jiguo.com/event/index/648.html。

Mars 的音效究竟如何呢？著名音乐人左小祖咒说，Crazybaby 对品质的要求，就像我对音乐制作的要求一样。著名歌手汪峰也对 Mars 的音质赞赏有加，认为其足以为用户带来 Hi-Fi 级的体验。

专利解读

Mars 音箱的磁悬浮设计追求的绝不仅是外形的酷炫和一时的新奇有趣，而是为了创造"零损耗音源"。团队邀请了曾为索尼、松下、LG 等公司提供专业声学架构设计的冈崎茂作为声学顾问，他解释说：音箱处于悬浮状态时可以减少与其他物体（如桌子）的共振，从而发出近乎无损的纯净乐声。也就是说，只要发声单元和与物体接触，就会产生不同程度的音质损耗，而悬浮于空气中能够解决这个问题，让听者享受到"零损耗"的音质。

若想达到这个目的，音箱的悬浮状态必须非常稳定。Crazybaby 团队是如何解决这个问题的呢？让我们通过专利技术来进行解密。

初步检索之下，小赢略感意外和失望。针对 Mars 这么好的产品，Crazybaby 只申请了一件外观设计专利 CN303563806S，针对其核心的磁悬浮技术没有任何专利布局。不过这也越发激起了小赢的好奇心作进一步深入的挖掘。

Crazybaby 的创始人兼首席设计师张海星曾向媒体透露，Mars 的磁悬浮技术和市面上的环形磁铁悬浮技术不同，采用了来自加州大学洛杉矶分校物理学 Martin Simon 教授在前人基础上改进形成的 Gravitron 专利技术。团队不光购买了专利，而且还委托 Simon 教授指导开发 Mars 的磁悬浮模组，最终磁悬浮模组实现得特别轻巧，这样在 Mars Base 部分就有足够多的空间来匹配低音炮功能，保证较好的低音体验，而且实现了稳定的磁悬浮结构，保证 Mars Craft 的稳定性和中高音的品质。

根据这一线索，小赢发现了 Martin Simon 教授在美国专利商标局申请并授权的发明专利 US8169114B2，通过将该专利技术与现有技术对比，解读 Mars by Crazybaby 酷炫外表下内心的小秘密。

现有磁悬浮技术通常使用的是水平放置的环形磁铁产生的竖直方向磁场，如图 3 所示。底座 4 中水平设置环形磁铁 5，其产生的磁场方向如箭头所示，带环形磁铁 2 的转子 1 是悬浮的目标对象。简单来说，通过转子磁铁与底座磁铁的磁场相斥的力，产生一个与重力对抗将转子抬升的力。[1][2]然而，在转子所在的竖直方向即 z 轴方向上，随着转子转动角度、抬升高度等因素的不同，受力是不稳定的，即在该竖直方向上无法严格保证转子悬浮的稳定性。

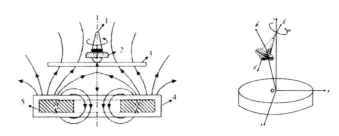

图 3　普通磁悬浮技术磁场方向

在 Martin Simon 教授的专利 US8169114B2 中，创造性地使用水平磁场实现磁悬浮。如图 4 所示，使用两个磁铁 22、23 产生水平方向

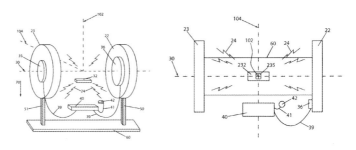

图 4　US8169114B2 中磁场方向

的磁场 24，以抬升目标物磁性元件 32。在被抬升的悬浮过程中，磁性元件 32 自然而然地在水平的 y 轴方向 104 和竖直的 z 轴方向 102 上都是稳定的，但是在水平的 x 轴方向 30 上是不稳定的。额外的电磁体 35、36 被设置在适当的位置，产生 x 轴方向的力以稳定磁性元件。将这项专利技术应用于 Mars by Crazybaby，可以想象，就像在三个方向上有多条隐形的手臂共同托举着 Mars Craft，它自然稳稳地悬浮于空中，为大家提供无损的高品质音乐。

暗藏危机

分析至此，小赢一方面衷心喜欢 Mars 这样内外兼备、追求品质的产品，另一方面在知识产权保护方面又为 Crazybaby 团队忧心不已。

关于 Mars，Crazybaby 团队目前仅在中国拥有一件外观设计专利，在美国通过支付专利费的方式可以使用 Martin Simon 教授的磁悬浮专利技术。而且 Martin Simon 并不注重对自己技术的商业化，也未在美国之外的其他国家或者地区寻求

① 万月亮，王天乙，严亮.自稳定磁悬浮系统的完整建模[J].红外与激光工程，2013，42(52).

② Martin D Simon, Lee O Heflinger, S L Ridgway, Spin stabilized magnetic levitation, 1997 American Association of Physics Teachers [J].Am. J. Phys.1997，65(4).

对该项技术的专利保护。

Mars 中使用的磁悬浮组件，并不仅仅是 US8169114B2 专利技术的简单移植，而是 Crazybaby 团队与 Martin Simon 教授合作，历时近半年研发出的磁悬浮模组，具有适应性设计的声学结构（见图5）。针对磁悬浮模组、内置 WiFi 模块、2.4 GHz 蓝牙模块、5.8GHz 私有协议模块共存于音箱内部时如何克服相互干扰，以及采用铝合金外壳的情况下如何设计天线，团队都投入了大量的时间精力进行研发。但是针对这些技术上的创新与改进，团队并未追求专利上的保护。

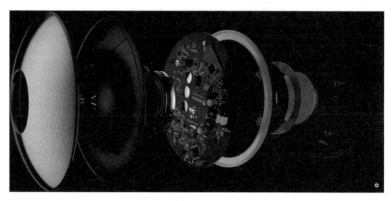

图 5 Mars 音箱结构爆炸图

实际上，我国目前有为数不少针对磁悬浮音箱的专利申请。早在 2004 年，便有一件实用新型专利申请 CN2722547Y，权利要求涉及一种音响磁悬浮底座。2012 年申请的实用新型专利 CN203167227U，2014 年申请的实用新型专利 CN204069288U，权利要求均涉及一种磁悬浮音响，包括底座和悬浮于底座上方的音箱，与 Mars 的音箱系统结构十分相似。即便这些专利权人的技术未形成产品，或者形成的产品质量不如 Mars，他们的专利依然能对 Crazybaby 团队造成困扰。这都是因为 Crazybaby 团队的专利布局实在过于薄弱，或者说根本没有布局。

同时，Mars 问世之后，大量品质提升的磁悬浮音箱陆续出现于市场，譬如声物（SOOALL）智能音箱、摩炫悬浮音箱、5D 磁悬浮音箱等，尤其是 5D 磁悬浮音箱，同样主打 360°环绕音效、零面接触无共振无损音质、18mm 悬浮高度等，与 Mars 如出一辙，而且由南京大学声学专家频谱调试，进入市场后用户口碑颇为不错。面对这种局势，在没有第一时间布局专利的情况下，Crazybaby 团队并无太好的方法来制约对手。

虽然团队创始人张海星认为"在硬件方面，我们已经有了门槛，会使山寨成本非常高"，但是在国内巨大的市场中，面对具有一定实力的竞争对手和颇具信价比优势的竞争产品，小赢认为 Crazybaby 团队并无胜算。

张海星对自己的产品非常满意，"现在磁悬浮音箱挺多的，但能做到自动升降现在就我们一家，而且磁悬浮的效果做得这么稳定，体验那么好，净空高度也是最高。"

2014 年他说，"在我的观察，从始至终，中国没有出一个高质量耳机品牌。所以我 2010 年去做一个耳机品牌，后来没有运营下去，有各种各样的原因。而 4年过去之后，我还是希望做自己的品牌，是因为这几年时间里，中国只出现了小米、锤子之类新的、提倡高性价比的手机品牌，在音频方面依然还缺乏一个高品质的品牌。""而这 4 年时间，中国资本市场并不缺钱。中国市场缺的是优秀的团队，懂得怎么去做出高品质的东西，懂得如何做市场品牌推广。而这是我做 Crazybaby的初衷，我认为我们具备这样的能力。"

时至 2016 年，小赢认为，在当下的市场环境下，要想取得商业上的成功，优秀的团队不仅应能做出高品质的东西、懂得如何做市场品牌推广，还应当懂得如何应用知识产权这件进可攻退可防的利器。

本文作者：
国家知识产权局专利局
专利审查协作北京中心通信部
高静

5
无死角自拍神器，如何让取景游刃有余？

小赢说：自拍已经成为一种文化，从明星大腕到普通老百姓，时不时"咔"两张感觉是那么惬意。您还在伸长手臂或用自拍杆来自拍吗？有这样一款神器能让自拍无死角，并释放你的双手随意摆 POSE。小赢这就带你一探究竟！

Hover camera，一款搭载无人机的自拍神器，可以飞到空中为您 360°全方位拍照，并且能够跟随您进行人脸及人形追踪。松开手，它就能直接悬浮在空中；将其抛出，它能够自动保持平衡并调整拍摄角度。如此炫酷的黑科技产品究竟隐藏了多少秘密？解开这些谜团，不是靠简单粗暴的拆卸。透过外表，从专利角度解开隐藏在它体内的秘密。

专利解密篇

这款自拍神器的出品方并非外国的高科技公司，而且来自中国的北京零零无限科技有限公司。从 2015 年 8 月开始，该公司共申请了 8 件专利，其中发明 6 件，实用新型 1 件，外观 1 件。

下面就结合这些专利，小赢带你对 Hover camera 的特点一一解密。

特点一：体型小，便于携带

Hover camera 号称全球首款真正意义上的安全携带式无人相机，其最大的特点就是安全、便携，整机只有 238g。

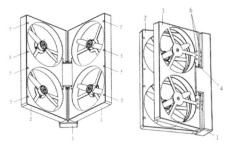

图 1　CN303700492S 附图

机翼采用碳纤维外壳（CN303700492S，见图1），没有裸露的刀片，保证用户安全，且机翼可以折叠成一个小盒子，电池和充电器也都能存放在这个盒子里（CN105235891A）。需要时展开机翼就能使用，不用时可以轻松折叠放进包里。

特点二：自动跟踪

它能自动识别人脸，捕捉被拍摄的主体。即使在运动中，也能保持用户是画面中的主角。这实际是一种控制摄像机随脸转动的方法（CN105117022A，见图2）。

图2 控制摄像机随脸转动的方法流程

特点三：手持控制

Hover camera 最酷的功能在于用户能够通过手势来控制它，将其"玩弄于股掌之中"。

该公司申请的6件发明专利中有4件涉及手持控制（CN104991561A、CN105182986A、CN105223957A、CN105116909A），从公司的专利布局中可以看出，手持控制技术是公司重点的保护对象。根据小赢推测，也是公司的主要创新。那么接下来就对这个技术来解密。

根据专利文献的记载，Hover camera 的手持控制可分为三个过程：第一个过程，手持放飞过程（CN105116909A，见图3）；第二个过程，起飞后的手势操控（CN105223957A，见图4）；第三个过程，手持回收过程（CN104991561A，见图5）。

除了手动回收之外，当检测到电量不足时，Hover camera 会自动报警，然后下降高度，自动降落到地面上。

图3 手持放飞过程控制流程

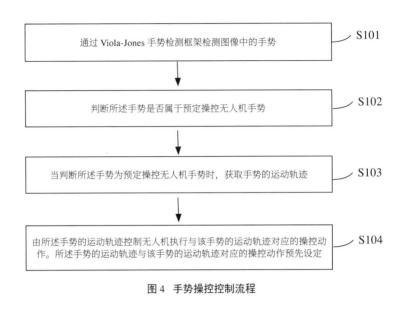

图 4 手势操控控制流程

S101 通过 Viola-Jones 手势检测框架检测图像中的手势

S102 判断所述手势是否属于预定操控无人机手势

S103 当判断所述手势为预定操控无人机手势时，获取手势的运动轨迹

S104 由所述手势的运动轨迹控制无人机执行与该手势的运动轨迹对应的操控动作。所述手势的运动轨迹与该手势的运动轨迹对应的操控动作预先设定

检测状态参数 → 是否被手触碰 → 确认时停止旋翼旋转

图 5 手持回收过程控制流程

对比篇

事实上，无人自拍概念的首次提出并非 Hover camera，而是美国的 Lily camera（见图 6）。Lily camera 只需轻轻抛向天空就可

图 6 Lily camera 外观图

以自动飞行，能够自动调节模式和角度。但由于种种原因，Lily camera 两度跳票，至今仍未上市。

还有一款类似产品是在国内有较高知名度的 Power egg（见图 7），俗称"飞蛋"，目前处于众筹阶段，同样尚未上市。

下面，小赢就让三位"豪杰"同台竞技，比拼一下。

从整机重量来看，Hover camera 为 238g，Lily camera 为 1300g，Power egg 为 2100g，可以看出，采用碳纤维的 Hover camera 完胜。

便携性方面，Hover camera 是可折叠的，Power egg 是可收纳的，二者各有特点。而

图 7 Power egg 外观图

Lily camera 则只有一种形态，略显笨重。

安全性的角度，Hover camera 也是更加有优势，Lily camera 和 Power egg 工作时机翼都裸露在外面，一旦操作不慎，用户有可能被机翼误伤。

图 8　Lily camera 适配的追踪器

在防水方面，只有 Lily camera 采用了防水机身，且防水等级达到 IP7 级（短时浸泡在 1m 深的水里将不会造成有害影响），这可算作该机型的一大亮点。

最后来说说操控性。Lily camera 需要用户佩戴一个追踪器，内置 GPS 定位器和麦克风（见图 8），而 Power egg 则使用体感遥控器来进行操控（见图 9）。相对于以上两款产品，Hover camera 手持控制用户体验度最高，完全解放双手。只

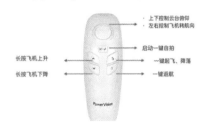

图 9　Power egg 体感遥控器

是在电池续航方面，Hover camera 在总重量的限制下，续航能力明显不及其他两款产品。

改进篇

1）Hover camera 的书本式结构十分新颖，但是众所周知，折叠的铰链部位是比较脆弱的，对于这种高空飞行拍摄器，需要更加牢固的保护结构，简单的铰接估计不能满足要求。

2）官方未提及 Hover camera 的操控距离。对于无线操控设备来说，距离永远都是软肋。视频拍摄对信号的要求更高，因此，Hover camera 的图传输效果会因环境干扰程度而受到影响，因此拍摄过程中会有相对局限性。

3）Hover camera 的声音如果仅仅通过空气远程传递给无人机的话，那么音频质量有很大提升空间，因为，刨除外界噪声不说，机翼自身旋转的声音都会大大影响声音质量。

不知北京零零无限科技有限公司是否已经开始着手改进和专利布局了呢？

结语

Hover camera 作为一款黑科技产品，于 2016 年 10 月 17 日在天猫旗舰店全球

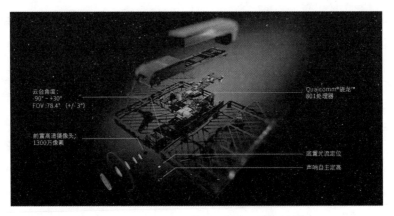

图 10　Hover camera passport 功能结构示意图

首发，产品最新型号为 Hover camera passport（见图 10）。

对于这种高科技产品小赢内心是有些不淡定的，特别是看完它的宣传片之后，感觉热血沸腾，原来自拍还能这么酷炫！也许在未来，我们不再需要跟拍的摄影师，我们要做的只是打开 Hover camera，松开手掌，让它带你放飞心旅程！

本文作者：

国家知识产权局专利局

专利审查协作北京中心电学部

嵇恒

6
细数电动平衡车的
专利江湖

小赢说："外形时尚，科技感足"是小赢对电动平衡车的第一感觉，而且听说上手（脚）容易，操控自如，小赢简直喜欢得不得了。然而，正当小赢要去购买的时候，各地禁令频出，禁止平衡车上路。所以小赢郑重提示：电动平衡车买来当玩具可以，上路行驶在很多地方可是违法的哟！

从上市开始，它就成了潮流时尚的代名词，不仅普通百姓，明星们也对其趋之若鹜。2016猴年春晚的歌曲《美丽中国走起来》，伴舞中也用它当道具；杭州 G20 峰会，它被用于公安、武警巡逻，为 G20 保驾护航，真是新型的"安保神器"。它是谁？它就是咱们今天要聊的主题:电动平衡车！

目前的电动平衡车主要分三大类: 双轮带杆、独轮、扭扭车（见图 1）。

图 1　电动平衡车分类

没油门没刹车，加速制动如何实现？

回答这个问题前，咱们来认识一下平衡车的核心部件——陀螺仪（见图 2）。陀螺仪利用高速旋转的转子在惯性空间中保持稳定不变的特性，来检测与转子的旋转轴正交的一个或两个轴的角运动情况。

上面的话有点绕口，简单来说，明白陀螺仪是用于测量角速度 / 角加速度信息的就可以了！

当身体重心向前的时候，身体带动车体前倾，陀螺仪配合加速度传感器记录了车体前倾的信息后，为了保持车体平衡 (追上重心)，反馈至控制器，控制电机带动轮子加速前进。

反之，当身体向后，则同样为了车体平衡 (等待重心)，控制器控制电机减速 / 反转使轮子减速甚至倒退。这就是平衡车的基本原理。

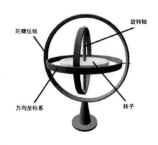

图2　陀螺仪基本原理

平衡车的专利"江湖"

依小赢看，江湖中最有实力的是三大门派：少林、武当、峨眉在平衡车的专利"江湖"也存在三大门派，且听小赢娓娓道来。

1. 少林派：纳恩博和赛格威（Ninebot & Segway）

都说天下武功皆出自少林。在平衡车行业中，赛格威 (Segway) 公司可以说是行业鼻祖。

目前据小赢统计，该公司从 20 世纪 90 年代即开始专利布局，目前拥有专利 400 余件。其中包括在美国申请于 1999 年 6 月的重要基础专利 US6302230B1（见图3）；该专利从整体上对平衡车进行了专利保护。

图3　美国专利 US6302230B1 说明书附图

2015 年 4 月，中国的纳恩博 (Ninebot) 科技有限公司成功收购了赛格威公司。据媒体披露，纳恩博的主要投资人之一为小米公司。因此，2016 年小米收购美国平衡车领导者的报道屡见报端。据江湖传闻，赛格威公司的 400 多件专利是小米非常看重的，因有此知识产权，收购兑付了较高的估值定价。

正如少林派高手众多一样，纳恩博和赛格威公司目前在行业内专利布局广、数量多，尤其在双轮带杆电动平衡车品类上拥有很大优势（见图4）。

事实上，纳恩博公司在收购世界巨头之前已经开始了专利布局。例如，其于 2014 年 6 月在中国申请的实用新型专利"动平衡车使用的腿控操纵机构"（CN204077970U）即公开了腿控方向杆。该方向杆不同于一般平衡车需要双手控制方向，能分析腿部动作控制方向，让行驶更轻松

图4　Segway i2 产品图

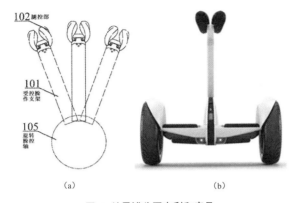

（a）　　　　　　　　（b）

图5　纳恩博公司专利和产品

（a）CN204077970U 说明书附图　（b）Ninebot 九号平衡车产品图

稳定。与该专利对应的 Ninebot 九号平衡车目前已经上市（见图5）。

同时，小赢注意到，近期该公司还推出了 Ninebot One 系列产品，志在向独轮车这一细分领域进军（见图6）。

2. 武当派：锐哲和英凡蒂（Razor & Inventist）

若说到武当派，大家最熟悉的莫过于创始人张三丰。张三丰虽然出身于少林，但是能超脱于少林武术，独创太极拳。

对于英凡蒂（Inventist）公司而言，它的宗师就是美籍华人：陈星。

图6　Ninebot One 产品图

和张三丰的相同之处在于，陈星也没有拘泥于 Segway 定义的平衡车模式，在其基础上开发了平衡车的新形态：电动独轮车和电动扭扭车。

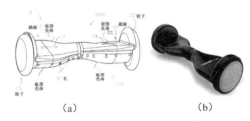

（a）　　　　　　　　（b）

图7　英凡蒂公司美国基础专利和产品

（a）US8738278B2 说明书附图

（b）Hovertrax "漂移" 产品图

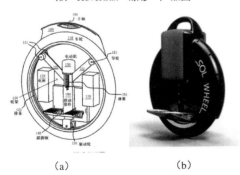

（a）　　　　　　　　（b）

图8　英凡蒂公司中国基础专利和产品

（a）CN102275621B 说明书附图

（b）Solowheel 产品图

凭借此项创新，陈星创建了 Solowheel 品牌和英凡蒂公司，并在美国和中国都进行了专利布局，其中美国专利 US8738278B2（见图7）和中国专利 CN102275621B（见图8）均为该公司的基础专利。其基础专利与产品的对应关系可见一斑。

美国著名滑板休闲车产品制造商锐哲（Razor）公司于2015年年底花费1000万美元购得陈星的美国第 US8738278B2 号专利的独占许可权；并以侵犯该专利为由向亚马逊平台提

起诉讼，下架除锐哲授权品牌之外的所有扭扭车，由此强势进入电动平衡车行业。

正如武当派的太极武功飘逸洒脱一样，锐哲和英凡蒂公司的电动扭扭车和电动独轮车丰富了电动平衡车的样式和内涵。虽然没有大量的专利布局，但是凭借电动扭扭车和电动独轮车领域的基础专利，仍然拥有很高的江湖地位。

3. 峨眉派：以骑客（Chic）为代表的国内企业

《倚天屠龙记》中的峨眉派从掌门到弟子全是女性，与大开大合的少林和柔中带刚的武当不同，峨眉的剑法轻灵飘逸，总能出奇制胜。

国内的企业虽然专利布局较晚，但着重从细节入手，在激烈的江湖纷争中独树一帜，产品注重东方美感的设计，与欧美公司的硬朗风格形成鲜明对比，宛若略显阴柔的峨眉。

国内从事电动平衡车产业的企业众多，如杭州骑客、常州爱尔威、深圳乐行天下等。杭州骑客（Chic）智能科技有限公司成立于 2013 年，拥有大约 70 件全球专利，专利主要集中在电动扭扭车系列。其主要专利包括中国专利 CN104029769B（见图 9）、美国专利 US9376155B2 等。相比于陈星的 US8738278B2 号专利，骑客对转动机构、平衡控制机构等作出了更进一步的改进。

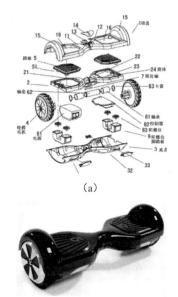

（a）

（b）

图 9　骑客公司代表专利和产品
（a）CN104029769B 说明书附图
（b）骑客 smart 产品图

专利江湖之争

专利在手，江湖我有！

你有倚天剑，我有屠龙刀，谁来号令天下武林？

小赢就当一回平衡车界的百晓生，来细数专利江湖事（见图 10~ 图 12）。

江湖随笔

专来利往总悠悠，江湖纷争几时休？

透过上述专利风云，小赢欣慰地看到，在电动平衡车领域中国企业熟练地运用了两种截然不同但都行之有效的专利运营策略。

一方面，以纳恩博公司为代表的中国企业，收购了主要竞争对手，将对手的

纳恩博和赛格威
（Ninebot& Segway）

➤ Ninebot收购Segway公司，同时小米成为Ninebot股东。
　　　　2015.04

➤ Segway、DEKA、Ninebot在美国起诉Inventist公司。
　　　　2015.09　　➤ Ninebot在北京起诉Airwheel，控告其侵犯自己的外观专利。

　　　　2015.12　　➤ Ninebot、Segway和DEKA在美国起诉Swagway。

➤ Ninebot、Segway和DEKA提出337调查申请，涉案的公司包括有Inventist、Razor、Swagway等公司。
　　　　2016.05

　　　　2016.08　　➤ Ninebot、Segway和DEKA再次向美国ITC提交337调查申请。中国厂家常州爱尔威、杭州骑客等6家公司涉案。

图 10　纳恩博和赛格威主要收购、诉讼事件

锐哲和英凡蒂
（Razor & Inventist）

➤ Razor以1000万美金购得美籍华人陈星第US8738278号专利的独占许可权。
　　　　2015.11

　　　　2015.12　　➤ Razor以侵犯US8738278号专利为由向亚马逊平台提起诉讼，下架除Razor授权品牌之外的所有扭扭车。

➤ Razor、Inventist和陈星向美国ITC提出337立案调查申请。
　　　　2016.03

　　　　2016.07　　➤ Solowheel在京东投诉ninebot产品侵害其专利权。

图 11　锐哲和英凡蒂主要收购、诉讼事件

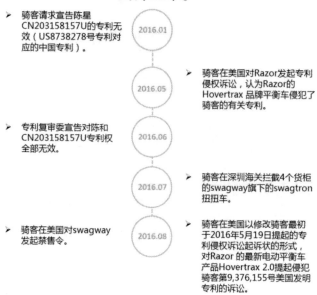

骑客（Chic）等

- 骑客请求宣告陈星 CN203158157U的专利无效（US8738278号专利对应的中国专利）。

  2016.01

  2016.05
  - 骑客在美国对Razor发起专利侵权诉讼，认为Razor的Hovertrax 品牌平衡车侵犯了骑客的有关专利。

- 专利复审委宣告对陈和 CN203158157U专利权全部无效。

  2016.06

  2016.07
  - 骑客在深圳海关拦截4个货柜的swagway旗下的swagtron扭扭车。

- 骑客在美国对swagway 发起禁售令。

  2016.08
  - 骑客在美国以修改骑客最初于2016年5月19日提起的专利侵权诉讼起诉状的形式，对Razor的最新电动平衡车产品Hovertrax 2.0提起侵犯骑客第9,376,155号美国发明专利的诉讼。

图 12 骑客主要诉讼事件

知识产权囊入自己麾下，变被动为主动；另一方面，以骑客为首的中国企业，加强研发实力，在基础专利的基础上精耕细作，进一步研发布局，利用自有专利与竞争对手对抗。

最后衷心希望，中国越来越多的企业能够熟悉专利运营，在世界的各个江湖上都能成为武林盟主。

本文作者：

国家知识产权局专利局

专利审查协作北京中心材料部

姚丽华

7
不会丢的行李箱

小赢说：旅行箱可以不用手拎，怎么样？畅想一下，旅行箱不但自己会走，还可以听话地跟着你，可以随时知道它的位置，发出命令它能自动回到你的身边。远途出行时，这能省下多少力气啊！

话说从古至今，人们对旅游的热情就从未减退过。在远古时期真是说走就走，为什么呢？因为他们完全不用行李啊！在后来，随着人民生活水平不断提高，便有了新一代简易旅行箱——包袱。到了近代，手提行李箱横空出世，20 世纪 30 年代中国的中产阶级用的都是这样的手提行李箱（见图 1）。

图 1　20 世纪 30 年代的旅行箱

直到 1991 年，美国一个名叫 Robert Plath 的航空公司飞行员，因为天天跑机场累到崩溃，就自己改进了一种新式的箱子，也就是我们今天用的拉杆箱的定型版。这个也注册了专利，取名叫 Rollaboard（见图 2）。

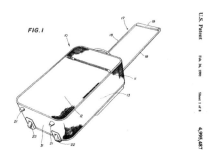

图 2　美国专利 US4995487B 说明书附图

如今旅行箱的种类越来越多，但人们还是会在旅途中遇到这样那样的囧事，让旅途分分钟变囧途：心急火燎的想拿东西，大脑却突然失忆，想不起来旅行箱的密码；在 ATM 机前专注地取钱，旅行箱却莫名其妙消失了；怕延误了飞机，一路狂奔，人上了飞机，旅行箱却不知道躺在哪里；旅途中正在打一个重要电话，手机却没电关机了……拖着几十斤重的旅行箱，狂奔几千米赶火车、赶飞机，一场旅行简直就是对臂力和体力的巨大考验啊！

在黑科技盛行今天，这些都不再是问题，一款智能"神器"统统帮你搞定！

释放双手，说走就走

Cowa robot R1，由上海酷哇机器人有限公司研发设计，它可以感知主人的位置并紧紧跟随（见图3），并能从容应对众多类型的地面，控制上无需进行复杂的操作，真正解放双手，说走就走！

遇到障碍物也能轻松躲避，R1永远不会掉队，也不会轻易迷失方向（见图4）。

如果不慎遗落行李箱，别担心，只需轻敲两下手环，R1便可以感应用户所处的方位，然后安全回到用户身边。

一对基于飞机起落架原理的主动轮，能够让R1以最高2m/s的速度随心移动，强悍的平地、坡地性能，轻松满足日常需求（见图5）。

当手掌触碰R1把手的一瞬间，主动轮会自动收起，整个过程只需要1.5s，随后用户可以将R1当做正常行李箱一样拖行（见图6）。

图3　Cowa robot R1 跟随功能[①]

图4　Cowa robot R1 自动避障功能

图5　Cowa robot R1 爬坡功能

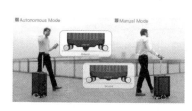

图6　Cowa robot R1 主动轮自动收起功能

图7　Cowa robot R1 手环报警及GPS定位功能

图8　Cowa robot R1 自动感应解锁功能

R1的前盖内配有一块96.5W·h的可拆卸移动电源，可以通过箱体背面的USB口连接设备进行充电，也可将其从前盖取出，单独使用。电源完全符合航空标准，即使带上飞机也没有问题。

如果超出设定的安全距离，R1会立即触发距离报警机制，手环和箱体同时发出警报。若不慎将箱子遗失，GPS功能可以让用户在手机APP上准确定位R1的位置，并精准完成搜寻路径规划，帮

① 图3~图8均来自 www.kickstartar.com。

助用户找到遗失的旅行箱（见图7）。

Co-smart 智能锁集 TSA 锁、密码锁、电子锁于一身。通过手环距离感应，超过 10cm 能够智能上锁，在 10cm 范围内又可自动解锁（见图8）。当有其他人试图打开箱子时，会自动发出警报。

专利解密 Cowa robot

从 2015 年开始，上海酷哇机器人有限公司就对 Cowa robot 旅行箱进行了专利布局，先后申请了18 件发明、实用新型和外观设计专利（检索截至 2016 年 11 月 6 日的公开信息），分布如图9所示。

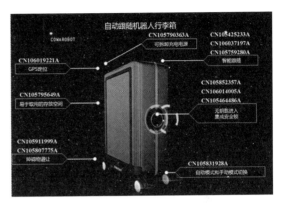

图 9　Cowa robot R1 专利布局示意

1.Co-eye 技术 —— 感知环境，合理避让

由于现实环境并不总是平坦的大道，如何检查环境中的障碍物实时避障，检查地面的凹凸情况防止旅行箱摔倒，是自动行走旅行箱面对的最大难题。

自主研发的 Co-eye 技术，通过环境感知传感器（CN105911999A，见图10），实时检测环境障碍物信息和地面的凹凸情况，根据目标位置、周围环境的障碍物分布信息和地面的凹凸信息规划出的安全无碰路径，实现移动行李箱的实时跟随避障。

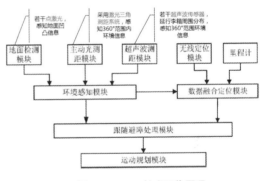

图 10　Co-eye 技术工作原理

2. 三合一智能锁——三重防护，安全无忧

R1 独有的三合一智能锁，包括密码锁、海关锁、电子锁，通过上述任一种进行开锁时，均能驱动系统带动开锁机构运动进行开锁（CN106761036A），实现了真正意义上的一键开锁功能，克服了目前普通锁如果忘带钥匙、忘记密码或电池没电就无法开锁的缺陷（见图11）。

3. 自动升降轮机构——1.5s 模式切换

为了简化操作复杂度，在障碍多需要人拉行李箱的时候，CN105831928A 能够保证迅速完成自动模式到手动模式的切换：当减速电机正向转动时，曲柄向下转动，进而带动驱动轮向下运动；当减速电机反向转动时，曲柄向上转动，进而带动驱动轮向上运动，实现驱动轮的自动升降（见图 12）。

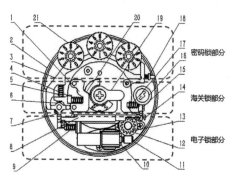

图 11　三合一智能锁结构图

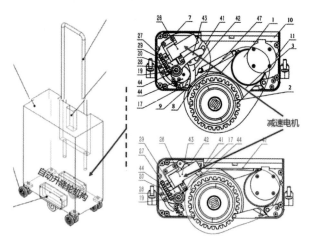

图 12　自动升降轮机构结构图

结语

Cowa robot 革命性的将机器人技术融入旅行箱中，使旅行箱完成了划时代的蜕变，一场看似遥远的变革，其实已悄然发生在您的身边。在路上注意观察，也许能看到"聪明"的行李箱正跟着谁回家！

本文作者：
国家知识产权局专利局
专利审查协作北京中心通信部
靳晶

8

乐高只是儿童积木玩具？
那就 OUT 了！

小 赢说：乐高在官网上陆续公布了 2017 年新品图片，一大波新的乐高玩具即将来袭。你准备好了吗？

在很多人眼中，乐高仅仅是小孩儿玩的拼插模型积木玩具……嗯，乐高应该是这样的（见图 1）。充分发挥想象力，高手玩乐高，可能是这样的（见图 2）。所以，很多人对沉浸在乐高世界里的成年人感到难以理解。

可事实上，乐高代表着无限的可能。在虚拟现实、3D 打印和可编程机器人这样的热门领域也少不了乐高的身影。

图 1　乐高拼接积木示意 1

图 2　乐高拼接积木示意 2

虚拟现实

近几年，乐高推出的乐高 Fusion，将电子设备 APP 与积木结合起来。玩家可以把用积木建好的小房子放进游戏中。在游戏中打开摄像头，它会识别各块积木的尺寸和颜色，很快，玩家就会在游戏里得到他在现实中用积木建成的物体。这个游戏的妙处在于，游戏里的每一个物体，都是在现实中使用乐高积木创建，并且由玩家扫描进游戏中，现实与游戏完美地结合在一起。或许，你直接给小孩子

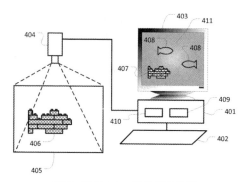

图 3 乐高 Fusion 系统扫描示意

一大堆砖块时他会脑子里一片空白，但是配合游戏，给他们一个目标，他们很快便会得心应手。

这个游戏背后的奥秘在哪里？乐高的专利 WO2015/185629A2（见图 3）公布了细节：把搭建好的积木放在摄像头 404 前，摄像头就能捕捉到积木的画面，并传回图像处理系统 401。当用户在摄像头前转动积木，系统就能捕捉到积木在各个方向的画面，经过复杂的计算，将这些 2D 画面转化为乐高积木所搭建出的 3D 模型，并传送到游戏中（见图 4）。

这是计算机视觉的一个精妙应用，小小的摄像头连通了现实生活与虚拟世界。看完这些专利，你是不是已经想去体验一番？

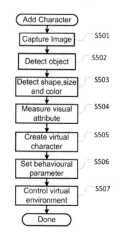

图 4 乐高 Fusion 系统工作流程

3D 打印

经常有 3D 打印机打印乐高模块的新闻。乐高的积木要求具有极高的加工精度，两地积木之间过松或过紧，就无法顺利地拼装上。

通过 3D 打印可以创造出前所未有的积木（比如图 5 中逼真的飞机驾驶舱）但它怎么和其他乐高积木连接呢？

乐高在 CN103648600A 中给出了一个全新

图 5 乐高飞机玩具示意

的解决方案：图 6 中部件 3 的两个爪是有弹性的，可以轻松抓住飞机驾驶舱上的连接孔，这样精度没那么高的 3D 打印部件也可以和其他乐高模块完美地装配在一起。

所有基本乐高组件都由主要成分为丙烯腈·丁二烯·苯乙烯共聚物（ABS）的塑料颗粒制成。机器使用非常精准的模具（精度公差仅为 0.002mm）来制造这些颗粒。

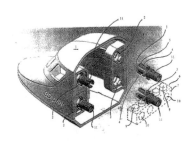

图 6 乐高 3D 打印部件与弹性抓链接示意

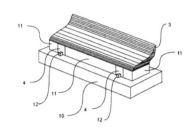

图7 乐高永久性组合两部件示意

有时，玩家需要永久性地把两个部件组合成一个，CN104428152A（见图7）给出了另一种连接的方式，先精确注塑建造基本部件，随后通过3D打印在基本部件上直接形成所需形状。

通过高精度3D打印出的乐高部件的完美拼合，加上具有各种功能的心脏，乐高可以实现令人难以想象的功能，其在各领域的强势蔓延以及独特的用户体现效果，令很多成人玩家欲罢不能。例如，安装了机械结构的乐高可以成为高效率的织毛衣机器；搭载了活塞式发动机的乐高汽车，"心"潮澎湃，动力十足，还采用全独立悬架，开起来和真的汽车一样。

对于3D部件的设计，乐高在WO2013004720A中给出了一种积木元件的设计系统（见图8），通过后台强大的算法和完备的数据库支撑，用户仅需要在设计系统中使用鼠标拖拽，就可以轻松创建出独有的乐高积木，所有的细节系统在后台都会为你考虑周全。

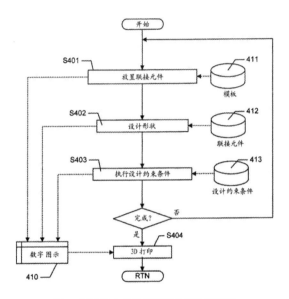

图8 乐高积木元件的设计系统工作流程

可编程机器人

乐高可编程机器人已经发展了三代（见图9），最新一代产品为2013年发布的Mind Storms EV3，它的核心是一个可编程控制器，包含输入输出接口、液晶显示屏、蓝牙模块等，同时配有各种传感器和电机，以实现复杂的动作。此外，玩家还可以通过手机或者电脑实现对EV3的控制。

图9 乐高一、二、三代机器人的控制器

图10是EV3控制器、发动机和相关传感器，通过这些设置，EV3的机器人可以拥有变化多样的形态（见图11）。

怎么样，够不够酷？乐高在CN101896239A中公开了一种玩具构建系统的控制方法，其在可视化编程环境中将代表简单示范性程序的许多程序图标安排在工作区上的窗口中，程序执行期间，程序检验其连接的构建元件是否发生了变化，根据变化情况执行相应的功能。CN101454059A、CN101132842A、CN101076386A等专利申请也都公开了玩具构建系统中功能器件如何响应外部触发器事件，以触发执行相应的功能。

从一个一个的凹凸小颗粒，经过3D打印、虚拟现实技术，一直发展到EV3，乐高让无数玩家使用它多样的产品展现出惊人的创造力，也让大家认识到在坚实的知识产权保护的基础上，跨领域融合技术在一个个凹凸颗粒玩具中展现出的神奇魔力。

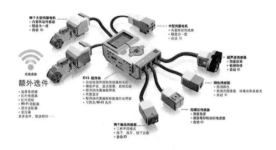

图 10　EV3 的控制器扩展功能

图 11　EV3 机器人不同形态

本文作者：

国家知识产权局专利局

专利审查协作北京中心电学部

王芳

9 想静静？

你需要的是降噪耳机

小赢说：在喧嚣的城市生活中如何提高生活品质？使用降噪耳机应该是个让你不后悔的选择。无论是想躲避窗外的吵闹还是地铁公交上的噪声，戴上降噪耳机都能让你瞬间清静，感觉整个世界都不一样了。

有没有这样的经历：在噪杂环境中电话铃响，一边四处张望，寻找安静的地方，一边捂着耳朵对着手机大喊，但最终还是什么也听不到……

是否厌恶耳机连线的牵绊，头疼耳机线在包中纠缠如乱麻，感叹单声道蓝牙耳机能接电话却不适合听音乐，抱怨大多立体声蓝牙耳机的挂颈线不舒服，也嫌弃电池和麦克风带来额外负担？

图 1 RippleBuds 产品图①

一款叫做 RippleBuds 的小巧且高颜值的蓝牙无线耳机就能解决这些烦恼（见图 1）。

没有冗长杂乱的线，没有沉重的外置麦克风，重量只有 4.5g。能单独使用，

图 2 CN303572434S 附图

图 3 CN303572435S 附图

---

① 图片源自 ripplebuds.com。

也可以组队立体声播放，是不是很小巧方便？

如此帅气的外观，是否独创？RippleBuds 在中国拥有两件有效的外观专利（CN303572434S 和 CN303572435S，见图2、图3）对其外观设计进行360°全方位保护。

原理揭秘

先来对耳机传音原理和降噪技术进行梳理，做个横向对比（见表1）。

表1 传统耳机、骨传导耳机和 RippleBuds 耳机原理及优缺点对比

	传统耳机	骨传导耳机	RippleBuds
原理	由安置于耳机内的信号麦克风侦测耳朵能听到的环境中的低频噪声，将噪声信号传至降噪电路，降噪电路进行实时运算，通过喇叭发射与噪声相位相反、振幅相同的声波来抵消噪声	通过人说话时头骨的震动作为声音的采集源，将声音转化为不同频率的机械振动，通过人的颅骨、骨迷路、内耳淋巴液、螺旋器、听神经、听觉中枢来传递声波	在耳道内进行声音采集，同时通过与耳道完美契合的隔音罩，有效地隔绝外部噪声，使得通话双方都能够听到彼此清晰的声音
优点	1) 各频段声音的音质都很好 2) 降噪效果好，漏音不明显	1) 彻底解放双耳，佩戴舒适 2) 能清晰地采集语音信号	1) 各频段声音的音质都很好 2) 降噪效果好，漏音不明显 3) 体积小、重量轻，佩戴舒适
缺点	1) 外置 MIC，体积大 2) 长时间使用耳朵不舒服 3) 价格高	1) 挂耳式结构，体积大 2) 声音小，且漏音明显 3) 无低频声音，且中频和高频的音质效果也一般	价格高

1）传统耳机的传音方式不必多说，主动降噪技术是不是有种"以毒攻毒"的感觉？这类耳机中比较有代表性的是 BOSE 的 Quiet Comfort35，森海塞尔的 PXC 450，菲利普的 Fidelio NC1 以及魔音录音师的 Bests Studio2.0。

2）骨传导耳机可以彻底解放耳朵，就连有听觉障碍的人也可以听到自己的声音。这类耳机中比较有代表性的是 AfterShoke 的 Trekz Tiianium 和 Bluez2，Panasonic 的 RP-BTGS10。

3) RippleBuds 的降噪属于被动式降噪，通过结构设计解决降噪问题，能够隔绝外部 30dB 的噪声。

RippleBuds 如此小巧，如何将扬声、拾音、降噪这些功能集于一身，又不互相干扰呢？

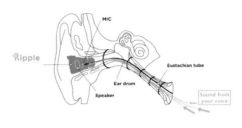

图 4　RippleBuds 原理图[①]

结构设计及回声消除

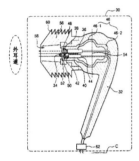

图 5　RippleBuds 耳机结构

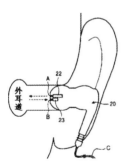

图 6　RippleBuds 回声处理

作为 RippleBuds 的基础技术，申请人早在 2011 年就通过专利申请并获得保护（CN102972043B 和 CN103460714B，见图 4）。

RippleBuds 将麦克风设置于耳道内，通过采集耳道内的声音从而有效地避免了外界噪声的对声音采集的影响（见图 5）。

但是，由于扬声器和麦克风均设置于耳道内，因此就需要处理回声现象。为了避免回声，RippleBuds 的内部电路采用了先进的分离磁性平衡式扬声器和指向性麦克风，并且分离磁性平衡式扬声器使用密闭式的结构，使得扬声器完全密封，彻底地消除回声并且切断来自外部的周围的噪声（见图 6）。

此外，为了对该项技术进行全面的保护，申请人在 2015 年以 2011 年提交的在先专利申请为基础，再次提交了两项分案申请（CN105611439A 和 CN105611440A），可见其对该项技术的重视程度。

噪声隔离

RippleBuds 采用入耳式设计，耳机壳体内设置有隔音罩（见图 7）。扬声器、麦克风通过收纳槽分离设置，这种结构能够增大麦克风音量、提高音质、减小耳机前壳体的体积。

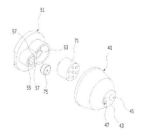

图 7　RippleBuds 入耳式结构

---

　①　图片源自 ripplebuds.com。

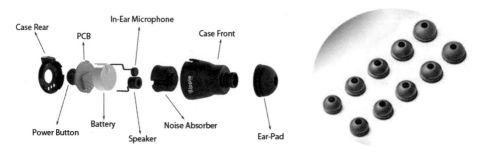

图 8　RippleBuds 产品结构爆炸图①　　　　　图 9　RippleBuds 不同型号耳垫②

　　为了取得更好的隔音效果，罩主体和插入凸出部以硅胶、橡胶或合成树脂为材质构成，切断从外部流入的噪声并防止声音泄漏，此外还能使得耳机具备防水的功能（见图 8）。

　　为增加佩戴舒适性，RippleBuds 根据不同人耳大小，设计了五款耳垫（见图 9）。总有一款适合你！

　　作为 RippleBuds 降噪耳机的核心技术，申请人通过专利申请 CN10606068A 和 CN104365116A 对其降噪原理和电路设计进行了全方位的保护。

图 10　RippleBuds 胶囊收纳盒③

防手机 / 耳机丢失

　　RippleBuds 能够监测手机发出的蓝牙信号，根据接收的信号判断手机和耳机是否离开了预设的距离，当超出了预设的距离时，通过语音、振动等各种方式向使用者发出警告。针对该项技术，RippleBuds 团队也通过专利申请 CN104412614A 进行了详细地保护。

　　为防止 RippleBuds 耳机在不使用时丢失，产品配套有胶囊收纳盒（见图 10），这款收纳盒除收纳功能外，还兼具充电功能，可随时为耳机补充电量，是名副其实的胶囊充电棒。胶囊充电棒可以为耳机充电 6 次。如此贴心，旅途携带就没有后顾之忧喽。

---

①②③　图片源自 ripplebuds.com。

专利布局

RippleBuds 团队的专利意识非常强，对 RippleBuds 耳机进行了完善的专利布局。目前，其在多个国家和地区共申请了 113 件专利，专利覆盖范围包括中国、韩国、美国、日本、新加坡、中国香港、欧洲和印度。完备的专利保护体系为 RippleBuds 产品提供强有力的保护，让山寨或抄袭者望而却步。

虽然小巧的蓝牙降噪耳机不只 RippleBuds 一款，但 RippleBuds 通过结构设计进行阻噪，是结构设计上比较用心的被动降噪耳机。

看完上面的介绍，你心动了吗？最后贴个同类热门产品对比供参考（见表 2）。

表 2 RippleBuds 与其他产品的功能对照

耳机品牌	RippleBuds	DASH	DOT	ENJOYOU/ ROWKIN	EARIN
100dB 环境下通话	可以	不确定	不确定	不可以	不确定
噪声消除方法	噪声隔离	噪声抵消	噪声抵消	噪声抵消	噪声抵消
通话时长	5h	4h	3h	1.5h	3h
重量	4.5g	13.8g	3.5g	3.5g	5g
外置便携式充电器 为耳机充电次数	6 次	5 次	6 次	6 次	2 次
零售价 立体声 / 单声道	$179/$129	$299/-	$149/$99	VARIES	$250/-

本文作者：

国家知识产权局专利局

专利审查协作北京中心通信部

张翠玲

10
护肤品不奏效？
你可能需要一款美容仪

小赢说：女人基本分为两种，一种是已经戴上美人儿光环的，另一种是正在变美路上的。但无论哪种，都有一个共同的心愿——自己成为不老的神话！

同龄人中也许会有"天山童姥"，有着与年龄不相配的年轻容颜。就像与林志颖同岁的郭德纲对这样感慨道："你再不老我们就疯了！"然而现实中"冻颜人"少之又少，而且很多时候是化妆和美颜后的效果，骗得了别人却骗不了自己。当夜幕降临，卸去妆容，留给同床共枕的 Ta 又是怎样一副面容？

小赢认为，真正能延缓衰老的办法只有一个，那就是——认！真！护！肤！先和小赢复习一下护肤三部曲。

护肤的第一步：清洁。但是，只用洗面奶搓搓脸就叫清洁了？清洁不到位，就算用再好的护肤品也白搭。

护肤的第二步：擦护肤品。但是，肌底液、水、精华、乳液、眼霜、面霜，光用手拍拍就能让护肤品都吸收进去吗？

护肤第三步：按摩。大家都知道按摩能够起到对皮肤提拉的效果，但是怎样按摩是正确的呢？

有人会说：上述问题交给美容院解决就好了。小赢却有几个疑问：每天要洗脸，都要往美容院跑吗？至少小赢是没有这个精力的（主要原因是没钱）。美容院的产品就一定靠谱吗？高科技时代有便携好用的产品吗？

为了解决上面的问题，小赢从专利到产品，再从产品到专利，聊一聊当前市面比较火热的美容仪器们，究竟是神器还是鸡肋。看完本文希望大家自有答案。

ReFa

ReFa 由株式会社 MTG（日本）研制（以下简称 MTG），是一款用微电流对人体进行按摩以达到瘦身瘦脸功效的按摩仪。据 MTG 官网统计，2009 年 2 月～2016 年 8 月，ReFa 系列累计销售超过 500 万个！

"精致的外观设计，充分满足女性最性感和最挑剔的审美"看过这条官方宣传语，再结合产品外观（见图 1b），很多网友的评论就显得不淡定了："相视一笑，笑而不语""Excuse me? 我还是个宝宝""文案水平堪比某某斯"。

Refa 不仅是专利产品（CN103750992B），而且是同系列产品中的性价比之王，图 1a 中手柄 11 上的太阳能面板 24 在光照时，以及内有永久磁石的滚轮 17 在滚动时均可以产生微

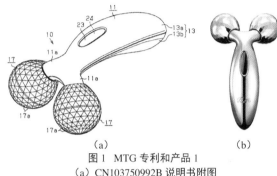

图 1　MTG 专利和产品 1
(a) CN103750992B 说明书附图
(b) ReFa 基本款产品图

电流。根据该公司宣传，滚轮在肌肤上正向移动时能够按压肌肤使毛孔张开，反向移动时能够揪起肌肤使毛孔收缩，可以去除毛孔内的污物，坚持使用不仅能瘦脸去水肿，还能促进血液流动，促进淋巴液循环，起到美容排毒的效果。听起来是不是很神奇？

再来看一下 ReFa 的其他姐妹产品。

MTG 还推出了专门用来按摩身体的美容仪（见图 2b），也申请了专利（CN104000713A），该产品增加了太阳能电池面板和滚轮的数目，相对于基础型 ReFa 无需往返移动，仅通过朝一个方

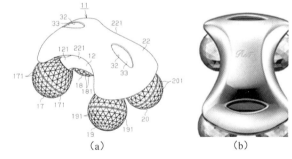

图 2　MTG 专利和产品 2
(a) CN104000713A 说明书附图
(b) ReFa 按摩身体款产品图

向移动就能够同时获得对于肌肤的按压与揪起的不同的按摩效果。

当然，细心的 MTG 怎么会忘了女人最注重的眼部护理。这款改进产品（CN106038210A，见图 3）尺寸比基本型 ReFa 小，眼部和嘴部专用，据称可以淡化眼周细纹和法令纹。如果真地好用，姑娘们就尽情地笑吧，再也不用担心鱼尾纹啦。

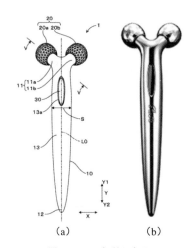

图3 MTG专利和产品3
（a）CN106038210A 说明书附图
（b）ReFa 眼部护理款产品图

看图4这个形状你想到了什么？没错，就是咱老祖宗的刮痧板儿！这款也是 MTG 的产品，一样提前进行了专利布局（见图4）。它融合了中国古老的刮痧板技术，不同边缘适用不同部位，内置电池能够通过边缘导电，加上美容液的负离子成分导入，加强吸收效果。

小赢写到这儿，自己都想买来用用了，这款适用于多部位的产品功能简直太强大了。都不用买导入仪了！等等，你不知道什么是导入仪？那小赢后面会介绍。有没有瞬间觉得，女人的世界好复杂？

分析了 MTG 公司的产品和专利后，小赢觉得，该公司的针对性很强。以按摩部位分，有脸部、身体、眼部专用；按形状分，不仅有两轮、四轮，其实还有一个轮的（本文未展示）。该公司的专利从多角度布局，而且更新换代速度很快。

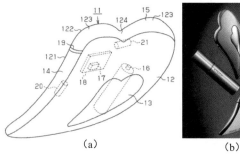

图4 MTG专利和产品4
（a）CN104274903A 说明书附图
（b）ReFa 刮痧板款产品图

对该公司的专利进行分析可以看出：ReFa 在全球各国家和地区的申请数量排名依次是：日本、中国、中国台湾和韩国（见图5）。有数据显示，这也和公司在全球的销量分布一致。

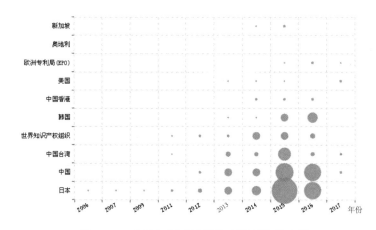

图5 MTG公司全球专利申请量时间及地区分布图

MTG 这么重视创新，不知道将来能不能发明一款不用亲自动手的 ReFa，自动在脸上和全身滚来滚去，这是小赢作为一个懒人的心愿。

MTG 的故事讲完了？等等，我们还有——MTG 彩蛋篇。

在检查 MTG 公司专利过程中，小赢发现了这样一款产品"PAO 脸部锻炼棒"（见图6），在中国也申请了专利（CN105246555A）。使用者用嘴含住该产品并上下摇晃来锻炼使用者的口轮匝肌、颊肌、笑肌、大颧肌、小颧肌等面部肌肉。根据官网介绍：每天2次，每次30秒，面部健美，让青春美貌常在。不管这东西是否有效，小赢表示，要每天叼着这么奇怪的东东摇头晃脑实在做不到哇！

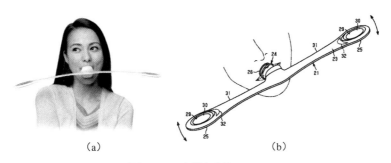

（a）　　　　　　　　　　　　　（b）

图 6　MTG 专利和产品 6

（a）PAO 脸部锻炼棒使用图　　　　（b）CN105246555A 说明书附图

导入／导出仪 HITACHI

前面承诺过的导入仪，小赢来兑现了。日立 n3000 可以说是近年来在中国很火的一款导入仪了（见图7b），具有对皮肤进行导入、导出、热敷、冷敷的功能。这同样也是一款专利产品（CN104869951B，图7a）。根据其说明书文件记载，将浸湿了化妆水的化妆棉装配在电极上，将温热导头2接触皮肤，可以打开毛孔，利用离子导出毛孔的脏污，比如黑头；还可以向皮肤提供脉冲电流，导入离子，促进化妆水的渗透。

该发明同时在日本、韩国、中国进行了专利申请。看样子，不只 MTG，日立也是主打中日韩这三个国家。

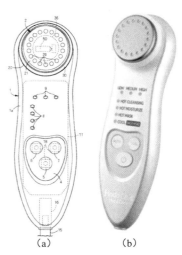

（a）　　　　（b）

图 7　日立专利和产品

（a）CN104869951B 说明书附图

（b）日立 n3000 导入仪产品图

同类型的产品还有 **YA-MAN** 的美容仪，也是在国内火爆的一款美容仪。不同之处是在导入导出的功能之上还增加了 LED 红光嫩肤、EMS 提拉、COOL 冷冻收缩毛孔（带蓝光）的功效，当然价格也是比日立要贵一倍。

通过对美容仪多篇专利进行阅读，小赢认为，现在美容仪发展的趋势是将美容院的那些光子嫩肤、水光针等技术应用的方便小巧的仪器上，让大家足不出户在家躺着就能享受到美容院的待遇。不过小赢这里要提醒大家，负离子的导入效果跟我们所使用的化妆水有很大关系，并不是所有护肤品都能配合仪器使用的。

洁面仪 FOREO LUNA

"这个东西的外形很别致啊""它还能振动"想什么呢？这是一款高级的、纯粹的、脱离了低级趣味的洁面仪！（见图8）

图 8 LUNA 洁面仪产品图

该洁面仪还是专利产品(CN105188497A，见图9)，其刷头由清洁硅胶制成，快干且不吸水。根据说明书记载，它可以与众多洗面奶配合使用，它的内部有振荡电机，可提供50~300Hz 的振动频率，高频时用正面在脸颊、额头、鼻翼等部位移动，可起到深层清洁、疏通毛囊、促进血液循环和淋巴流动的效果，低频时将背面施加到眉头、太阳穴和法令纹处，可以放松底层肌肉，淡化细纹。当然，一个部位也不能刷得时间太长，LUNA 人性化的地方在于它可以通过连续振动的方式提示你该进入下一个部位的清洁了，此外，LUNA 根据个人不同的肤质（如中性、混合、

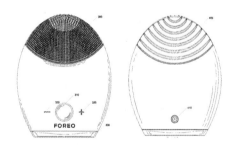

图 9 CN105188497A 说明书附图

敏感、油性肤质）而设置了不同的刷头形态，是不是很贴心呢？

小赢前年入手了 LUNA mini 1 代，洗脸时振动挺舒服的，清洁效果确实不错，黑头也少了，可以省掉买清洁面膜的钱了。同类型的产品还有 Clarisonic 洗脸仪，小赢个人感觉性价比没有 LUNA 高，因为 Clarisonic 需要定期换刷头，一个刷头就二三百元。但是不少人说 Clarisonic 比 LUNA 洗得干净，这个大家还是结合自身情况选择吧。

综上，我们发现，高科技的美容产品都采用了微电流、负离子、振动、红光等技术，不少美容产品都是打着集各种功效于一身的噱头请网络红人来代言。但

是小赢认为，一个好的产品并不是大杂烩似的集合所有功效，术业有专攻，更何况由人类智慧集结而成的美容仪呢？

因此，再回到前面的护肤三部曲。小赢认为正确的护肤方式应该是：①用洁面仪（如 LUNA、Clarisonic）配合洗面奶进行深层清洁；②对皮肤的脏污进行导出，将化妆水导入（这里可以使用日立、YA-MAN）；③对脸部进行整体按摩提拉（比如 Refa）。谨记，好的皮肤状态不仅需要这些美容仪器来辅助，最重要的还是要养成一个健康的作息习惯。

护肤是个坑，但是小赢越发享受每晚的护肤时光了，看到那么多的新产品，总有跃跃欲试的冲动。让小赢感慨的是：首批"80后"马上就 40 岁了，首批"90后"马上就 30 岁了，不把脸保养好怎么跟"00后"说："同学你好，你也是大一新生吗？"

本文虽写得酣畅，但是也有遗憾。作为一个有爱国情怀的小赢，不免为国内企业叹息：如此大的美容仪市场，国内企业的市场占有率还很低，与国外的专利相比，发明高度也不高。但小赢有信心，随着我国科技综合实力的提高，走出国门的美容仪企业一定会氤氲而出，在不久的将来我们一定可以自豪地用上国货，让我们的产品刷爆国外的社交媒体，哦不，是他们的朋友圈。

本文作者：
国家知识产权局专利局
专利审查协作北京中心机械部
杨硕

Chapter2

第二章

创意生活

11
面膜中的"膜"法科技

小赢说：荧屏中的美女帅哥肤白貌美，真是羡煞我等小老百姓。你是否也和小赢一样，对明星的水嫩肌肤、不老神话涌现过无数次的渴望和向往？机会来了，小赢就带你见证奇迹的时刻：噔噔噔……"膜"法闪亮登场！

面膜的起源

史料记载，早在公元前 30 年，埃及艳后为保持面部皮肤的美丽，常常在脸上涂抹鸡蛋清、海泥、矿物盐等。

"至尊红颜"武则天终生坚持使用一种中药美容秘方，据说，女皇老年仍保持皮肤细嫩。后来这一秘方被收入《新修唐本草》中，名曰"神仙玉女粉"。

面膜的发展

面膜最早出现在古埃及，用泥制成，敷后需要长时间清洗才能达到去污的目的；随后以医药石膏为基材的硬膜出现，但却因石灰石对皮肤的不良影响很快被软膜所取代。

现代面膜诞生于 20 世纪 90 年代，它由海藻结合其他填充材料构成，利用含海藻的涂膏对肌肤的密闭，增强肌肤对水分和有效成分的吸收，但因调配不方便仅局限于专业美容院中使用。

目前，市面上最常见的是无纺布面膜，它大大简化了传统软膜的烦琐操作，方便使用者在家护理，但无纺布与皮肤亲和力不佳，不具备仿生物智能的功效，仅仅是精华液的载体，所以仅能起到敷脸的效果，精华液中的营养成份透皮吸收率有多高是个未知数。

随后诞生的蚕丝面膜引来了无数爱美人士的追捧，由于主要原材料是蚕丝纤维和活性蚕丝蛋白，因此安全系数极高，质地轻、薄、软，透气性好，呈透明状，宛如人体的第二层肌肤，一举奠定面膜新霸主的地位。但爱美的我们总是精益求精，随着蚕丝面膜中精华液的吸收，服帖性变差使我们很受伤。

面膜的新技术

科技在发展，面膜技术也在不断更新。一款好的面膜，需要注重其方方面面的改进。下面小赢就从专利角度揭开"膜法"世界的神秘面纱。

1. 水凝胶面膜

水凝胶面膜的横空出世使得面膜进入了一个新的时代。水凝胶具有完美的亲肤性，在体温以及皮肤表层水分子的作用下，凝胶内部的物理交联被打开，精华分子逐层释放，有序深入皮肤深层。

水凝胶面膜技术的代表厂商是韩国的詹尼克公司。根据专利信息的披露，该公司的水凝胶面膜中包含支链凝胶化聚合物、电解质凝胶化聚合物、皮肤传递增强剂、天然生物材料、多元醇、功能性添加剂和水（见图1）。

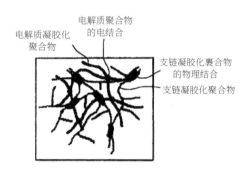

图1　CN100467011C 说明书附图

敷后，面膜在体温的作用下，由凝固态变为流体态，面膜中的有效成分迅速附着在皮肤上；紧密的贴合能够更显著改善营养物质的传递，与传统的无纺布等传统面膜相比具有更好的渗透效果。

该项技术对应的专利，同时获得了韩、日、中、俄、美五国的专利授权（见图2）。

图2　詹尼克公司在各国授权专利号

中国的优理氏公司全面引进了该项专利技术，依靠韩国水凝胶蕾丝面膜的技术成果，推出了优理氏神奇 U 膜，开启了国内水凝胶面膜的先河。

2. 喷雾面膜

市面上常用的面膜都需要自己涂抹 / 涂敷，且携带不方便，为此江苏海之纯生物科技有限公司研发出了一款喷雾式面膜，轻轻一按，经过雾化的面膜喷雾从各个角度均匀覆盖在肌肤上，快速形成均匀的水分膜，真正实现了"随时随地，想喷就喷"。

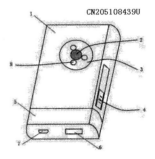

图 3 CN205108439U 说明书附图

该面膜申请了中国实用新型专利（CN205108439U，见图 3），在壳体上设有喷雾头，易于气化的活性精华海藻酸钠面膜密封在壳体内，壳体表面还有用于检测皮肤湿度油脂信息的铜触片，其可以根据用户皮肤的情况，提醒用户更加科学的护肤。

3. "电光针"面膜

众所周知，面膜效果的好坏与皮肤的吸收程度有很大关系，这也是目前打玻尿酸、注射肉毒素盛行的原因之一。为了替代针剂注射并达到相似效果，美国硅谷维灵（Vivalnk）研究院历时三年研发出了一款"电光针"智能面膜，据说效果是普通面膜效果的 30 倍，媲美针剂美容。

这款面膜最大的特点是利用生物电极经皮肤给药，超强波段释放的正负电极差将营养成分轻松导入皮肤深层，生物电极刺激面部穴位，可以激活细胞，加快新陈代谢。面膜中的活性吸附成分在微电流的作用下吸附皮肤基底层黑色素，深层净化皮肤。该款面膜的另一特点是利用人体导电波段实现皮肤自动检测，皮肤状况通过 APP 数据一目了然。通过监测模块和数据收集模块，用户可以对皮肤数据实时追踪。

对于智能面膜的核心技术——内置电子贴片，维灵公司于 2015 年年初在中国申请了 4 件发明专利，解决了传统贴片柔韧性差、粘附性不佳、无线通信质量低等问题，维灵公司在中国对可穿戴贴片的专利布局具体如图 4 所示。

图 4 维灵公司在中国的产品及专利

此外，维灵公司的中国合作伙伴"杭州巨一亨连"公司也推出了一键式智能护肤美颜面膜（见图 5），并于 2016 年申请了 2 件实用新型专利。根据该公司的

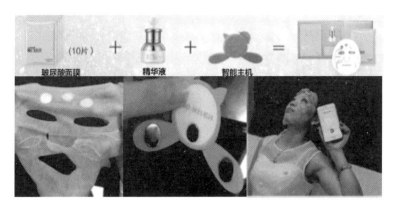

图5 杭州巨一亨连公司智能护肤美颜面膜产品图

宣传，其面膜可以通过智能主机实现手机 APP 控制，达到敷面膜时的按摩效果。

结语

看过了这些新"膜法"，感受怎样？爱美从来都不是明星的专利，科技创新能帮你实现青春常驻的梦想。美女们，有没有想马上尝试的冲动？男同胞，是否感到钱包一紧？

本文作者：

国家知识产权局专利局

专利审查协作北京中心化学部

刘红彦　崔艳（等同第一作者）

12
口罩真地能
防雾霾吗❓

小赢说： 曾几何时，"霾"这个字很多人都还不会念，没成想不出几年工夫，雾锁京城、霾陷首都，整个华北大地的空气都被它占据了，还有了一个"洋气"的名字——PM2.5。众多口罩品牌：3M、三次元、霾星人……谁能有效防霾？

十里雾霾两茫茫，大雾天，人抓狂。千里雾都，无处话凄凉。纵使相逢应不识，尘满面，如糟糠……

进入秋季，雾霾天又卷土重来，小伙伴们的日常生活都受到了很大影响。不过日子总要继续，工作还要进行。雾霾天也不能不出门啊，那就戴口罩吧，少吸一两是一两。于是，形形色色的口罩登场了。然而，小赢想提醒大家，无纺布、棉布、纱布等普通材质的口罩并不具有防雾霾功效哦！什么？这么多口罩居然对雾霾没有什么用？那究竟什么样的口罩能有效防雾霾？

先来科普一下，PM2.5 是指环境空气中空气动力学当量直径小于等于 $2.5\mu m$ 的颗粒物。它能较长时间悬浮于空气中，其在空气中含量浓度越高，就代表空气污染越严重。细颗粒物对人体健康的危害极大，因为直径越小，进入呼吸道的部位越深。$10\mu m$ 直径的颗粒物通常沉积在上呼吸道，而 $2\mu m$ 以下的可深入到细支气管和肺泡。一旦在肺泡中截留，将会进入人体血液循环且无法再排出体外，日积月累可能引发肺癌等多种疾病（见图 1）。

在短期内无法有效治理空气污染

图 1 PM2.5 的标准与危害

的情况下，使用空气净化器以及佩戴防霾口罩成为人们抵御雾霾天气的不二选择，其中防霾口罩因相对低廉的价格和使用便利性而更加受到消费者的青睐。可是能够防雾霾的口罩也是要拼技术含量的。你知道一个小小的口罩上有多少专利技术吗？

"巨头"3M

提到防颗粒物口罩就不得不提到 3M 公司。美国 3M 公司是颗粒物防护口罩的先行者，从 1956 年防尘口罩诞生之日起，3M 公司已研发出百余款防护口罩在全球热销。目前，在中国销售的 3M 口罩产品中，除去用于特殊职业防护的品种，仅为

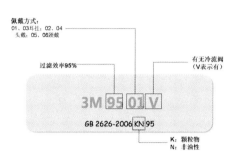

图 2　3M 口罩型号编码方法

日常使用、以防雾霾为卖点的款式也有二三十种，数字和字母组成的型号让人眼花缭乱。告诉大家一个小窍门，根据型号就可以初步判断一款 3M 口罩是不是你需要的那款（见图 2）。

一款防护口罩的性能主要取决于过滤材料的选择，而绝大多数的 3M 口罩产品均使用基于无纺布和静电纤维滤棉技术的除霾过滤材料，这是一种经特殊工艺处理的纤维，纤维上带有电荷形成静电场，通过异性电荷相互吸引的作用吸附细小粉尘，从而实现提高过滤效率与精度的目的。还有部分型号产品使用高效静电滤棉＋活性炭复合过滤材料（如 9913/9041/9042）。

除过滤材料外，3M 公司在口罩密合度和佩戴舒适性方面也在不断改进。

1. 鼻夹

M 形鼻夹（见图 3）：这种设计有助于在眼睛下面的面颊形成密封，同时能防止眼镜玻璃雾化。这款鼻夹在中国、美国、日本、澳大利亚等多个国家申请专利并获得授权（见图 4）。

图 3　M 形鼻夹产品

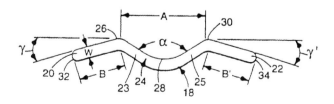

图 4　CN1107467 说明书附图

具有预定形状的鼻夹（见图 5）：这款鼻夹具有带弹性的预定形状，佩戴时能够向佩戴者鼻子的每一侧施加力，使用者不必调整鼻夹形状就能够实现良好的密封（见图 6）。

图 5　具有预定形状的鼻夹产品

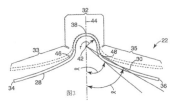

图 6　CN101247858B 说明书附图

可调折叠鼻夹（见图 7）：使用时根据脸部轮廓调节鼻夹形状，同时可折叠收起便于储存。还可在口罩内侧加入海绵鼻垫，使佩戴更舒适（见图 8）。

图 7　可调折叠鼻夹产品

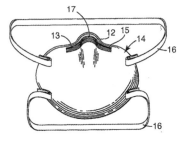

图 8　CN101272827B 说明书附图

其他材料鼻夹：除上述三款金属铝条制成的鼻夹外，3M 公司还研发了热塑性半结晶聚合物材料制成的鼻夹（图 8 中标志 17），可以提供良好的延展性和形状保持特性。

2. 呼气阀

3M 的专利冷流呼气阀（见图 9）被运用在多种型号的防尘口罩中，吸气时，能够防止污染空气进入，呼气时，呼气阻力低容易排出热量和湿气，同时，空气动力学设计引导气流远离眼睛，减少眼镜起雾（见图 10）。

图 9　呼气阀

3. 可上下折叠式罩体

目前市面上较新的一款 3M 口罩采用三瓣折叠式（见图 11），其折叠结构综合了左右折叠式的便携性以及不可折叠式口罩保证进气区域的优点，同时也使

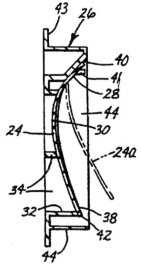

图 10　US5325892A 说明书附图

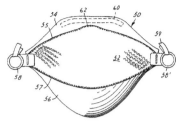

图 11　三瓣折叠式口罩　　　　　　图 12　CN1048903C 说明书附图

得口罩与脸部良好贴合、保证密合性（见图 12）。

当然，除去 3M，我们耳熟能详的防霾口罩品牌还包括三次元、霾星人等，它们在过滤技术、气密结构上各有千秋，市场份额不容小觑。

口罩也不可貌相

兴和株式会社（Kowa）是日本最大的家用口罩生产商，三次元系列口罩是其旗下的口罩品牌。从外观上来看，三次元口罩与普通的医用口罩并没什么区别，但它却能有效阻隔 99% 的 0.1μm 颗粒物。这其中蕴藏着怎样的奥秘呢？

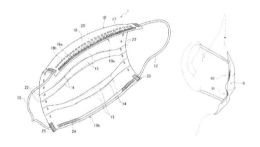

图 13　CN105813696A 说明书附图

触摸三次元口罩后就会发现，罩体的面料手感和医用棉纱口罩完全不同，更接近 N95 口罩材料的触感，非常细密平滑。CN102939132B（见图 13）中记载了这款口罩的主体结构和材料。口罩主体具有由多个薄片材料构成的多层结构，中间层由超细纤维过滤材料形成，可有效过滤花粉、粉尘和 PM2.5 颗粒。

口罩的罩体结构记载在 CN105813696A 中，采用层叠式设计，拉开后马上形成两个 Ω 状褶皱的立体结构，有效提高了口罩与面部的密合性，能够有效适配不同佩戴者的脸部形状。

可爱的"蓝鼻子"

霾星人是北京万生人和科技有限公司于 2014 年 3 月重磅推出的全球首款鼻用空气净化器，和传统的 PM2.5 防护口罩相比，它体积小巧便于携带，佩戴舒适度更高。

这款产品基于人脸逆向三维扫描技术和鳃瓣式空气过滤技术而设计，运用三维扫描仪对人体脸部的轮廓进行扫描成型，根据扫描后的实际鼻部大小再进行适形型的设计。在正确佩戴时，可以实现100%的密封效果，从根本上杜绝漏气。

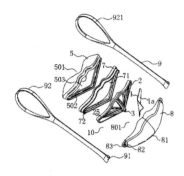

图14 CN205460562U 说明书附图

霾星人核心技术还包括鳃瓣式空气过滤单元，其是通过对鱼鳃结构的深入研究，基于多元耦合仿生原理设计，由左右对称的两瓣链接骨架和一体式链接骨架组成，巧妙的结构设计和先进的过滤膜材在有限的空间内最大化释放过滤面积，保证了呼吸时畅通和较高的过滤效率（见图14）。

据报道这款鼻用空气净化器除PM2.5的效果甚至优于3M公司的N95产品。难怪它的价格要高出普通防霾口罩的十倍呢。

怎么样，小伙伴们，是不是没想到小小的口罩中竟然藏着这么多专利技术，介绍了这么多，知道口罩该怎么选了吧？为了你的肺，千万不要在雾霾天里素面"裸"奔了，赶快选一款防霾神器戴起来！

本文作者：

国家知识产权局专利局

专利审查协作北京中心医药部

于莉 曹寅秋 洪梦实

13
大巴逃生必备的安防知识

小赢说：大巴着火了，不要慌，不要怕，阅读本文危急时刻有帮助哦。

2016 年 7 月 19 日，中国台湾的二号公路上，一旅游大巴起火，包含司机 1 人、导游 1 人、大陆乘客 24 人共 26 人死亡。

2016 年 6 月 26 日，宜凤高速湖南省宜章县境内段，一旅游大巴车因撞隔离护栏发生油箱漏油起火，造成多人伤亡。

看了上述新闻后，你在乘坐大巴时是否会留下心理阴影？不要怕！来和小赢一起，学会如何找到和使用逃生装置，让每次坐大巴都安心。

现有的逃生装置

现在的大巴车，一般都配备以下几种逃生装置。

1. 安全锤

每一辆大巴都会配备几把安全锤（见图 1）。使用时注意敲击玻璃的四个角（不是中心点位置），因为钢化玻璃中间最牢固，四角和边缘较薄弱，敲碎之后就可以将玻璃推出去，然后跳车逃生。

2. 安全阀门

安全阀门（见图 2）位于前后车门内头顶处

图 1　安全锤

图 2　安全阀门

位置，操作方法是：取下 / 打开保护罩，将红色的旋钮先向右转动再向左转动，即可手动打开车门。有的车外部也有设置有安全阀门。

3. 天窗

图 3 天窗产品图

很多人误以为天窗（见图 3）只是通风口，其实天窗更重要的作用是紧急逃生出口。只要用力向上推并旋转天窗上的红色扳手，就能将天窗打开。尤其在车辆侧翻的时候，这个车顶天窗能方便逃生。

但上述逃生装置都存在一些缺点，比如，安全锤容易丢失，从大巴窗户跳下容易受伤；当车体变形时候，使用安全阀门无法将车门打开；天窗高度太高太难爬，爬出后从大巴车顶跳下容易受伤。

改进后的逃生装置

面对现有逃生装置不够完美之处，企业们又从哪些方面做了改进，新一代的逃生装置又是怎样的呢？让小赢带你从专利的视角一探究竟。

图 4 破玻启动装置①

图 5 车内顶部破玻控制装置

1. 侧窗破玻装置

国内客车制造企业宇通客车公司，在其最新的客车中，采用了一种能够在 0.5s 内自动破除全部车窗玻璃的装置（见图 4），其基本原理是通过发送电脉冲信号使玻璃瞬间破裂。

启动该装置有两种方法。方法一：打开位于驾驶室的击窗器开关盖，按压红色开关按钮；方法二：启动位于车内顶部的控制装置（见图 5），即乘客启动按钮。

这样，当发生类似台湾的大巴车祸，司机被撞晕而无法采取方法一时，乘客仍然可以自行启动，避免无法下车的悲剧发生。

值得一提的是，方法二的控制装置自带电池，即使在车辆电路被烧坏的情况下，也能保证按下按钮后车窗瞬间破碎（为这种全面考虑点赞）。

---

① 图片来源：宇通客车官网。

图6 破玻装置击碎玻玻效果　　　　图7 击碎玻璃后清除碎玻璃

　　该装置启动后，车窗玻璃会自动被破玻终端上的破玻头击打，瞬间出现无数裂纹，就像蜘蛛网一样（见图6）。此时，车内乘客只需用手或卡片轻轻一推，就会让整扇玻璃分崩离析，迅速打开逃生通道，并快速撤离事故现场（见图7）。

　　除了破玻装置，宇通公司还申请了一种逃生窗帘 CN204055692U，在跳出车窗时，可以拉住隐藏在逃生窗帘中的逃生绳，以避免落地时受伤。

2. 车窗爆玻器

　　该专利（见图8）的申请人为中汽客汽车零部件（厦门）有限公司，使用时，仅需拔掉保险栓，用力拍打手轮7，即可激发撞针，瞬间撞击车窗一角。

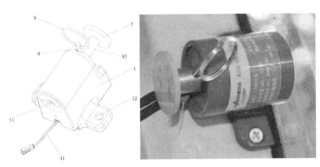

图8 CN203623588U 说明书附图及对应实际产品图

3. 便携式自动破窗器

　　除了车上的固定装置，还有便携的。四川华川工业有限公司申请的这种便携式自动破窗器（见图9），对应的专利为 CN202964582U。该破窗器中有气体发生器，气体发生器的点火电路连接压动开关，一按开关即可"一锤定音"打开逃生路。经常坐车、开车的人也可自备一把。

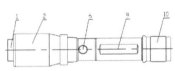

图9 CN203623588U 说明书附图及对应实际产品图

4. 逃生滑梯

　　比亚迪公司在很多人的眼里只是一家小客车或者是电动车的生产公司，没想到在大巴车领域也有专利布局，在其专利 CN204586760U 中，记载了一种大客车用的逃生滑梯（见图10），能够快速推动玻璃窗掉落，并迅速充气形成一条从车窗到地面的充气滑梯。

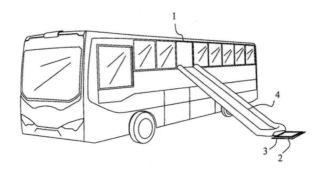

图 10 CN204586760U 说明书附图

结语

让科技帮助乘客更迅速、更安全地逃离事故车辆，从而有效减少人员伤亡，不仅能彰显一家公司的技术实力，更能体现对生命的尊重与关怀。在撰写本文的过程中，小赢欣喜地看到我国的相关企业越来越重视大巴逃生装置的研发与改进，让大巴在更舒适、更高性能的同时也更安全。

小赢更期待本文能为读者带来一点安全逃生知识的普及，期望哪怕遇到大危险时也能有惊无险。

本文作者：

国家知识产权局专利局

专利审查协作北京中心实用新型部

李徽

14
送巧克力前，你应该知道的……

小 赢说：巧克力中的苯乙胺能带来欣快感，这可是人们在恋爱时大脑产生的物质，所以情人节送巧克力还真是有科学依据的！但是巧克力送哪种？如何吃才有最佳口感？如何保存？本文告诉你！

一年一度的情人节，你被铺天盖地的巧克力广告刷屏了吗？在选购巧克力送给你的那个 Ta 之前，我们先聊聊不同巧克力的特点！

小小巧克力的大不同

1) 普通巧克力 (牛奶巧克力) 主要原料是可可液块 (或可可粉)、可可脂和牛奶；白巧克力主要含可可脂和牛奶。

普通巧克力和白巧克力都是美味但高热量的食品，不建议食用太多，毕竟二月不减肥，三月徒伤悲、四月徒伤悲、五月徒伤悲……

2) 黑巧克力的可可类原料占 70%~99%。黑巧克力香气醇厚，富含抗氧化的类黄酮成分，适量食用有降血压、燃脂、抗衰老功效，基本不含牛奶或含量很低，入口苦味浓郁，热量较普通巧克力低，购买时应关注包装上可可以外的成分含量 (主要是用于调节口感的糖)。如果糖含量较高，过量食用也会导致热量摄入过多。

3) 市面上一些廉价的代可可脂巧克力制品的主要原料是代可可脂。代可可脂为人工油脂制品，含反式脂肪酸，少量食用无碍健康，过多摄入可能增加血液胆固醇含量。我国规定，巧克力以及巧克力制品中代可可脂含量不能超过 5%，超过的须标明"代可可脂巧克力"。购买时一定要看清包装上的说明了。

怎么样，选一款什么样的巧克力是否心里有数了呢？

不耐热的美味

巧克力的主要成分天然可可脂的熔点很低，约 28℃就开始变软，35℃基本全部融化。因此，在常温下（20~25℃）固状的巧克力入口后能在口腔温度下迅速融化，带来美妙口感。但是，巧克力在接近人体温时融化的特性，既是优点，也是缺点。想象一下，如果你将巧克力捧在手中，或放在贴身的口袋里，拿出来与爱人分享时却发现巧克力融化了，甚至在衣物上留下了醒目的污渍，这场面不仅不浪漫，简直尴尬到不忍直视啊……

巧克力这个缺点人们早就注意到了。最早的巧克力制品可追溯至公元 11~16 世纪阿兹特克人的巧克力饮料。西班牙人将可可种子带回欧洲，巧克力饮料在欧洲传播开来，开启了巧克力风靡世界的时代。知名巧克力品牌德芙的广告文案中就记载了 20 世纪初的一位厨师用热巧克力在冰激凌上写字告白，女生没看到与冰激凌相融的字迹而离开，厨师决心发明固体巧克力的逸事。虽然这只是个传说，但巧克力制品的形态变化可见一斑。

18 世纪后压榨法的出现使得人们发现可可脂与可可粉可以各自分离，通过向可可脂、可可粉或它们的混合物中加入油脂、糖、乳化剂等配料，就获得了常温下固态的巧克力产品。但人们也随即发现这样的巧克力制品在接近体温的温度下就会融化，难以保持固体形式。这也成为长时间困扰糖果制造商的最大难题。

人们为这个难题可谓绞尽脑汁。早在第二次世界大战期间，巧克力是重要的军需物资，为满足战区美军在炎热环境下保存巧克力的需求，玛氏食品公司发明了在巧克力颗粒外包裹涂层的制造技法，这些后来改以色彩缤纷糖衣层包裹的小颗粒就是著名的 M&M's 巧克力豆，可谓是最早提出耐热概念的巧克力产品了，也让"只溶在口，不溶在手"的广告语家喻户晓。不过这种方法实际上采用了"迂回战术"，并未从根本上改变巧克力自身的性质，必须凭借糖衣包裹实现耐热效果。

好时公司的研发人员在改进军用巧克力制品时，使用其他高熔点油脂替换了可可脂，并添加燕麦粉得到类似压缩饼干的棒状巧克力，有时还会加入甘油促使糖分结晶，以保持产品的固状形态，获得了本身耐热的巧克力产品。不过这种产品由于结晶糖的存在会导致砂砾感，口感欠佳，但作为能量补充剂还算合适，一度在军方急救包中占据一席之地。

各大公司出奇招

在"二战"后数十年时间里，各大品牌都没有放弃改善巧克力熔点的追求，这其中很大原因是巧克力发源于寒冷的欧洲，但近年来中国、印度等具有高温气候的亚洲、中东市场需求攀升，巧克力的运输、储存和食用过程都不可避免受到温度影响。因此，为一劳永逸地解决这些问题，各大公司热衷于研发耐热巧克力制品也就不足为奇了。

2010年夏季上海世博会期间，高温使得园区内瑞士百乐嘉利宝品牌展示的巧克力雕塑出现融化现象，品牌方当即表示将致力于开发适应高温高湿气候的巧克力制品。2015年，百乐嘉利宝公司宣布终于攻克技术难关，将巧克力的保存温度提升4℃，可在38℃环境下保持固体状态。

同样在2015年，一篇进入中国国家阶段的PCT专利申请CN105208875 A中，好时公司延续了其在"二战"中巧克力产品的研发思路，通过在可可脂、可可油中混入甜味剂等干粉末，并加以搅拌固化步骤，获得了在50℃下仍能部分保持固态的热稳定巧克力制品。不过在此之前，雀巢公司就宣称掌握了巧克力耐高温技术，推出耐40℃巧克力产品的计划已提上日程，主要技术手段包括添加甘油等多元醇使糖结晶，同时通过控制多元醇用量而克服沙砾感的缺点（US9572358B2）。

我国知名巧克力品牌商金帝也就防高温融化的巧克力产品提出了实用新型专利申请，应用了相对简单的糖衣包裹原理，产品具有四层复合结构，分别为坚果果仁、果干或凝胶软糖，白巧克力，牛奶巧克力或黑巧克力，以及脆皮糖衣层，在防止巧克力融化的同时营造全新的口感。目前该实用新型专利已被授权（授权公告号为CN204969273U）。

上面几种对巧克力的改进还是在以往方法上的进一步优化，不过科研人员也在不断尝试其他改进途径。吉百利公司的研究人员发现，巧克力是可可脂、其他油脂以及糖的混合物，不耐热的巧克力中，糖颗粒往往被脂肪涂覆，如果在制备过程增加精制搅拌揉捏步骤，随后再加糖，就能有效减少脂肪涂覆的糖颗粒占比，由此提高巧克力耐热程度。吉百利以此技术方案提交的专利申请已在包括中国在内的多个国家被授予专利权（CN103501626B），这种巧克力即使在40℃下放置三小时仍会完全保持固体状态。不过也有业内测评文章指出，这种产品并不如传统巧克力产品美味，吉百利公司的研究人员也承认这种巧克力由于耐热而削弱了入口即化的美妙口感。

日式巧克力一向独具风味。日本的日清以及不二制油两家公司都发现，在一定程度上提高巧克力中的含水量可实现耐热效果，例如在CN105848491A、CN105101808A两篇专利申请中，两家公司分别采用不同手段制备了内部含有或者表面附着一定比例水的固体巧克力产品，产品均具有良好的耐热性能。另外，不二制油还凭借其自身优势发现了新型可添加油脂，其与葡糖糖、卵磷脂等按特定比例添加可使巧克力具备超过油脂自身熔点的耐热性能，并使产品不失柔滑口感（JP5906565B2）。

可以看出，改善巧克力制品熔点是各大品牌共同关注的研发方向，相信未来市面上不需冷藏保存也能"不溶在手"的巧克力将会占据重要的份额。

食用小贴士

最后，小赢在这里温馨提示：根据巧克力的特点，为保持最佳风味，巧克力最好是吃多少、买多少，购买后按照包装上的建议进行储存，以干燥凉爽的环境最佳。

对于未明确是不是耐热产品的巧克力制品，如果夏天室内温度过高、需要短期暂存时，最好先用塑料袋密封，置于冰箱冷藏室靠外的位置储存，取出后勿立即打开，要在密闭条件下慢慢回温，接近室温时再食用。另外也不可长期冷藏。

参考文献

[1] "巧克力耐高温技术革新，或颠覆全球市场"，http://www.cifnews.com/Article/16088.

[2] "吃货们有福了！耐热巧克力 非洲也不会融化"，http://news.xinhuanet.com/world/2015-12/30/c_128579128.htm.

本文作者：

国家知识产权局专利局

专利审查协作北京中心医药部

曹寅秋

15
情人节，
你收到的是玫瑰还是月季？

小赢说：女人对花的喜欢仿佛与生俱来，而玫瑰象征爱情更成了花之首选。情人节满大街卖玫瑰的，但你收到的很可能是月季，特别是著名的"蓝色妖姬"。

情人节来临，男同志摸着口袋开始提问：为什么情人节要送玫瑰？殊不知这习俗可以追溯到 1700 年。当时的瑞典国王查尔斯二世把波斯人"以花传情达意"的习俗介绍到欧洲，用一束花再现情人间的耳语呢喃。

在希腊神话中，爱神阿佛洛狄特为了寻找她的情人阿多尼斯，奔跑在玫瑰花丛中，玫瑰刺破了她的手和腿，鲜血滴在玫瑰的花瓣上，白玫瑰从此变成了红色。红玫瑰也因此成了坚贞爱情的象征。

由于红玫瑰还是爱神维纳斯最喜欢的花，它当之无愧成了爱的象征。人们把它作为爱情的信物，是情人间的首选花卉。因此，送玫瑰慢慢成为情人节的习俗。

接下来要说的可能要让许多人大跌眼镜了。那就是情人节期间，你送出或收到的饱含爱意的玫瑰，其实它只是月季！

月季（rosa chinensis）被称为中国玫瑰，和玫瑰（rosa rugosa）的英文都是rose，二者很相似。所以人们常常把月季、玫瑰分不清楚。接下来你看仔细咯（见表 1）。

从花期来判断月季和玫瑰也是一种方法。宋代诗人苏东坡曾有"花落花开无间断，春来春去不相关。牡丹最贵惟春晚，芍药虽繁只夏初。惟有此花开不厌，一年常占四时春"的诗句来称赞月季。这下知道了吧，情人节期间，人家玫瑰还没开花呢，只能靠月季来救场咯。

表 1　玫瑰与月季对比

	玫瑰	月季
常见花色	花朵较小，颜色略少，常见为红色、白色等	花朵较大，颜色丰富，每种颜色本身还有深浅之分
叶形	7~9 枚小叶组成，叶尖、边缘较钝，叶面无光泽，背面稍有白粉及柔毛	3~5 枚长卵状小叶组成，前端尖，边缘有锯齿，叶面无毛，光滑，富有光泽
茎刺	花茎上的刺密密麻麻，刺较小较细	花茎有无刺不定，刺较大，分布松散，每节 3~4 个

不仅在情人节的鲜切花市场上大有作为，作为北京市的市花，月季成功弥补了北京夏季花少，色彩不足的缺陷，成为了唯一怒放不败的花。

不要对月季的印象仅停留在三环路中间围栏上那攀援的小花，人们对月季应用的尝试可在不断前进着。

"蓝月季"诞生史

当年情人节市场的宠儿"蓝色妖姬"，虽然价格昂贵，但无数痴男不惜花重金购买送给心仪女孩，女生也以此为荣，一度风靡一时。有人说，不就是蓝色月季嘛！

NO！NO！NO！所谓"蓝色妖姬"，不过是市面上商贩出售的人工花卉，用一种对人体无害的染色剂和助染剂调合成着色剂，等白月季快到花期时，开始用染料浇灌花卉，让花吸入染料，从而呈现出的蓝色。可闪着亮片、沾着金粉的蓝月季怎么看怎么不自然，让心爱的她手棒一束人工染色的蓝月季会不会让她有一种被忽悠的感觉？

要知道，在英语中，"blue rose"的意思就是"不可能、从未见过的事物"。这是否意味着，真正的蓝色月季是不可能存在的呢？

不！育种家们表示：我们就是要挑战不可能！

其实，在过去八百年的月季培育历史中，蓝月季一直是很多育种家们的梦想。毕竟物以稀为贵嘛！可是无论育种家怎么折腾，利用传统杂交技术都无法培育出"蓝月季"，这是因为蔷薇科的花没有产生蓝色的基因，想培育真正的蓝色月季就只能依靠转基因。

终于，经过坚持不懈地努力，真正从骨子里蓝出来的蓝色月季诞生了！开启蓝色月季育种大门的一把关键钥匙就是有着"蓝色基因"之称的 F3′5′H 基因。F3′5′H 基因的表达使得花瓣中积累蓝色色素（飞燕草素及其衍生物）成为了可能。

1990 年，日本三得利控股株式会社（对，你没看错，就是那个有名的制酒和饮料的公司）的"蓝月季"开发项目启动[1]。

在耗资 30 亿日元、历经 14 年的研发后，三得利将三色堇的 F3'5'H 基因和鸢尾的 DFR 基因转入月季中，并通过 RNA 干扰技术抑制内源 DFR 基因表达。终于在 2004 年宣布其成功培育出世界第一朵纯度接近 100% 的"蓝月季"——"喝彩"，花语为"梦想成真"。在接下来几年时间，三得利公司苦苦等待转基因植物的流通许可，并在 2008 年为蓝月季的上述培育方法申请了专利（JP 特许第 5057349 号 B2）。2008 年 11 月，转基因蓝月季亮相日本东京国际花卉博览会，惊艳全场。2009 年 11 月，三得利蓝月季取得了转基因植物的流通许可并开始在市场销售[2]。尽管"喝彩"的花瓣里已经积累了蓝色色素，是货真价实的"蓝月季"，但这种"不蓝而紫"的颜色显然还没有达到理想中的蓝色。

三得利公司期望通过寻找到更合适的启动子（WO2013/125530A1），或者更合适的 F3'5'H 基因，例如风铃草的 F3'5'H 基因（WO2013/157502A1）来加强月季花瓣中飞燕草色素的积累，从而获得颜色更蓝的蓝月季。

如今，通过网购平台也能够买到日本的转基因蓝月季。至于价格嘛，就一个字——贵！

能长成树的树状月季

如果说"蓝月季"从颜色上惊艳了你，那么下面这棵"树"，你认识吗？

树状月季，又叫月季树，起源于中国，栽培历史已有 400 多年，通常采用野生蔷薇作为砧木嫁接而成（见图 1）。其观赏性佳，花期长且应用广泛，但由于不能在北京露地越冬，不抗风的缺陷使得树状月季的观赏和推广价值大打折扣。

2003 年，国家林业局从法国引进了数千株狗蔷薇苗木和上百株用狗蔷薇砧木嫁接的树状月季成品苗，经实验表明，这些树状月季均能够在北京露地越冬[3]。

CN101707962B 公开了用美国 M1、M2 号砧木培育的树月季实现了在我国北方露地越冬的目标。与切花月季短短 1 周的寿命相比，树状月季的花期可达 6~8 个月，不仅曾作为 2008 年北京奥运的推广植物品种，还是年宵花市场上的高档货。

为了使树月季在春节期间绽放，江苏阳光生态农林开发有限公司利用温室控

---

① 引自"青青花木网"，标题"日本三得利培育出蓝玫瑰"，2010 年 4 月 19 日；"容商天下"，标题"日本三得利公司耗资 30 亿日元成功培育蓝玫瑰"。

② 引自新浪博客"梦想成真的蓝月季"，作者：谭琦，2010 年 6 月 23 日。

③ 引自"中国花卉报"，作者：彭春生，2003 年 12 月 2 日。

图1 树状月季[①]

温、整形修剪，结合水肥及植保管理技术（CN101223846B），打破了树状月季只能春、夏、秋三季开花，而冬季不开花的常规。

鲜切花那么贵，花期也不过短短数日。今年的情人节还是给家里买盆树状月季吧！在怡情养性的同时，也能让屋里洋溢八个月满满的爱！

花絮：在蓝月季研发途中，三得利公司会长给海外派驻职员亲笔写下了"像盼望恋人一样期待蓝月季"的圣诞寄语，并对主要研发人员田中良和博士说："弄不出来蓝月季，你也别回来了！"[②]

本文作者：

国家知识产权局专利局

专利审查协作北京中心医药部

胡可 马越

---

① 图片来源："河北梅园绿化工程有限公司"网页。
② 引自新浪博客"梦想成真的蓝月季"，作者：谭琦，2010年6月23日。

16
"懒人"解放双手的新境界

小赢说：有人认为，"懒"才是第一生产力！为"懒人"解决问题的发明家才伟大，因为"懒"是他们发现问题、解决问题的创新源泉。希望从下面的张三、李四的问答中，您能有所收获。

张三：一提到"懒"字，首先联想到的是"懒汉""好吃懒做""衣来伸手饭来张口"等贬义词，"懒"给人们的印象一直都是负面的。其实这些对"懒"的理解是片面的，"懒"其实是有好处的。从古自今很多东西都是因为"懒"而发明的，可以说是"懒"推动了社会的进步。

李四：别给俺讲什么大道理，俺就问点实际的。懒人嘛，都爱吃，吃得多，用得碗多，吃完了不想洗碗，我就想偷这点懒，也能促进发明创造、推动社会进步？

张三：简单，把碗吃了呗！

李四：哥，特讨厌洗碗，真想把碗也吃了，可惜我没有长一个能消化碗的胃。

张三：那就发明一个你的胃能够消化的碗，参见专利 CN2516056Y（见图1）。碗状面包，外层面包、内层蛋清，能盛菜，能盛汤、菜吃完、汤喝掉，再吃碗，不用涮，不用洗，太棒了！

图1 碗状面包

李四：有点意思！有个棘手的问题你能用专利产品给解决吗？睡觉前，躺在被窝里看看视频、抢抢红包、刷刷微博已经成为媳妇的新习惯了。媳妇看手机看久了，我的胳膊自然就会酸疼……

张三：李四哥，等等，你媳妇在床上玩手机时间长了，你的胳膊怎么就酸痛了？

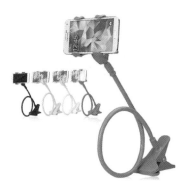

图2 手机支架

李四：媳妇的手多金贵，能用来支撑手机吗？

张三：哥，我懂，你坚持住！马上介绍一款专利产品（CN203151592U，见图2）来解救你。手机支架，下面有夹，上面有爪，万向转头，软管连接，稳定性强，结构巧妙，外形美观，实乃媳妇看视频抢红包刷微博的神器！你值得拥有！

李四：越来越有意思啦！随着人们生活节奏的加快，学习、生活压力增大，加上路途遥远等问题，越来越多的人都会在公交车或地铁上补充睡眠，但睡觉时容易左右、前后晃动，一不小心就磕碰到头部。快在专利库给我找找可以在公交地铁上睡觉的发明。

张三：得了您嘞，马上就来，专利CN204426833U（见图3）。"懒人"瞌睡帽，直接头上套，公交地铁能睡觉，方便安全又可靠。不用我过多解释了吧，在公交地铁上睡觉，总共分三步：第一步，将"懒人"瞌睡帽套在头上；第二步，将吸盘安装在玻璃窗上；第三步，打呼噜。

李四：不错，不错，上班戴着"懒人"瞌睡帽在公交车上打盹，下班回家，吃个面包碗，装上手机支架，躺在床上看电视，这幸福指数要爆表啊！

张三：现在许多发明创造都让我们更轻松。比如割麦子太累了，发明个机器来割，自己就可以偷偷懒；拧螺丝太累了，弄个电动的就可以偷偷懒；一集集下载电视剧太累，就编个程序自动下载，自己就可以偷偷懒。那为什么偷懒是这么有决定性的事情呢？因为偷懒有个堂而皇之的称呼，叫效率。效率恐怕是当今社会被涉及最多的概念了，可以说现在社会的大部分发展，都是和提高效率这个目标息息相关的。

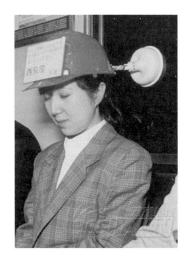

图3 瞌睡帽

李四：俺懂，俺懂。因为不想生火取暖，所以发明了衣服；因为不想洗衣服，所以发明了洗衣机；因为不想叠衣服，所以发明了自动叠衣机。

张三：不止这些，因为不想牙齿太累，就发明了面条；因为不想调味，就发明方便面；因为手动泡面太费事，就发明了自动煮泡面机（见图4）。

李四：还有呢，人们懒得用手拎东西，于是有了包；懒得把礼物装包里，于是有了红包；懒得把现金装红包里，于是有了微信红包；懒得手动抢微信红包；

于是有了自动抢红包机。

张三：嘿，大哥，一点就透啊！

李四：那当然，虽然俺读书少，可俺不笨啊！懒惰促进了创造，创造促进了社会进步，通俗地说，创造是社会进步之母，"懒"是社会进步的姥姥。

图4 自动煮泡面机

张三：大哥，话糙理不糙啊！咱能用文化人的方式说出来吗？

李四："懒惰"不仅是人类之光，在人类的长河里，"懒"简直就是一座闪耀着智慧之光的灯塔，指引着人类进步的方向。

张三：大哥，水平很高啊！

李四：不管别人信不信，我反正是信了。小到碗筷帽子鞋套，大到飞机汽车大炮，都是因为"懒"而发明的。未来，给太阳安上开关，给长城贴上瓷砖，给地球刷上油漆，给黄河装上栏杆，这些大工程也会有"懒人"想出办法来做的……

张三：大哥，在这些大工程开工之前，咱能坐下来先谈谈专利申请保护的事情吗？

李四：不跟你多说了，我得抓紧时间去发现哪些地方可以偷懒，实现发明创造，推动社会进步，摆脱地心引力，拯救银河系，这些光荣而伟大的任务还等着俺们这些懒人呢。

酝酿了这么久，我觉得足够了，那就开始今天的正题吧。今天的正题是介绍高精尖、黑酷炫的发明专利。嗨，懒劲上来了，懒得再说了，请关注微信公众号"IP创新赢"。

本文作者：

国家知识产权局专利局

专利审查协作北京中心电学部

葛加伍 张震 闫朝

17
来一支"无油无胶"的口红

小 赢说："妇女节"来了，祝姐妹们乐到永久，美到永远！说到美，怎能不提口红？今天小赢就带来了口红小百科，告诉你们买口红有时也是一种爱国。

女性的节日里的，姐妹们都要美起来。美起来的正确打开方式，要从"抿着嘴，来一管"（涂口红）出发。

一开春，"Dior 烈艳蓝金唇膏"（见图1）这款口红就火遍大江南北，只因"以玉为骨，以冰雪为肤；以秋水为姿，以诗词为心"的"央视一姐"董卿涂着它登上春晚的舞台，满满的文艺气息，让它火到没朋友。

图 1 Dior 烈艳蓝金唇膏[①]   图 2 Nars MONA 口红[②]

当然，时尚界从来都不会一款专美。第 89 届奥斯卡红毯上，凭借《爱乐之城》斩获最佳女主的 Emma Stone，带着一支 Nars MONA（见图2），一时风头无两。

当然，还有霸占各大影视频道的唐嫣、景甜、杨幂、迪丽热巴等，她们也带着一款又一款的口红纷至沓来，让大家也动了购买的心思。

读到这，大家以为口红只席卷了文化圈和影视圈吗？NO！NO！NO！

2017 年全国女子半程马拉松在南京开跑，田协唯一授权的国内最高级别女子半程马拉松锦标赛"甜蜜跑"系列赛，不仅要求选手涂口红参赛，而且在赛道沿

---

① 图片来源：http://www.ileehoo.com/beauty/dp/2014/081251569.shtml。
② 图片来源：http://www.mina.com.cn/plus/view.php?aid=132355。

图3 2017年全国女子半程马拉松完赛奖①

线设置口红补给点，让跑者一路美到底。比赛的冠军奖牌是一款专属定制刻字的"口红"。而且，只要跑完比赛，也会获得口红完赛奖（见图3）。

看到没，运动圈其实也是口红的天下。

口红界里大家熟知的品牌琳琅满目，有Dior（迪奥），YSL（圣罗兰），ARMANI（阿玛尼），Givenchy（纪梵希），CHANNEL（香奈儿），3CE，M.A.C（魅可），Guerlian（娇兰）……，色彩又从红橙黄绿到青蓝靛紫……

商场专柜、机场免税店、电商平台，爆款口红一管难求！小小的口红为何能有如此大的魔力呢？

是绚丽多彩的颜色？是血统高贵的出身？还是写在女性基因里对口红的那份执着？经济学家们甚至研究出了"口红效应"②。

究竟是什么力量，让姑娘们大把地掏银子？虽然绕不过"一切为了美丽"这个完美的理由，但是，小小的口红管里潜藏着技术的大秘密。你可知道？

恰逢"妇女节"，让小赢带着女同胞们从科技的视角剥离口红的外衣——口红管，起点"科技范儿"。姑娘们千万不要小看"口红管"，它对选购口红很是重要喔！

咱们先简单介绍下口红管发展中里程碑式的事件。

第一款现代意义上的商业化口红在1884年由娇兰推出，采用丝纸包装，携带、涂抹不便、卫生堪忧。虽后历经纸管、锡纸或小罐等包装，但仍未有改观。直到1915年，Maurice Levy发明了圆柱形的金属管，通过推动将口红膏体推出，口红迎来了自己的春天（见图4）。

1922年，第一支旋转式金属管口红在美国提出专利申请（US1470994），其中披露一种带有盖子的口红管（见图5），通过旋转"旋转头"实现膏体上下移动。这一里程碑式的发明开创了延续至今的"旋转式口红管"时代。

图4 娇兰"致敬"款口红③

此后，旋转式口红管专利大量涌现，其中的重点是美国发明专利US1504216，

---

① 图片来源：http://sports.qq.com/a/20170224/023882.htm。

② 口红效应是指因经济萧条而导致口红热卖的一种有趣的经济现象。

③ 图片来源：http://lady.163.com/15/0311/15/AKEGMV1T00264MHO.html。

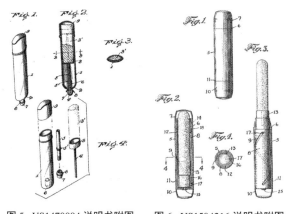

图5 US1470994 说明书附图　　图6 US1504216 说明书附图

该专利的口红管（见图6）通过旋转外套，使口红膏体进行径向运动完成伸缩。它与女神们手里精巧的口红管在原理上已基本无二。

目前口红管结构一般包括三部分：盖、底及中束芯。其中"中束芯"是核心，由珠子、叉子、螺旋及中束构成。珠子装填膏体，叉子套在珠子上并和中束固定，珠子下部外表面上设有螺纹，在螺旋的内壁设有与该螺纹配合的轨道，以便珠子上下运动（见图7）。

传统工艺为了旋转的手感，叉子和螺旋之间需要使用润滑剂，中套和螺旋之间需要粘结胶水固定，而润滑剂和胶水有可能污染膏体哦。

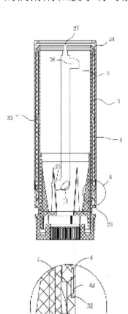

图8 中国实用新型专利
CN203207448U 说明书附图

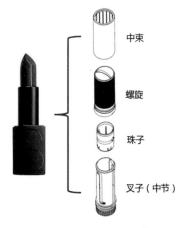

图7 MONA 口红产品①

女神遇到问题从来都有护花使者前来解决，不过这次既不是踩着五彩祥云的至尊宝，也不是内衣外穿的Superman……这位拯救世界的"壮士"，是一家来自中国浙江绍兴的公司，"他"的名字叫"浙江阿克希龙舜华铝塑业有限公司"（下称阿克希龙舜华）。该公司在没有改变口红管中束芯整体结构的情况下，通过微小的结构调整研发出了"无油无胶"的口红管。下面跟着小赢简单看看操作原理吧：通过设置卡环卡槽（见图8中32和42）的键槽结构实现"无胶"，通过设置缓冲弹片实现"无油"。

从此，润滑剂和胶水污染口红的问题解决了！这来自一家中国公司的不懈努力，为该公司的技术点赞！

阿克希龙舜华向世界知识产权组织提交了专利申请，

① 图片来源：http://www.mina.com.cn/plus/view.php?aid=132355。

即 PCT 申请（WO2014166212A1），有报道称，其也已经在中国、美国、法国等地申请了专利保护。

中国的公司正在下一盘全球专局布局的大棋。同时，这一专利技术，已经吸引了国际化妆品巨头的目光！爆款的 Dior 烈艳蓝金唇膏，就用了他们的"无油无胶"口红管。

小赢基于中国专利申请数据库进行检索，该公司共申请专利 112 件，其中发明 10 件，实用新型 49 件，外观 53 件，且近年来保持平均约 10 件 / 每年的申请量（见图 9）。根据

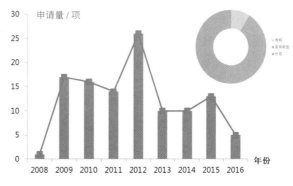

图 9　阿克希龙舜华在中国专利申请量统计

对发明人的分析，能够看出研发人员都是中国人，可见其很重视自主研发。

根据报道，该公司因为技术创新，从 2014 年起每年的销售额都以 20%~30% 的速度增长，预计 2016 年全球生产 12% 的口红将采用该技术！这再一次验证了创新才会赢啊。

"无油无胶"技术，可不仅只一篇专利文献那么简单。为了全面、系统地保护该技术，该公司在无胶、无油技术上布下了专利的天罗地网。接下来咱们就一起看看这张"专利网"（见图 10）。

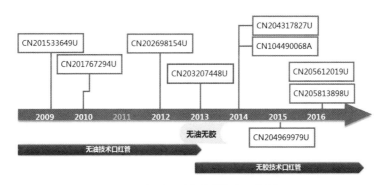

图 10　"无油无胶"专利技术发展路线

其中，"无油"设计从 CN201533649U 开始，通过设置与核心专利 CN203207448U 中的弹片结构作用类似的片状凸起（见图 11 中 8）降低润滑油使用。"无油"设计思路还有专利 CN201767294U（见图 12），简单来说，这种新

81

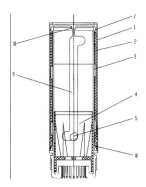

图 11 中国实用新型专利
CN201533649U 说明书附图

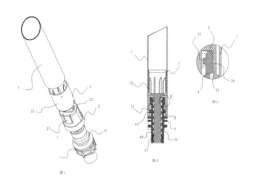

图 12 中国实用新型专利 CN201767294U
说明书附图

的中束芯结构与以往俄罗斯套娃式的结构不同，采用的是依次堆放组装的方式，而且通过同时设置弹片和凸点来减缓摩擦。

针对"无胶化"技术，方案关键在于在中节（4）设置凸筋（43）结合能够限位的凸块（44）实现过盈配合以避免使用胶水，参见 CN205012619U（见图 13）。

该说的都说的差不多了。值此佳节，姐妹们是否要给自己选购一支口红呢？一定要记得买无油无胶的哦！其实，不会被污染的同时，这也是一种爱国。因为即便买国外的品牌，只要是用我们的无油无胶管，那中国公司就会从中收到专利许可费哟！

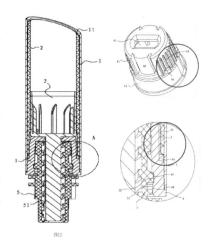

图 13 中国实用新型专利 CN205012619U
说明书附图

本文作者：

国家知识产权局专利局

专利审查协作北京中心医药部

刘苗　高巍

18
难道种树
就是挖个坑？

<big>小</big>赢说：植树节那天你植树了吗？从三月中旬到四月初，都是北京地区适合植树的日子。是否你觉得自己既有植树热情，又有植树技能？今天就带你聊聊植树的事儿。

很多人的印象里也许植树等于踏春。在一个风和日丽的日子，大家带着工具唱着歌，来到美丽的田野上，挖个坑、埋点土，数个一二三四五，最后别忘了浇点水。

如果只挖一个坑，感觉轻松愉快；如果连挖五个坑，那就会腰酸背疼；如果每天的工作就是挖坑，那还吃的消吗？如果每天的工作是在冻土、岩层、沙漠等特殊环境挖坑，全靠人力的话，那效率一定很低吧！

当然，也许你对种树技能不关心。但是如果上升到和终身大事相关的高度，怎么能不关心呢？

印度尼西亚爪哇岛当地法令条文规定：第一次结婚要种两棵树，离婚的要种五棵，离婚后第二次结婚必须种三棵树。看来在当地，结婚、离婚还真是一项体力活啊！小赢想，如果我国也推广一下，那么祖国的森林覆盖率会不会快速提高？

刚刚小赢开了个玩笑，下面言归正传。俗话说，工欲善其事，必先利其器。小赢发挥自身特长，从专利库中找出来很多挖坑的工具。

先来看一个扎穴锥（CN202160402U，见图1）。看到"扎穴锥"这个名字，小赢最先想到的是"鬼吹灯""分金定穴"，会不会和"洛阳铲"差不多？原来小赢又想多了！

该工具方案简单：用脚踩锥杆 2 上的脚踏横柄 4 就可以在地面

图 1
CN202160402U
说明书附图

上扎出树穴。根据其说明书记载：使用它挖穴速度更快，适用于各种土质的地面。小赢觉得该扎穴锥有点像我国古代的兵器金戈。

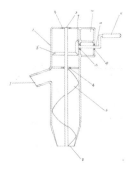

图2 CN103535135A
说明书附图

当然，社会进步了，靠脚踩实现扎穴的装置已经有点过时了，下面小赢介绍一台手摇掘坑装置（CN103535135A，见图2）。使用时，将下端对准挖坑处，摇动摇柄11就可带动螺旋片6旋转切土，土从左端的出土口7排出。不过随着机械化水平的提高，现在市场上更多的是自带动力设备的，你只需手扶把手即可自动挖坑了。

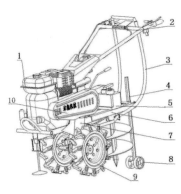

图3 CN204960801U 说明书附图

上面都是在普通土地上挖坑的工具，而我国幅员辽阔，最北端的漠河常年冰天雪地，那么在冻土甚至冰上怎么挖坑植树呢？CN204960801U（见图3）中就公开了一种适合在冰层、冻土上挖坑的专用机械设备。

在坚硬的冻土上挖坑不容易。在软软的沙漠中挖坑就轻松吗？在沙漠边缘植树常见的情况是边挖边塌陷，甚至根本无法挖出树坑。别急，CN2488283Y（见图4）中公开了一种适用于疏松土质的植树器。底部的圆锥状壳体内放置树根，树干放于C形扶正器5中。插入树坑后，转动手柄3、4；底部的左右半锥壳体1、7分开，再将树干从C形扶正器5中退出，这样在沙漠中一棵树就种好了。

值得一提的是，左右手柄3、4是中空的，连接水管接口2，可同时完成植树和浇水的一体化过程。

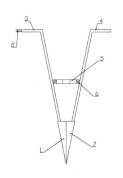

图4 CN2488283Y
说明书附图

虽然上面列举的都是手动工具，但现实中也有很多自动化机械哦！对于专用种树设备的使用，在工业发达人力成本高的欧洲早就开始了。荷兰人在1980年申请的专利NL7811699A中就公开了自动植树培土机（见图5），而当时我国还没有专利法呢……

当然，我国的科技发展水平和知识产权水平也在飞速发展，CN205510761U公开的钻坑植树培土一体机（见图6），能将钻坑、植树、培土三种工序集合操作。而CN105475088A公开的无人植树机，则完成了天地之间的协同配合。根据空中无人机收集的信息，地面上的无人植树机根据地面植被分布自动选择挖坑、种树的位置。

小赢借机普及一下专利小知识。

我国《专利法》第 42 条规定，实用新型专利权的期限为十年，自申请日起计算。

例如，本文提到的在松软土地上植树的辅助设备（CN2488283Y）的实用新型专利的申请日为 2002 年 5 月 1 日，在 2012 年 5 月 1 日已经过期。

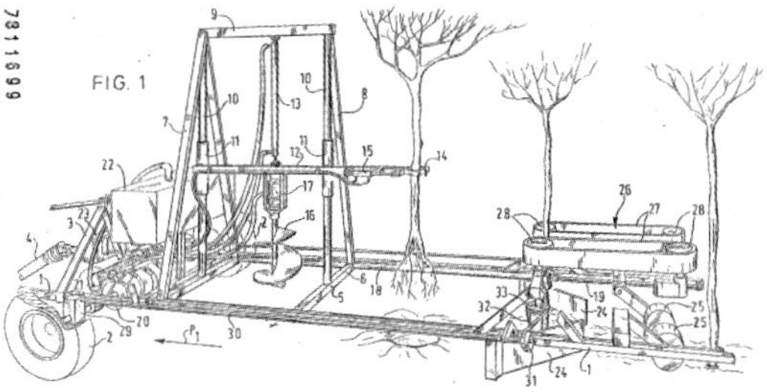

人类文明发展的过程也是不断创造新工具的过程，随着人类科学技术的发展，劳动工具在不断的改进。

假舆马者，非利足也，而致千里。假舟楫者，非能水也，而绝江河。君子性非异也，善假于物也。

种一棵树最好的时间是十年前，其次是现在。赶紧行动吧！

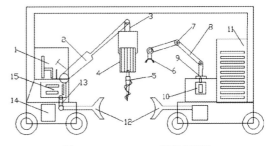

图 5　NL7811699A 说明书附图

图 6　CN205510761U 说明书附图

本文作者：

国家知识产权局专利局

专利审查协作北京中心机械部

孟庆普

19
二胎时代，
从选纸尿裤开始

小 赢说："怀二宝了吗"好像成了二胎时代最常见的打招呼方式！迎接小天使的时候，育儿知识也要跟上！新晋父母，准宝妈、准宝爸，快来更新你们的纸尿裤经验。

经过宝宝降临伊始全家喜悦后，就要面对如何养育好宝贝的问题，然而每家都有一本难念的育儿经。斗争往往就从纸尿裤开始——奶奶姥姥们：纯棉布才是解决便便的不二之选，尿布比纸尿裤更透气，更吸湿，更柔软。一旦宝宝出现红屁股的状况，老人们在心疼孩子之余，还会略带抱怨地说：不听老人言，吃亏在眼前。身为上班看娃两不误的职场精英，相信科技是第一生产力的科技粉，对于传统的尿布观点，小赢怎能不怀疑？（难道不是因为不愿每天洗尿布？）小赢就从技术角度入手，回答下面这个世界性难题：纸尿裤到底能否取代棉尿布？

透气性方面

奶奶姥姥们认为：纸尿裤有隔水层，隔水层基本等于"塑料布"，每天给宝宝在屁屁上包着"塑料布"，不红才怪！

2008 年专利文献 WO2008/065748A1（见图 1）中记载了一种高透气耐水性片材复合体，也就是在纸尿裤内外层的材料：防水材料层 13 中含有烯烃系防水剂、合成树脂类黏合剂、交联剂、除臭剂等（比普通塑料布贵多了）；再配合纤维层 12 和疏水性无纺布层 14，能够快速将水分导至片状吸收体。无论吸水与否，都能够保持良好的透气性。该专利的申请人是日本吸收体技术

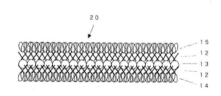

图 1　WO2008/065748A1 说明书附图

研究所，后转让给了大王。从网上的种种测评也可看出，应用该技术的纸尿裤透气性能妥妥的。

将包裹了大王纸尿裤的水杯放在微波炉里加热，水杯中的水分快速蒸发（见图2）。

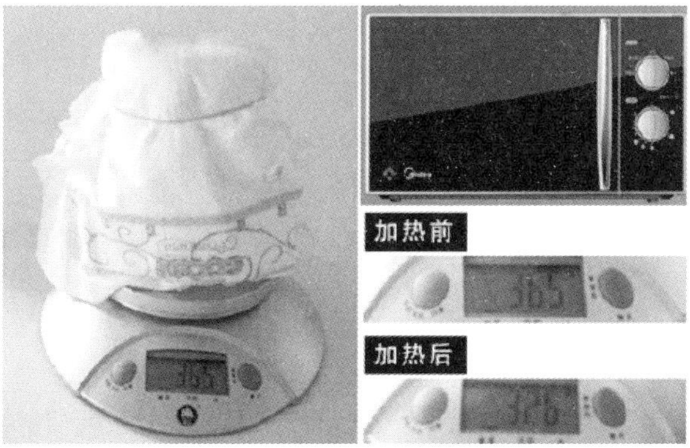

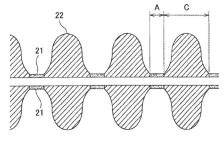

图2　纸尿裤水分蒸发对比[①]

柔软性方面

奶奶姥姥们又会说：就算你透气性蒙混过关了。但是，纸尿裤是纸做的呀，哪有尿布软呢？我大孙子活动不舒服怎么办！还是尿布好吧！小赢想说：谁软还真的说不好哦。

尤妮佳公司发现：如图3所示，高低错落的两个片材叠放，中间再加一个弹性部件，可以产生柔软的凹凸状小褶皱。

该技术公开于该公司的专利申请CN101484308A中。这种设计不仅可以使尿布更加柔软，还可以减小对皮肤的刺激哟！更有网友表示，棉尿布在洗涤过程中由于洗涤剂的添加，晾干后会发硬。相比之下，纸尿裤反而更胜一筹！

图3　CN101484308A 说明书附图

吸收性方面

小赢说：您们别着急！这也是宝妈们最关心的问题。市场上，谁家纸尿裤存尿量大，存尿后更干爽，谁就能赢得妈妈的心。其实纸尿裤制造商们更操心这事儿。

花王（妙而舒）的专利CN1139638C、CN1120203C中公开了一种超吸收性树脂，这种树脂吸收量高、速度快，而且吸水速度、溶涨后的凝胶强度以及透液性，都不会随着吸水量的升高而下降，这简直就是吸水神器！再配合花王另一项看家技术——六点成型的凹凸表层（CN101790606B，见图4），能进一步维持宝宝穿着时干爽的肌肤触感和清洁感。

据说六点成型的凹凸表层技术只能通过花王自己的生产线生产出来，很难仿

---

① 　上述实验结果引用自互联网。

制，因此可以通过这个图案验真。尽管官方没有声明，小赢觉得宝妈们可以试试，买到后看看里面是否为六边形结构。应用了这种技术的纸尿裤，在宝宝坐姿时，接触到肌肤的面积只有48%，具有良好的爽触感及缓冲感，可以将液体迅速地从肌肤接触面一侧引入至非肌肤接触面一侧。有这两大"法器"加持，也难怪花王的纸尿裤异常火热了。怎么样，看到这里，姥姥奶奶们也该放心地给宝宝穿上纸尿裤了吧。

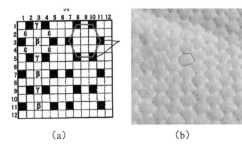

(a)　　　　　　　(b)

图4 花王纸尿裤专利及产品
（a）CN101790606B 说明书附图
（b）花王纸尿裤实拍图

重要国产技术

有的看官可能会问，怎么都是日本的品牌，我们国内品牌的纸尿裤就不行吗？

和大家一样，小赢也是民族品牌的拥趸者。为此，小赢查阅了相关资料。有报道称，国内市场的纸尿裤品牌竟然多达 1600 个，但外资品牌占有压倒性优势，TOP10 品牌的市场份额达到 80% 以上。而其余的 1000 多个品牌则在不到 20% 的市场份额中竞争。外资品牌由于先发优势，形成了很强的品牌效应和技术 / 专利壁垒。尽管如此，国内的很多品牌也一直在努力，让自家的产品更薄、更软、更吸水、更透气，或者具备更加吸引人的辅助功能。

近年来，一些宝爸、宝妈在受够了海淘磨人，以及防不胜防的假货后，开始给宝宝们使用价格实惠量又足的自家靠谱的纸尿裤。例如，以吸收量大闻名的雀氏，其技术在该公司的一件专利（CN101889924B，见图5）中得到了印证：上层哑铃形吸收芯（41）和下层普通吸收芯（42）中吸水树脂含量不同，两层吸收体之间形成了一定的压差，解决了快速吸收，防止反渗的问题。

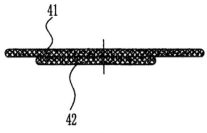

41

42

图5 CN101889924B 说明书附图

再如恒安公司的安儿乐纸尿裤，在弹性腰围、弹性腿围以及紧固件方面的进行了全面改进。其中，在腰贴设计有可感知的部件（CN202515885U），方便妈妈在黑暗中来给宝宝更换尿不湿，避免灯光照射影响宝宝睡眠。

结语

不看不知道，小小纸尿裤竟然有这么高的科技含量。小赢认为，在技术和专利壁垒已然高起，渗透率超过 90% 的情况下，国内企业应该更注重细分市场，如成长阶段、性别、日夜用、冬夏用。只有高品质、人性化、越来越真正贴近宝妈们需求的品牌才能突破重重围剿，成为行业中的沙漠之花，进而打造出咱们自己的、有影响力的中国纸尿裤品牌。小赢坚信，这一天不会很远！

本文作者：

国家知识产权局专利局

专利审查协作北京中心医药部

李煦颖　蔺娜　翟羽佳

20
彩色食品安全吗？

小 赢说：桃花天天渌水盈，最美清明四月天。寒食节、清明节除了祭祀的传统外，演化出了很多五颜六色的美食风俗。在这望色（素）怯步的今天，哪种有颜色的食品是安全的呢？本文给你答案！

清明、寒食，能分清吗？

相传清明节和寒食节来自同一个典故，都是为了纪念 2600 多年前的晋国大夫介子推。传说，子推随晋文公子重耳流亡 19 年备受艰辛，有割股啖君之功，但重耳返国主政后，子推拒不以功邀赏，而偕其母隐于介休绵山。晋文公求贤不得，知他是孝子，于是三面放火焚山，逼其出山，子推母子守志被焚。晋文公封绵山为介推田，敕令子推忌日焚火寒食，是为寒食节。

第二年寒食节次日，晋文公素服登绵山至子推被焚的那棵柳树下置祭，发现此柳竟复活了。睹物思人，念及子推一生追求政治清明的远大抱负，封此柳为清明柳，将此日定为清明节。

在后世的发展中清明、寒食逐渐合而为一，增加了祭扫、踏青、秋千、蹴鞠、牵勾、斗鸡等风俗，当然还有不同地域特色的五颜六色美食。

1. 青团子

清明时节，江南一带用浆麦草捣烂后挤压出汁，同晾干的水磨纯糯米粉拌匀，揉和成团后蒸熟。团子的青色来自浆麦草叶片中的叶绿素。很多绿色植物均含有叶绿素，具有抗菌、抗病毒的功效。

2. 清明果

年年艾叶绿，年年果泛香。清明果的皮是由一种叫艾叶的植物做成的，形状有些像饺子。艾叶中的色素包括叶绿素和黄酮类色素。

3. 乌米饭

江淮一带的乌米饭，是由南天烛茎叶的汁液煮成的。这种黑色汁液是南天烛茎叶中的多酚色素，安全性较高，还具有一定的营养价值和药理作用。

4. 朴籽粿

制作朴籽粿，首先将朴籽树叶和果实捣烂，与大米舂成粉末，然后发酵再配糖，最后再用模具蒸熟。朴籽树叶含有丰富的叶绿素，果实中最多的是多烯色素，朴籽粿具有清热、凉血的功用。

彩色食物能刺激我们的味蕾，增强我们的食欲。但在对饮食安全无比关心的今天，人们都会问：彩色食品安全吗？天然色素就一定安全吗？

今天小赢就试着带你回答这两个问题。

什么是食用色素？

目前，大家购买的食品中很多都含有食用色素。食用色素又分为天然色素和合成色素。天然色素是由天然（自然）资源提取、分离、纯化获得。按其来源可分为3类：植物色素（如叶绿素、胡萝卜素、花青素等）、动物色素（如血红素、核黄素等）和微生物色素（如红曲色素）。

人类使用天然色素的历史悠久。常见的如胭脂，据说从商朝起便开始流行，就是利用了红蓝花花瓣中的色素。古代常用的染料（茜草和栀子），有记载在东周时期（公元前221年）就已经开始大规模种植。在外国，根据史料记载，公元10世纪前，大不列颠的阿利克撒人就会用茜草汁液做成玫瑰色糖果。

人类制得合成色素的历史还不足百年，1956年英国W.H. Perkins教授发明了世界第一个合成色素"苯胺紫"。随着科技的发展，人们开始越来越多的使用化学的方法制备色素：主要以从煤焦油中分离出来的苯胺为原料，或以苯、甲苯、萘等芳香烃类化合物为原料，经过化学反应、吸附、提纯、干燥等方法制成。相对于天然色素，其成本低、产量高、色泽鲜艳，着色力强。

在一些合成色素广泛使用的过程中，随着毒理学和分析化学的不断发展，人类逐渐了解到合成色素的危害。20 世纪 60 年代末，苏联曾经用食用色素苋菜红做了动物试验研究，结果发现合成色素"苋菜红"的致癌率高达 22%。2005 年我国出现了"苏丹红事件"。在多种食品中检测出工业燃料色素"苏丹红一号"，该物质具有偶氮结构，对人体的肝肾器官具有明显的毒性作用。

2013 年国家质检总局公布，美国进口 M&M's 巧克力豆被检测出合成色素"日落黄"超标，过量食用会对眼睛、呼吸系统和皮肤造成严重伤害。

随着人们对"绿色食品"理念的倡导，色素又发展到了回归天然的阶段。很多商家在宣传或包装上，都宣称其产品所采用的是"天然色素"。

"天然"等于"安全"的吗?

目前，食品中加入的天然色素通常是经过提取的。然而目前的提取工艺主要分为以下三种。

1. 传统溶剂萃取

将天然色素溶解到溶剂中（如将绿叶泡入某溶剂，叶绿素溶解在溶剂中），工艺简单、成本低，但容易造成溶剂残留（通常均为对人体有害的有机溶剂）。

2. 超临界 CO_2 萃取

克服了传统溶剂萃取的缺点。不使用萃取剂，利用压力和温度改变超临界流体的溶解性，使待分离物质被萃取出来。该技术近年来继续快速发展，根据专利文献情报分析，超声辅助处理技术（CN101648956B）、微波辅助处理技术（CN102100875B）的引入，进一步提高了超临界 CO_2 萃取的得率。

3. 胶囊化技术

为解决天然色素在光照、潮湿或温度变化时而分解或褪色，利用具有聚合能力的壁材包埋待分离色素形成微胶囊型色素（如 CN104962107B）在保证提取效果的同时，使天然色素的稳定性和色彩亮度都有了显著提高，甚至在稳定性和色彩上可以媲美合成色素。

读到这儿，您一定恍然大悟。天然色素安全性的关键在于萃取！这只说对了一半。还有一个关键步骤是纯化。

目前，色素纯化主要使用大孔吸附树脂，该树脂的发明还要追溯到 1962 年（US4382124B1），经过多年的技术发展，以该材料为基础的吸附剂相继问世，但仍然难以克服大孔树脂的致孔剂、降解物的毒性问题，这些因为可能会残留在天然色素中为食品安全带来问题。

近些年，随着膜分离技术应用于纯化天然色素领域，安全性得到了提高。中国农业大学于 2006 年便在其专利（CN1834163 B）中首次将膜分离和浓缩技术用在紫甘薯的红色素提取中。

因此，即使是宣称加入食品中的是天然色素，但如果提取和纯化工艺不好，也可能存在毒性。而保障提纯的新技术工艺成本相对较高，所以你懂的！

当然，随着天然色素提纯技术的发展，合成色素的使用正在逐渐被禁止和淘汰。

人工合成色素被世界各国使用最多的时候，有 100 多个品种。27 种曾被日本批准使用的合成色素中，现在已有 16 种禁止使用。35 种美国 20 世纪 60 年代允许使用的合成色素，现仅剩下 7 种允许使用，目前我国允许使用的天然色素种类较多，而合成色素仅有靛蓝、二氧化钛、亮蓝、日落黄、苋菜红、新红、诱惑红，且在对其具体应用上有严格的规定（国家标准 GB 2760—2011）：严禁用于鱼类肉类及其加工品、酱油醋等调味品、水果及其制品、婴儿食品。

无论是天然，还是合成，都不是想加多少加多少！

我国只有汽水、果汁、配制酒、糕点、冷饮食品和糖果可以少量添加食用色素，但通常不得超过 1/10000。

国家标准 GB 7718—2011 明确规定了需要在包装食品的标签上注明是否加入食用色素。所以在选择购买包装食品时，除了关注生产日期，还可以留意产品配料表，看看食品中使用了哪一类色素！

随着科技的进步，天然色素的稳定性、安全性及营养性均在不断改善。小赢相信，自然，安全，美观，彩色，不会再成为不能兼得的困难之选。色味俱全的食材一定将成为食品消费的主流。

本文作者：

国家知识产权局专利局

专利审查协作北京中心医药部

姚宇博 赵雪

21
漫天柳絮随风飘，
飘来飘去全是宝

小赢说：飞絮漫天飘，又到了敏感人群一年之中最难挨的日子。然而，你可知这些"白毛毛"也有很多妙用，在科技的助力下可以"好风频借力，送我上青云"。

"碧玉妆成一树高，万条垂下绿丝绦"，早春二月的杨柳，身条婀娜、风情万种，总是能得到文人墨客的喜爱。但一个月后，柳絮飘时，画风就变了。

苏轼：长恨漫天柳絮轻，只将飞舞占清明。

白居易：三月尽是头白日，与春老别更依依。

晏殊：春风不解禁杨花，蒙蒙乱扑行人面。

杜甫：颠狂柳絮随风舞，轻薄桃花逐水流。

读罢这些诗句，小赢不由感慨，古人也深受柳絮困扰啊！

在这四月芳菲的最美时节，飞絮无处不在、无孔不入，让人过敏，使爱车熄火，甚至成为火灾的"导火线"。为了治理恼人的飞絮，人类想尽了招数：

打针——注射药物抑制开花；

洗澡——用高压水枪喷洒抑制剂或提前清洗收集"毛毛"；

变性——杨树、柳树也是"男女有别"的，只有雌树才会飘絮；

砍树——简单粗暴直接。

上面很多招数已经形成了技术方案，并申请了专利，如 CN100593969C 在飞絮前 45 天至飞絮后 50 天，每年给树注射一次抑制剂（原药：赤霉素、萘乙酸、吲哚丁酸）；CN104770396A 对树冠喷洒抑制剂（原料：聚丙烯酰胺、黄腐酸、脱落酸、芸苔素内酯、氯吡苯脲），CN105165421A 通过高位嫁接改头换冠的方法，将"罪魁祸首"立柳与园林观赏树种金丝垂柳完美结合，既消灭了飞絮，又提高了景观效果。

这些技术的使用有一定效果，但没办法彻底根治飞絮。古人也说了，"无心插柳柳成荫"嘛。更重要的是，打针也好，嫁接也好，你们有考虑过树的"感情"吗？ 既然不能根治飞絮，又要考虑树，有没有可能"双赢"呢？

飞絮有什么用？怎么能双赢？

可别小看这不起眼的飞絮，随小赢去涨涨知识吧！

1. 药用价值

从中医角度来看，柳树全身都是宝，柳枝、柳叶、柳根、柳皮、柳花都可入药。柳絮也不甘示弱：柳絮始载于《神农本草经》，性凉，具有清热解毒，祛风除湿，止血的功效（引自《中华药海》）[①]。

一些发明人将其应用在具体药物中，并申请了专利，如一种调理肝功能的中药药物（CN103845446B）中就用到了柳絮；也有将其混入动物饲料，CN106343168A 公开了柳絮作为中草药的原料之一加入到母羊饲料中。

2. 枕芯材料

CN101849754A 通过将一层纱布一层柳絮平压成多层絮套，再卷叠成一定厚度宽度做成睡枕。哇，拥有这样一款棉花糖般轻盈的柳絮枕头，太美妙了（前提是你不要对柳絮过敏哦）。

也许您会说：上面这些我也能想到，很平常嘛！别走开，下面这些柳絮的应用您知道吗？

3. 做电池

目前铅炭电池中的活性炭主要来自煤、石油、木材。但是有研究发现，柳絮由于自身的孔道结构以及含氮的特性，经过炭化、活化等处理后可以得到活性炭，相比传统材料孔道更发达、比表面积更大、含氮量更高，是理想的超级电容器用电极材料。

CN104628002A 中公开了利用柳絮制造超级电容器用活性炭电极材料的工艺方法（见图 1）。CN102557026A 公开了以天然柳絮为原料制备得到微孔、多孔、介孔碳微米管（超级电容器和燃料电池电极的基材）的方法，相比于传统材料的

---

① 《中药大辞典》柳絮词条中性状描述为：种子细小，倒披针形，长 1~2mm，黄褐色或淡灰黑色。表面有纵沟，顶端簇生白色丝状绒毛，长 2~4mm，成团状包围在种子外部。

制造工艺，具有简单、快速、高效和环保等优点（见图2）。

图1　CN104628002A中柳絮活性炭产物电镜照片[①]

4. 杨絮可以富集蛋白

杨絮中富含木质素，可特异性结合一些糖肽。例如，CN104807927B中公开了毛白杨杨絮对唾液酸化糖肽（一种具有抗菌、抗病毒功效的蛋白）的富集产物纯度接近100%，回收率100%，优于传统的二氧化钛、石墨碳/活性炭。

5. 净化水质

铬在金属加工、电镀、制革等行业中普遍应用，很多工业废水中含有大量铬离子。如果饮用水中含有大量铬离子可引起肠胃功能紊乱，严重可致癌和致畸。常见的工业污水中还包括其他重金属离子，如铜、铁、锌、镉等，也具有类似的危害。

但是，有人用杨絮将重金属离子从水中净化掉。CN105771919A公开了利用废弃的杨絮作为重金属吸附剂，具有吸附量大，易于回收且可重复使用的优点。

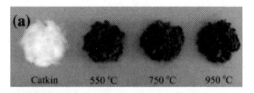

图2　柳絮碳化情况[②]
（a）柳絮及碳化后的样品
（b）柳絮的扫描电子显微镜图
（c）~（e）550℃、750℃、950℃下碳微米管的扫描电子显微镜图

那么，问题来了！怎么收集那些淘气的"毛毛们"啊？别急，还看专利七十二变！

CN103418595A（见图3）公开了一种杨棉柳絮抽取机，能抽取在空中随意飞扬的杨棉柳絮；CN203971614U（见图4）公开的杨絮自动收集装置外形有点像人喇叭，使用时，放在空旷地带或需要的场合，空气被吸入后，杨絮被分离出来留在尼龙过滤网袋中。

当然，本文中很多工艺和产品在生活中小赢还很少能见到。小赢认为，尽管

---

①②　图片来源于该专利申请的发明人之一黄雯的硕士学位论文。

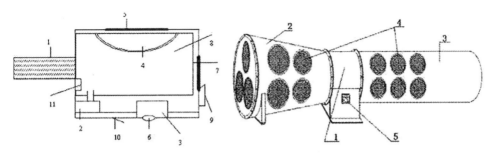

图 3 CN103418595A 说明书附图   图 4 CN203971614U 说明书附图

有些技术很美好，但是毕竟柳絮一年才产生一次，在产量、收集、净化、加工处理等方面都面临着一些问题，所以产业化的路可能还会很漫长。

小赢期待，在不远的未来，随着对柳絮综合利用的提高，让大家不再受到飞絮的困扰，让它们成为我们更好的朋友。

本文作者：

国家知识产权局专利局

专利审查协作北京中心医药部

田小藕 郭婷婷（并列第一作者）

22

添加 24K 黄金的酒，
你敢喝吗❓

小赢说："金箔清酒"斗十千，玉盘珍羞直万钱。惹争议的"9999纯金酒"是穿肠毒药，是土豪斗富，还是健康新主张？本文带你解读。

2015 年，国家卫计委官网上的一则消息引发了社会的热议：网站上刊登的《国家卫生计生委办公厅关于征求拟批准金箔为食品添加剂新品种意见的函》中，计划将 99.99% 纯金的金箔列为白酒添加剂的新品种，最大使用量为 0.02 克 / 千克，并公开向社会征求意见。

消息一出，很多网友沸腾了，一些媒体甚至称为"食金门"事件。大家关注的焦点都集中在：添加纯金的白酒，喝了真的没事儿吗？

有网友甚至搬出了 1700 多年前的历史。当时正是晋惠帝司马衷（三国司马懿儿子司马昭的孙子，历史上著名的问灾民"没饭吃的人，为什么不吃肉？"的就是他）时期，司马衷的皇后，也就是被后世称为"乱世妖后"、开启"八王之乱"的贾南风，就是喝了金粉酒毒死的。而且这件事儿还来自正史。《晋书·贾南风传》记载："伦（赵王司马伦）乃矫诏遣尚书刘弘等持节赍金屑酒赐后（皇后贾南风）死"。

历史上的金屑酒是穿肠毒药，那将金箔加入到酒里会有什么作用呢？

咱们来看看来自厂家的观点：金箔酒是将 99.99% 的纯金以物理方式汽化，使其均匀分散成小分子，再把小分子以精准控制分子磊晶堆栈的方式重新堆栈排列形成金箔。

联合国粮农组织 / 世界卫生组织（FAO/MHO）依据食品添加剂法典委员会 1983 年荷兰海牙第 16 次年会中根据安全评价资料，将 9999 自然纯金列为食品添加剂 A 表色素类，编号为 310。

在国外，有很多金箔酒品牌。例如，在日本以清酒为酒基，加入食用金箔的品牌有金花、泽之鹳、松竹梅、月桂冠、万岁乐等。还有法国的 DOM 酒、波兰的 GOLDWASSER、奥地利金箔酒等，有的甚至早已享誉世界[①]。

在中医领域，金的药用价值在很多古籍中记载。《本草纲目》记载：食金，镇精神、坚骨髓、通利五脏邪气，服之神仙，尤以箔入丸散服，破冷气，除风，疗惊痫风热肝胆之病。《医经》记载：黄金味辛、苦、平，入心、肝经，能镇精神、坚骨髓，治疗小儿惊伤五脏、高热厥等疾病。唐朝的《药性本草》也说明金箔可疗小儿惊伤、五脏惊病失志、镇心安魂魄。

再回到"食金门"，在征求意见两年以后，在 2017 年年初，国家卫计委最终未将金箔纳入白酒添加剂。

尽管如此，金箔酒相关技术的专利申请、布局却一直在国内外进行着。1993 年，在中国即有人申请了关于瓶装金箔酒的专利（CN2139125Y）：玻璃瓶 1 中盛有低度浓香型白酒 2，酒中散布有片状金箔 3（见图 1）。加入药物金箔大小为 1~2mm，厚为 0.5~1μm。

1997 年，有人进一步申请了金箔酒的制备方法（CN1063222C），在白酒中添加大小、厚度更为细小的金粉专利。

随着纳米技术的广泛应用，在国外纳米级别的金粉也被加入到白酒中。例如，韩国专利 KR101483341B1，在制备烧酒使用的纯水中添加纳米级别的金粉颗粒。其他还有俄罗斯专利 RU102217U1 等！

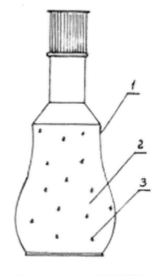

图 1 CN2139125Y 说明书附图

看到这里是否有人会质疑了：《食品安全国家标准 食品添加剂使用标准》中都没有列入的东西，怎么能申请专利呢？你看，最近不就是有新闻说"浙江温州检出一批波兰进口金箔酒，将做退运处理"[②]。

在这里小赢解释一下：根据《专利法》第 5 条第 1 款的规定，发明创造的公开、使用、制造违反了法律、社会公德或者妨害了公共利益的，不能被授予专利权。

在食品领域中，涉及的主要法律为《食品安全法》。涉及食品添加剂的使用时，主要参照《食品安全国家标准 食品添加剂使用标准》（GB 2760—2014）中相应的许可使用。如对于标准中未规定的物质种类，需要综合考虑该物质是否有相应

① 仇新印，等，金箔酒浅释 [J]. 酿酒科技，1997（4）：74-75.

② 中国新闻网，2017 年 3 月 23 日消息。

规定明令禁止其在食品中使用、是否对人体健康有危害等因素。综合以上，考虑专利是否符合《专利法》第 5 条第 1 款的规定。

虽然国家食药监局和国家卫计委并未将金箔纳入食品添加剂，但根据古籍中记载的药用价值，以及世界上的标准和较为成熟的制备方法，不排除其具有潜在的应用价值。上述提及的各国发明专利中均添加少量金箔，可合理预期安全性风险系数较低。

但是小赢同时也认为：

● 从健康角度：人体必要元素并不包括金，但金的药用价值确有记载，将金箔与酒结合能够起到何种功效，是值得研究的方向。

● 从制酒工艺角度：微小的金箔通过代谢直接排除体外，从工艺角度如何促进其药用价值的发挥，也是一种可以研究的方向。

● 从口感角度：金箔酒与普通白酒没有差异。

添加金箔是否仅为增加天女散花般的视觉效果，增加宣传噱头，提高产品虚价。是不是有哗众取宠的嫌疑，还请诸君自己判断！

本文作者：

国家知识产权局专利局

专利审查协作北京中心医药部

程雷　胡婉珊

23
让我们一起"摔杯为号"

小赢说："摔杯为号"近来火了。难道是刘邦又赴"鸿门宴"？刘备再去"甘露寺"？事情原来是这样的……

还在想着刘备暗怀诸葛亮给的三个锦囊去东吴迎娶孙尚香，周瑜赔了夫人又折兵的故事？殊不知"摔杯为号"已经有了新的含义。

近日，四川大学信息共享平台上的一个帖子走红网络：该校一个女孩在自习室看到心动的男生却又不好意思直接上去搭讪，正苦思冥想时看到了男生的玻璃杯放在桌边，于是眉头一皱计上心来，从旁边经过时故意将玻璃杯撞到地上摔碎了，故事就从此开始了……

原来如此啊！"摔杯为号"已经从一部政治风云片变成了一部校园青春爱情片了！

说起杯子，不免怅然：大家的人生都充满了"杯具"。想当年，小赢上学时也摔过不少杯子，但那都是自己不小心摔坏的。后来就换成了耐摔的"太空杯"！等等，耐摔的……小赢大学一直单着，原来……

工作后，小赢从"摔杯子"变成了"筛杯子"（筛选与杯子相关的对比文件），这成了小赢的重要工作，每天都试图从"杯具"创新中寻找快乐。

先来看看这一款：杯中盛满牛奶或咖啡，杯底则存放可口的曲奇，想不长胖都难啊（见图1）。这么有创意的杯具是申请了专利的（CN106175353A）。当然，类似申请不止一件，还包括CN202355041U、CN201370384U 等。

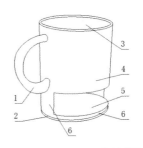

图 1　CN106175353A 专利附图

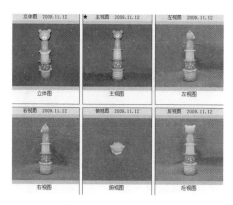

图 2 中国专利 ZL200930324378 附图

还有一种有创意的杯子叫做叠杯，不但一家人可以分享使用，闲时叠拼起来还是一件漂亮的装饰品（见图 2）。当然，这个创意也在专利中有所体现。例如，中国外观设计专利（ZL200930324378）就公开了一种熊仔叠叠杯。

看到图 3 这样的茶杯（US4220079A），你是否想到的是在阳光下泡一杯茶，享受一缕茶香和片刻的宁静，一边品茶一边欣赏窗外的风景？但是，小赢却想到的是当年的检索考试，因为这就是考试的题目之一。

吸管杯很常见吧？但是专利申请中却有各式各样的造型（见图 4）。每天在杯具的海洋里畅游，每天筛杯子的对比文件，头脑中有印象却找不到的时候都想把手边的杯子摔了……

作为"杯具"界的老审查员，当然还关心杯具的配套产品和衍生品。

先看个防摔杯套吧（CN201987159U，见图 5），其原理很简单，在外壁 1 和内壁 2 之间填充橡胶球 3，实现防烫防摔的功能。

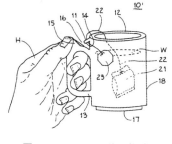

图 3 US4220079A 说明书附图

小赢想，如果本文开头的故事中男生给其杯子带上一个这样的防摔套，也许后面就没有美好的故事了。

再来看看有着"奶爸神器"之称的 55°杯（顾名思义，只需一分钟就可以把开水变为 55℃），据说最好的时候每天会卖出近 20 万支！

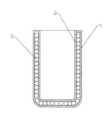

图 5 CN201987159U 说明书附图

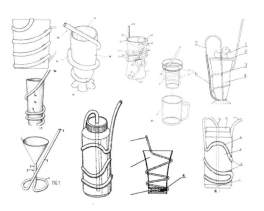

图 4 专利文献中公开的多种吸管杯

该杯的设计和经销商北京洛可可科技有限公司已将该杯申请了外观设计专利（CN303047971S，见图 6）。同时，洛可可科技有限公司对该杯子也进行了发明专利的申请（CN105310402A）。

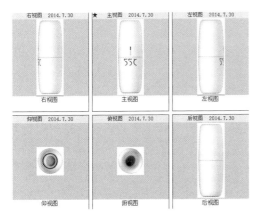

图6 CN303047971S 附图

此外，其他申请人也进行了类似的发明申请（CN105476397A），该申请公开的调温杯从功能上与55°杯类似。不知在55°杯这个爆款上，未来是否也会爆发专利战争呢？

快速喝水的问题解决了，但是我们到底今天喝了多少水呢？尤其是像小赢这样一上班就全身心投入到祖国的知识产权建设，以至于今天喝过几杯水都忘了。

公告号为 CN205094076U 的实用新型专利公开了一款带有计数和示温功能的杯子。图7左为该杯子的爆炸图，右为圆环3的展开图。圆环3的外圆柱壁的数字用于标记所喝水的杯数，圆环3上还设有感温变色粉，在不同的温度显示不同的颜色。

说到变色，还有很多变色杯的相关专利申请。早在1986年就有人申请了一种动态美学变化杯，公告号为CN86205881Y。小赢不得不佩服申请人的先见之明，当时我国才刚刚实施专利法一年多。

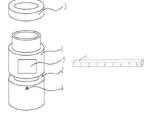

图7 CN205094076U 说明书附图

说明书中记载，该杯子可在温差、光线、磁力影响下自动产生色彩或图案变化，还可发光或鸣奏音乐。现在市面上在售的这类杯子有很多。

今天关于杯具的故事先讲到这里，发明人的智慧是无穷的，仅仅一个小小的杯子就有如此丰富多彩的创意、申请了这么多专利，那么，人这一辈子是否更应该过得丰富多彩呢？

杯子里不仅有我们过去的青春，还有我们现在的职业生涯，更有我们将来要为之奋斗终身的知识产权强国梦！

本文作者：

国家知识产权局专利局

专利审查协作北京中心机械部

孟庆普

Chapter3

第三章

科技前沿

24
炫酷时尚引爆未来的智能服饰

小 赢说：天气这么热，出门时包可以不背，衣服却不能不穿。你想成为万众瞩目的百变女神吗？你想成为炫酷帅气的时尚达人吗？传统服饰似乎正在被颠覆，集时尚、科技于一体的智能服饰，已经向我们汹涌袭来。让我们一起先睹为快吧！

2016年里约奥运会上中国乒乓球队包揽四金，捍卫国球荣耀。国乒霸气实力的背后也有来自科技的支撑——李宁公司为国乒队提供的战服。据了解，李宁公司为乒乓球队提供的"战服"（见图1）采用了Cool Max面料，结合Body Mapping色织提花面料，能够使运动员在比赛中快速排出汗液，保持身体干爽、舒适。

图1 李宁公司为国乒队提供的战服①

赛场外，相信NFC支付大家早已不再陌生，在里约奥运村里，由VISA开发的NFC支付戒指（见图2）让运动员、志愿者们挥挥手就能轻松付款啦。这款VISA支付戒指用Token来记录银行卡的机密信息，采用Gemalto制造的安全芯片，内置NFC天线，可执行非接触式付款。

图2 VISA支付戒指②

在CN105394890A中NFC支付芯片（见图3）包括用于采集交易终端的支付信息的信息采集模块、用于输入用户账户信息的账户输入模块、用于显示支付信息

---

① 图片来源：http://www.toutiao.com/i6315350768819896833/。
② 图片来源：http://tech.sina.com.cn/mobile/n/n/2016-06-08/doc-ifxsvenx3624577.shtml。

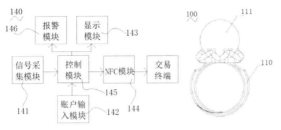

图 3 CN105394890A 的说明书附图

图 4 电影《碟中谍 5》中的智能潜水服

的显示模块和用于向交易终端传送用户账户信息的 NFC 模块、用于对支付信息、用户账户信息和密码进行判断的控制模块。使其支付设备使用方便、便于携带、使用寿命长、外表美观且安全系数高。

除了在奥运上的竞相应用，智能服饰还在影视大片中频频亮相。很多人一定记得《碟中谍 5》中"阿汤哥"那件智能潜水服（见图 4）：自带充氧功能，实时监测体内氧气含量，提示氧气充盈程度和剩余潜水时间。中国专利 ZL96208347.X 涉及的潜水衣（见图 5）就实现了自动充氧、自由沉下或浮起，且在脚部设置涡轮，可大大减轻人身劳动。

图 5 ZL96208347.X
的说明书附图

的确，随着传感器、无线通信等技术的快速发展，智能服饰正在快速发展。人们拥有一套"阿汤哥"那样的外套的日子不远了。

智能服饰的分类

一说到智能服饰，大家通常认为是可穿戴的纺织品。实际上，可穿戴的电子服饰设备也算是智能服饰的一部分（见图 6）。

图 6 智能服饰的分类

1. 可穿戴电子服饰设备

（1）智能运动衣

Athos 推出的智能运动衣和短裤（见图 7），可检测使用者的心率、呼吸频率，甚至是 EMG 传感器带来的肌肉活动情况。智能服装包含了一枚 AthosCore 小芯片和多个传感器，可以通过蓝牙将数据发送到智能手机中。由于能够同时反映肌肉锻炼与心率、呼吸的关系，该产品受到了众多专业运动员的青睐。中国深圳柔微传感科技有限公司也致力于实时监测智能服装的研究，专利ZL201520193488.4 使用 EMG 传感器组采集至少一处人体肌肉处的肌电数据（见图 8），通过通信模块将判断出的结果发送至外部设备，从而实现随时随地实时监测运动的目的。

图 7 Athos 智能运动衣①

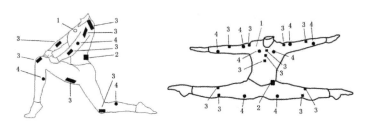

图 8 ZL201520193488.4 的说明书附图

（2）太阳能夹克

美国休闲服装领导品牌之一的汤米·希尔费格 (Tommy Hilfiger) 推出了一款"跨界"产品——可以让你穿上它、并且边走边为手机等移动设备充电的太阳能夹克衫（见图 9）。夹克将时尚与科技完美结合，柔性太阳能电池板可轻松拆卸。口袋反过来就能看到两个 USB 端口，一次可给两个设备充电。在专利ZL201420597438.8 中，蓄电池与上衣和裤子所设的柔性太阳能电池相连接，腰带设有与外部电子设备连接的 USB 输出端口及 USB 数据线（见图 10）。能量存储

图 9 Tommy Hilfiger 太阳能夹克衫②

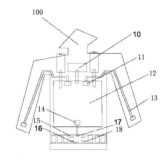

图 10 ZL201420597438.8 的说明书附图

① 图片来源：http://roll.sohu.com/20160322/n441557268.shtml。

② 图片来源：http://tech.feng.com/2014-12-04/Carrying-away-solar-charger-limited-sales-of-599-jacket_601805.shtml。

在蓄电池腰带里，再给其他电子设备供电，这样电能输出比较稳定快速，且不受光线的影响。

（3）智能手环

法国公司提出 Cicret Bracelet 智能手环概念产品（见图 11），自带处理器、闪存、震动马达、WiFi 和蓝牙模块、传感器和投影仪，不依赖智能手机也能独立使用，用户只需转动手腕即可开启和关闭画面。北京奇虎科技有限公司在 2014 年已对类似技术进行了专利布局，在专利申请 CN104461004A 中的智能手环（见图 12）使用了第一和第二微型投影仪来实现投射虚拟输入图像、投射数据处理结果对应的图像的操作，便于佩戴者利用可穿戴智能设备的各项功能，提高了用户体验。

图 11　智能手环①

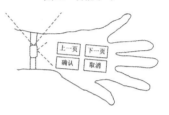

图 12　CN104461004A 的说明书附图

（4）传感运动鞋

耐克与谷歌、苹果公司合作，推出了一款能在谷歌地图上追踪自己"电子足迹"的运动鞋（CN105381588A 等，见图 13、图 14）。运动鞋能将数据自动上传苹果公司数据库，使用者能通过手机查看自己的训练情况，包括跑步的距离、消耗的热量、步速等。运动共享的锻炼信息包括地图的图像、交互地图、到地图的链接、路线信息和 / 或其组合等地图信息。应用可以被配置为在社交网络的环境内执行，以促进运动行为数据传送和在社交网络站点中的锻炼条目的产生。

图 13　耐克传感运动鞋②

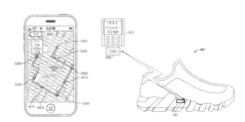

图 14　CN105381588A 的说明书附图

2.可穿戴纺织品

可穿戴纺织品是指通过改变传统纺织纤维成分、使纤维本身具有一定的特性，

① 图片来源：http://www.72byte.com/product/cicretbracelet?year=2017&month=11。

② 图片来源：http://fashion.sina.com.cn/l/fu/2016-04-26/0953/doc-ifxrpvcy4438043.shtml。

实现更多功能。

（1）热感应变色 T 恤

Radiate 是一款能够帮助运动者监测身体特定部位或肌肉群训练情况的运动 T 恤（见图 15）。像一面贴身热能镜，实时监测散发的热量，并通过颜色变化来反映肌肉、血管得到的锻炼情况。除了变色这一特点，Radiate Athletics 变色活动服还采取亲肤性新型面料，吸汗，速干，重量轻，有弹性，抗菌性且耐用。

图 15　Radiate 热感应变色 T 恤①

（2）根据声音改变图案的服装

Flash Pups 变色服饰（见图 16），就像音乐均衡器，随着声音的大小、音乐的跳动，不断变换形状颜色。专利 ZL201420487133.1 在原发光 T 恤设置一套声控电路及音频装置（见图 17），其可收集外部声音的强弱控制 T 恤发光，同时能够听音乐，可根据音乐传输的声音能率对发光面板进行控制同步变换闪烁发光，使得 T 恤更具个性化和时尚感。

图 16　变色服饰②

（3）可变形服装

英国先锋设计师 Hussein Chalayan 最标志性的设计就是 Transforming Dress，几乎每一季秀场上他都会以新的方式来玩服装的变形（见图 18）。Chalayan 玩换装游戏不仅从服装结构设计的角度出发，还常常玩出科技含量很高的手法。维多利亚风格的高领长裙

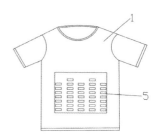

图 17　ZL201420487133.1 的
说明书附图

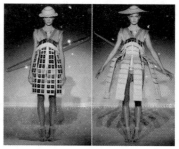

图 18　英国先锋设计师 Hussein Chalayan 的可变形服装③

---

① 图片来源：http://wisdom.chinaceot.com/news_detail-id45439.htm。

② 图片来源：http://www.72byte.com/product/flash-pups。

③ 图片来源：http://www.guoku.com/articles/gong-xian-wei-qi-jie-hou-ren-gong-zhi-neng-de-xia/。

仿佛获得了生命一般，自发地展开成"外套 + 直筒短裙"的设计。另外还有从长裙收缩成短裙、紧身裙变蓬蓬裙的设计。

智能服饰专利申请趋势

近年来，中国申请量快速增长，凸显了中国制造业大国的地位，敏锐的市场洞察力带领中国大量相关科研院所和企业投入到智能服饰领域（见图 19）。预计未来几年，随着市场需求的不断扩大以及技术知识的不断提高，中国在这一领域将会大展拳脚。

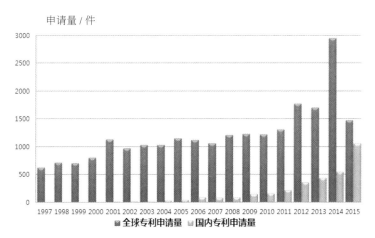

图 19 1997~2005 年智能服饰专利申请趋势
注：数据截至 2016 年 7 月 15 日，2015~2016 年申请未完全公开。

2017 年，智能服饰已成为智能可穿戴设备发展的下一个出口，智能服饰有没有改变你的穿衣理念？也许某天就能看到一身智能服饰的你呦。

本文作者：
国家知识产权局专利局
专利审查协作北京中心光电部
刘子菡

25
高规格 AR 西餐的新吃法

小 赢说：俗话说"科技改变生活"，如果梦想带女友吃一顿难忘的晚餐，我想没有比下文中的餐厅更合适的了。让梦想照进现实的AR（增强现实）技术，可以给未来带来哪些惊喜？AR 技术哪国的研发实力强？哪里又是重要市场？如果你还不了解它，Come on！让小赢带你进入增强现实的世界遨游一番。

2016 年 8 月 16 日中国将世界首颗量子科学实验卫星"墨子号"发射升空。等等，什么情况，难道……量子通信和 AR 有关系！当然有关系，量子通信与 AR 的关系在于：CCTV 借助 AR 来解析墨子号！好吧，这个笑话很冷。让咱们书归正传！

走进 AR 的世界

AR 真地可以让我们身临其境吗？来到 Filip 和 Antoon 的"神奇餐厅"（见图 1），有个小家伙亲自在我们的盘子上给我们煎牛排。拎着小油壶，不紧不慢的给牛排淋油。现场吭哧吭哧地切西蓝花，在牛排上加入新鲜的土豆，努力用大叉子翻动着牛排……就在此时，真正的大厨端出了和表演一模一样的菜品（见图 2）。整个过程是那么生动、美好和享受！

图 1 AR 餐厅用餐实景[①]

图 2 AR 餐厅菜品实景[②]

---

① 图片来源：http://www.kejilie.com/pedaily/article/YNF3em.html 中的截图。

② 图片来源：百度图库。

除了餐厅，AR 还有很多应用场景！在家中，主妇正通过 HoloLens 与 Dad 讨论如何修理水管（见图 3），她只需要蹲在洗手间，手里拿着水管就可以通信，而不是一定要拿着移动终端和 Dad 通话。

图 3 家庭中的 AR 应用①

做数据分析时，可以将数据和真实分析目标有机融合在一起，将数据透视做到更好（见图 4）！

做设计图纸时，可以将设计效果和真实环境有机融合，达到所见即所得的最高境界（见图 5）。

图 4 数据透视中的 AR 应用②

当然，还有其他应用场景。例如，学习解剖学时可以随时随地观察复杂的人体结构，还能选择隐藏部分图层，单独查看某些部位的运作机制；想看看世界的时候，可以随时随地在家看到自己想看的地方。哇噢，电影里的高科技就要全方位来到我们身边了！

你准备好了吗？！

图 5 图纸设计中的 AR 应用③

技术视角看 AR

AR 如此神奇，到底它是什么？又如何实现？

形象地说，该技术就是将虚拟世界"叠加"到了现实世界，并使用了 3D 显示技术，并且可以与之进行互动（见图 6）。

其原理（见图 7）是通过摄像头采集真实场景信息，利用计算机图形技术和可视化技术对虚拟物体进行三维注册（关键技术一），标注虚拟物体在

图 6 3D 显示技术中的 AR 应用④

现实世界坐标系中的位置及姿态，以实现虚拟数字信息，包括文字、图像、3D 模型或 3D 动画等形式与现实场景实时融合的 3D 展示（关键技术二），并与用户实现人机交互（关键技术三）。

图 7 AR 技术的原理图⑤

①～⑤ 图片来源：百度图库。

113

专利视角看 AR

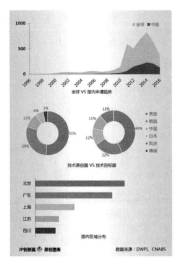

随着 AR 产业的发展，该技术已经成为研究的热点，AR 将真正改变我们观察世界的方式，下面透过专利来探究下该技术的发展（见图 8）。

目前该技术在全球和中国发展迅速，但远未到发展成熟期，预测在未来 3~10 年获得最大发展。虽然在国内该技术起步较晚，但在移动互联时代，具有更加贴近生活性质的 AR 技术，国内还有很大的研发空间。

美国是此项技术的研发强国，国外企业已抢先在中国市场布局。中国企业需要时刻观察、思考、预备着，在各领域挖掘 AR 究竟能给用户带来怎样

图 8　AR 技术专利分析一览图

的新奇体验和便捷效率，这才是激烈市场竞争中的血槽、魔法值和生命力。

我国发展最快的北京和广东，一个拥有研发实力不断提高的众多知名高校，另一个聚集了众多产品研制的相关信息技术公司。初创企业应利用好该技术在国内的区域优势，如与高校积极合作、技术互补，有效实现技术成果转化。

也许你已经为被"墙"阻隔的 Pokemon Go 而烦恼，但不用担心，国内大公司们（BAT 或那个谁谁谁）也已经频频出动，新奇的玩意分分钟将出现在我们身边。是时候颠覆传统迎接改变了！

嗨！别说我没告诉你，明天能在商场里看到恐龙。

本文作者：

国家知识产权局专利局

专利审查协作北京中心通信部

张雪

26
能"一针见血"的注射神器

$\large 小$ 赢说：有没有和小赢一样，每次打针输液的时候，担心找不到血管多次挨针，担心药物注射到皮下引起的剧痛。经过长期的总结，小赢得到了一个重大理论发现——人类的痛点在哪里，创新和商机便在哪里。让我们一起来了解什么样的黑科技能解决人类的痛点。

一针见血

你是不是微胖界的一员？你遇没遇到过实习的小护士？当抽血时针头在皮肉里挑来挑去，当输液没对准血管引起皮下胀痛……噩梦、恐惧、痛苦、尖叫、酷刑，这些词是否曾出现在你心理阴影里？也许一张图片（见图1）就挑动了你的痛觉神经，唤起了不堪回首的打针记忆！

图1 抽血场景[①]

就算你自己因好久没打针而淡忘，对于婴幼儿，是否在带他们打针时，却疼在你的心里！

哪里有痛点，哪里就有科技发展的动力。下面看看科技给我们带来的福利：可以"照出"人体血管的仪器（VeinViewer，见图2）通过近红外光扫描，并在皮肤上清晰地投影出血管分布，扎针秒秒钟就能搞定。妈妈再也不用担心因打针而哭泣。

图2 可以"照出"人体血管的仪器（VeinViewer）[②]

---

① 图片来源：百度图库。

② 图片来源：https://www.christiemed.com/products/veinviewer-models/veinviewer-vision2。

这台设备是如何分辨出血管的呢？它利用周围组织、静脉中去氧血红蛋白对近红外光的吸收不同，将该信息经过光电转换和图像处理得到准确的静脉图像。

该设备来自美国科视医疗控股公司 (Christie Medical Holdings, Inc.)，其母公司就是大名鼎鼎的提供视觉技术解决方案的科视数字系统公司（Christie Digital Systems, Inc.，以下简称科视）。

2010 年 1 月，作为科视进军医疗器械市场的标志事件，科视收购了 Luminetx 的医疗生物科技公司的全部资产，其中包括血管影像系统 VeinViewer 的知识产权。[①]

专利技术

仔细分析 Luminetx 公司血管增强显像的专利布局，发现包括 6 组同族专利。最早 1 件于 2000 年 1 月 19 日在美国申请。没想到这项技术的布局如此早。目前，同族专利中有 4 件进入中国申请，其中两件授权。

两件授权专利保护的侧重点不同，一件侧重保护使用漫射红外光技术进行成像的方法（CN100546544C），另一件则侧重保护将血管图像增强投影到皮肤以及校准的方法（CN101166467B）。两件授权专利覆盖了这件神器的核心技术。

那这个设备的全貌是什么样的呢？该设备包括两种：固定式（见图 3）和便携式（见图 4）。

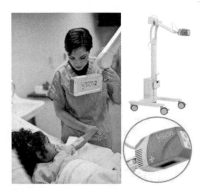

图 3 固定式血管增强显像仪应用场景[①]

图 4 便携式血管增强显像仪应用场景[②]

---

① "Christie® Acquires Assets from Luminetx® Corporation"，https://www.christiedigital.com/en-us/news-room/press-releases/ChristieAcquiresAssetsfromLuminetxCorporation。

② 图片来源：https://www.christiemed.com/products/veinviewer-models/veinviewer-vision2。

③ 图片来源：https://www.christiemed.com/products/veinviewer-models/veinviewer-flex。

目前机架式的设备卖到 3 万美元，便携式的也要 5000 美元。估计用这个设备扎针一定得多收费吧？如此能解决真正痛点的产品，难道国内没有技术改进？科视已经垄断市场了吗？

国内申请

小赢检索了中文专利库，国内申请人的专利申请 40 余件，申请日均在 2011 年以后（见图 5），相较于国外申请人的专利布局真是晚了不少。[①]

这些申请主要对光源、识别深度、抗干扰、成像精度、安全性、便携美观性等方面进行改进，使产品具备更精准的识别和显示效果。例如 CN103337071B（见图 6），这件来自北京理工大学的发明专利，将成像方式改进为三维。

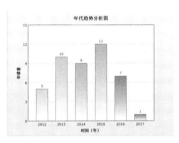

图 5 国内申请人在血管增强显像仪
上的申请量趋势分析图

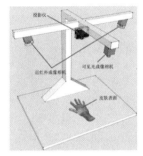

图 6 CN103337071B 的说明书附图

国内发明专利申请人多为高校科研院所。一些国内企业，尽管现在有静脉血管显像产品在售，但专利大多还在审查阶段，有的目前还没有专利申请。

国内在售的产品中有遥控器式的，更加便携（见图 7）；有台灯式，稳定且灵活，适合医护人员在工作台上进行操作（见图 8）。

不过小赢认为，即使在皮肤表面成像还是会让宝宝害怕，也不是每个人都愿意看到自己流动的血液。有没有种设备让医生护士们方便扎针的同时，自己看到血管就好了？

图 7 中国在售的遥控器式血管增强显像仪[②]

---

① 数据来源：国家知识产权局综合服务平台专利检索系统，http://www.pss-system.gov.cn。

② 图片来源：china.makepolo.com。

当然有！除了在售的产品（见图9），还有件实用新型专利CN203885479U（见图10）作出的改进就解决了这样的问题，将设备改为头戴式，很叫人期待。

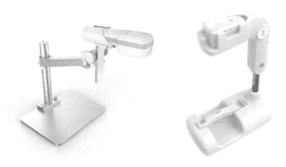

图8 中国在售的台灯式血管增强显像仪①

通过上面的分析，让小赢心有隐忧的是：由于核心技术早已被国外企业进行了布局，当国内静脉血管显像市场发展壮大之后，国内企业的产品能否经受住专利战的洗礼，在市场站稳脚跟，确实存在挑战。国内企业在不断重视研发，突破关键技术的同时，还应注重外围专利的设计，提前进行专利攻防布局，未雨绸缪。

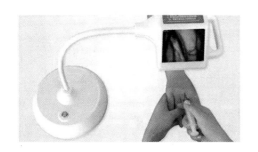

图9 中国在售的患者看不到成像的血管增强显像仪②

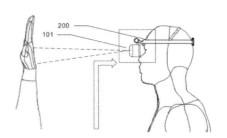

图10 CN203885479U 的说明书附图

本文作者：

国家知识产权局专利局

专利审查协作北京中心专利服务部

王子元 胡延

---

① 图片来源：china.makepolo.com。

② 图片来源：china.makepolo.com。

27
无人投递设备
让我们告别快递小哥还有多远❓

小赢说：看完此文，小赢那叫一个纠结啊！作为"剁手党"中的一员，小赢几乎每天都和快递小哥见面。想起他们辛苦奔波风餐露宿的样子，一边盼望着这些高科技的东西能降低他们的工作强度，一边又怕以后帅气的小哥失业了怎么办？真是让人纠结！Anyway，先去选几件东西放进购物车吧！

无人投递终端纷纷面世

2016 年 9 月 1 日国内两大电商巨头同时推出无人配送终端。阿里的送货机器人名叫小 G，以及京东宣传号称"国内首款"的自动配送小车。两大巨头同一天推出高科技新产品，其引领行业发展的竞争态势可见一斑。然而在几个月前，世界电商巨头亚马逊已经推出了自己的终端——自动配送无人机！

无人投递的应用前景

当看到亚马逊的自动送货无人机时，小赢就曾发出过感慨——美国用人成本真贵啊，瞧把它们给逼的！

恐怕这在我国不一定行得通，先不说无人机是否需要执照；只想象一下如果中国每年 200 亿个包裹由无人机来送，那每天一抬头看天空，那将是怎样一种景象？随后传来京东也试验无人机送货的消息，小赢认为这对于京东来说象征意义大于实际应用意义。

真正让人觉得快递小哥有可能被取代是看到了它之后——Skype 创始人 Heinla 与 Friis 旗下的 Starship 公司推出 Deliverbot。因为从其发布的视频看，该小车的功能非常全面，与之前的产品相比更加完备。

无人投递终端的比较

京东小车没有公布使用视频，从其公布的外观图片上看，该小车上面布置有大小不同的六个货仓。在车顶的前方设置有类似于激光雷达或警示灯装置，车前部有一块曲面显示屏幕，有两个车灯、六个轮子，尾部有一根长长的天线。根据京东的宣传材料，该小车的功能包括：自动躲避、智能跟随、智能避障、APP控制、提货码、自动识路，上述功能均为京东自主研发。

阿里的小G机器人，两轮竖向直立行走，具有大小不同的三个储物空间。不但能够实现智能路径规划，实时通信，远程解锁，而且能够自动避障，甚至可以乘坐电梯。据阿里公司的描述，小G机器人已在数十万平方米的阿里园区内测试了一段时间，并公布了相关视频（上述功能在视频中均有展示）。只是小赢觉得，小G机器人的重心偏高，会不会因为重心不稳而摔倒？

再来看看最早的Deliverbot，和京东小车的样子很像，也有六个轮子，但是只有一个大的储物空间，盖子整体打开，在侧面也有一根长长的天线，整个造型给人一种可爱的感觉。不但能够完成爬坡，还能够顺畅地行驶在步道上。其官方视频显示：当遇到步道上行走的老人时，还能够自动避让；到达目的地后，只有取件人可以通过手机解锁。为了应对不法分子和一些好奇心强的孩子，这台小车中还安放了警示与报警装置，如高音喇叭，如果没有用密码打开，或者被撞击、抱走，则会自动识别报警，并启动通信设备。

专利布局情况

看到各大电商纷纷杀向这一领域，细心的人一定会想，是否专利战争已经提前打响？无人配送的专利布局是否已经是一片红海了呢？

带着同样的问题，笔者进行了检索。在中国，目前直接与无人配送的主题相关专利申请仅有500余件（截止到2016年8月31日），且多为控制方法方面。对快递机器人整机的申请多来自高校。如武汉科技大学的专利CN205524535U（见图1），履带式的机器人让小赢想起了电影《机器人总动员》中的瓦力；以及广州工业大学的申请CN105881554A（见

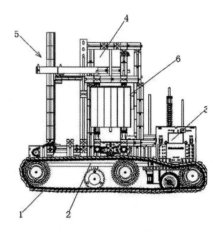

图1 CN205524535U 的说明书附图

图 2），从专利附图上看感觉还是原型机。

小赢在检索过程中并没有发现阿里系公司对无人投递设备的专利布局。倒是与京东合作的国内机器人行业龙头新松机器人公司早在 2013 年 9 月即申请了快递分拣方法和系统（CN104511436B）。

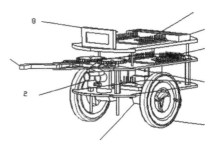

图 2 CN105881554A 的说明书附图

亚马逊公司的配送无人机虽然目前在中国范围内没有布局 (存在尚未公开，或国际申请尚未进入中国国家阶段的可能)，但该公司在美国 2014 年的专利 US9387928B1（见图 3）已经授权，所保护主题是无人机可以自动降落在路灯上充电。

相比之下，中国无人机行业著名企业大疆公司布局较早，2014 年 11 月 28 日申请了关于送货无人机的 PCT 国际申请 WO2016082177A1。

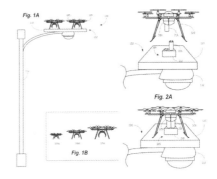

图 3 US9387928B1 的说明书附图

值得一提的是，在 2016 年 8 月 31 日公开的小米公司的一件发明专利申请 CN106911573A，涉及无人机在投递、航拍等工作后电量低时的降落与找回。难道预示着小米也要在送货无人机市场分一杯羹？

除了无人机设备本身，亚马逊公司的专利布局已经开始向其周边方向衍生蔓延。例如，在安全方面，亚马逊正在美国申请着这样一件专利（US2016083073A1），主动识别出地面人数情况，以根据需要在下降的时候发出警示。

图 4 Transwheel 机器人

震撼神器

分析了这么多，有人会问：上面哪个产品最让你感到震撼？小赢坚定的回答：是下面这款——Transwheel 机器人（见图 4）。

据媒体报道，这是以色列申卡尔工程与设计学院一位学生的毕业设计作品，设计灵感来自平衡车，这样具有创意的作品简直让人不可思议！它可以像独轮车一样行驶，有

图 5 Transwheel 机器人的机械手臂

机械手臂抱着包裹（见图 5）；也可以像自行车一样扛着一个条形箱子行驶（见图 6）；还可以像汽车一样四个轮子抬着一个方形箱子行驶（见图 7）；最令人难以置信的是，设计者称，通过矩阵排列甚至可以替代大型运输车辆（见图 8）。

令人遗憾的是目前小赢并没有在中国检索到该创意产品的相关专利，这是否也为中国的相关厂家留下了机会呢？

结语

扒了这么多的高科技无人产品之后，"不严谨"的作者想起了 2016 年春晚中一个颇受好评的小品《快递小乔》，描述了一位心直口快，热情善良的快递员，与熟悉的业主之间亲情和睦的故事。

也许，未来当我们从享受黑科技带来的惊喜中冷静下来的时候，在某一个闲暇的黄昏，突然会有一种感慨涌上心头：我还是很想念你，每天帮我收发配送在最后一公里，阳光又帅气！

图 6 Transwheel 机器人的两轮使用状态

图 7 Transwheel 机器人的四轮使用状态

图 8 Transwheel 机器人的矩阵排列式使用状态

本文作者：

国家知识产权局专利局

专利审查协作北京中心专利服务部

刘鹤

28
手机快速充电技术哪家强？

小赢说：插着充电线看电视、玩游戏，有人说不安全；想打电话发现电量又飘红了，插上充电线又怕被电！有时真想左手一个智能机、右手一个能待机半个月的"老砖头"！在快充成为智能手机刚性需求的情况下，"充电五分钟，通话两小时"的技术安全吗？会不会把手机变成手雷？

先来给大家卖个关子，请大家想想，如何把 A 水池的水快速安全地导入 B 水池里呢（见图 1）？

下面是走进科学时间。

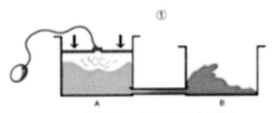

1. 增加压力，会导致热量急剧增大

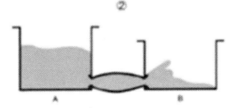

2. 增大传输面积，会对接收方造成难以承受的压力

图 1　两个水池中水快速流动的原理

快充技术揭秘

在中文专利数据库中，以手机/移动终端、快速、充电为关键词检索，可以检索到287篇文献，其中申请人为OPPO公司的专利申请占比达到12%，由此可见OPPO公司在手机快速充电领域的技术实力。从专利情报入手，让小赢带你看看OPPO快速充电的发展线索。

1. 仅调整充电电压

申请于2013年的ZL201310047333.5，可以算是快速充电的第一代版本。

简单来说，这件专利的技术就是不断检测电池内阻，让充电电压一直保持在截止电压，这样充电的速度就加快了，来个图感受一下（见图2）。

是的，就是这样不断根据内阻调整充电电压，让他一直保持在最高电压充电。通俗来说就是尽量压榨电池的承压潜力，一点儿也别让他歇着！

电池：感觉身体被掏空……

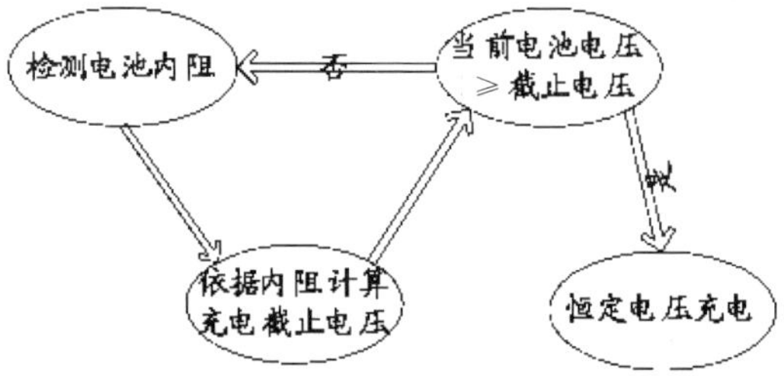

图2 ZL201310047333.5 第一代快速充电技术的原理

2. 对充电模式进行控制

时光的车轮缓缓向前，来到了2014年4月，这里静静地躺着第二件具有代表性的专利ZL201410043062.0，而且还申请了PCT国际申请。

从技术上来说，这件专利主要在于对充电器改进，给了充电器一个带控制电路的快充模式，让它能询问电子设备是否进入快充模式。

充电器：喂，我看到你现在正在常规充电，你想快点充电吗？

手机：想！我目前的电压情况是……

充电器：OK，符合条件，调整输出电压和电流开始快速充电——

据相关测试报道，采用上述充电控制方案后30分钟可以将3000mA·h的电池充满75%，10分钟足以充进保证2小时通话的电量，是不是和理想情况下的广告宣传很接近了呢？

3. 对充电电路进行改进

时间再次推进，我们来到2014年10月。在这个时间点以后，出现了一种新的快充模式：ZL201410555033.2（见图3）。

普通充电　　双芯片充电

充电芯片　　充电芯片　充电芯片

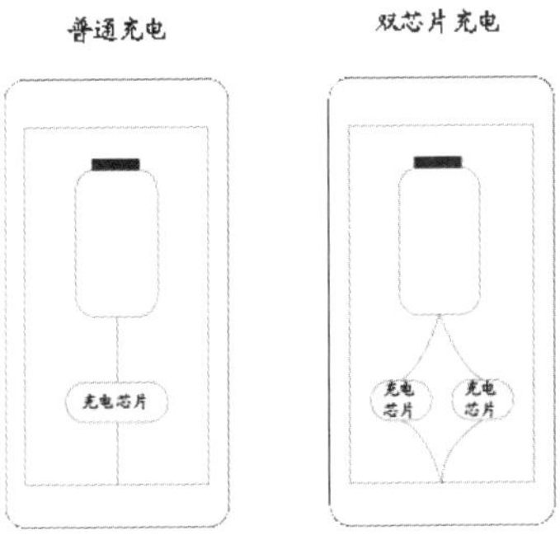

图3 ZL201410555033.2 双芯片充电
电路示意

这一代快充的思路和原来"简单粗暴"加压充电的方法相比有了明显不同，采用了多个充电管理芯片，并对它们进行动态控制，缩短充电时间。

厂家宣称有了这种技术加持后，15分钟就能充满一块3000mA·h的电池。这充电速度会不会快让石墨烯电池的研发没有动力了？

同样的原理，相信大家也清楚如何将A水池的水安全迅速地导入到B水池了吧（见图4）。

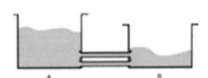

增加传输通道，保证传输速度和传输安全

图4 对应于双芯片充电的水池中水流动的原理

2014年12月的ZL201410823367.3，在多充电管理芯片的基础上将电池也设为多个，进一步降低充电时的电池发热（见图5）。

你们只有一个电池一个充电器是吧？我有两个！一块充！就是这么豪气！

其他专利布局

在快速充电技术发展的主脉络中，还布局着一些非常实用的改进技术来助推核心技术的发展，也来一起感受一下吧。

除了充电的控制外，2014年9月的这件ZL201410441387.4还关注了环境对充电的影响，提出在电芯表面加一个加热膜，电芯的温度太低时对电芯加热，让它能在温暖的环境中舒服地工作。

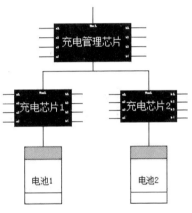

充电管理芯片

充电芯片1　　充电芯片2

电池1　　电池2

图5 ZL201410823367.3 电池为多个的示意

通俗地说就是"怕电池冻着，给它裹了个电热毯"，是不是很赞？！

写在最后

要实现OPPO一直主打的"充电5分钟，通话两小时"这句话，只靠广告是远远不够的，必须有"真刀真枪"的技术支撑，让人能看到和广告对应的效果才行。

从上面的分析可知，为了实现这句广告词，OPPO是经过了多年的努力和三代技术改进才得到的，真是"广告半分钟，厂家五年功"啊！

当然，手机电池安全除了技术的安全以外，还包括线路板设计、隔离膜布置，以及加工工艺等方面的综合因素的结果，所以要想保证手机电池安全，厂家就应该注重研发、设计和生产的每一个环节。

也许有人觉得，"快速充电"这个技术看起来太简单，不够炫目、不够黑科技。但是笔者认为，能在激烈竞争的终端市场找到一个合适的切入点，努力发展并合理宣传，成为自己独特的卖点，不失为一条值得借鉴的道路。不管黑科技白科技，只要能吸引用户就是好科技。"快速充电"只要能抓住用户痛点，吸引用户，占据市场，那就是令人拍手称快、值得发展的科技！

而在发展的过程中，一定要申请专利！申请专利！申请专利！（重要的事情说三遍！）毕竟，技术发展再好，没有相应的专利保护，那也如同无源之水、无本之木。只有好技术加上好专利，才是长久发展之道。

本文作者：
国家知识产权局专利局
专利审查协作北京中心通信部
姚雅倩

29
和宝马一样贵的
超可爱 Nokia "小萌"

图 1 Nokia 虚拟现实摄像机 OZO 的头盔佩戴[①]

小 赢说 :Nokia "小萌" OZO 可是大有"来头"。从"60 后"到"80 后"有谁没用过 Nokia 手机？苹果、三星、华为有谁没向 Nokia 交过"保护费"？当然，那都是曾经的辉煌。这次，Nokia "跨界"带来充满"黑科技"的虚拟现实摄像机 OZO（见图 1），究竟有多炫酷，看表情就知道了……

颜值亮相

OZO 颜值确实了得，很可爱（见图 2）。2016 年 8 月 18 日，OZO 国行版在上海正式发布，诺基亚官方揭晓 OZO 国行版售价高达 320888 元。

OZO 见过的阵势可大了，G20 峰会现场、奥运赛场、欧洲杯足球赛（见图 3），还有直播呢！

图 2 OZO 的外观[②]

图 3 OZO 在赛场[③]

①～③ 图片来源：http://www.nokia.com。

技术一览

别以为作者只会来些"虚头八脑"的。被它外表迷住后，就上网查呀……

它才 4.2kg，四周分布着 8 个 2k×2k 传感器，两两之间的间距据说根据人眼间距设计，每个镜头 195° 的视场角，能实时显示 8 个摄像头画面（见图 4），每个镜头旁还嵌有一个麦克风呢，这叫视角、声源"360°"全覆盖，能实现全息音像！

软件上呢，准备了监控、预览、生成三大部分。生成部分包括独特的多画面合成算法，用户通过佩戴 Oculus Rift 或 HTC Vive 头盔（见图 5）就可以从 YouTube 上观看该机拍摄的视频。还能实时预览、快速回放、进行 VR 直播呢不用再等漫长的剪辑，就可以即时演算出较低分辨率的虚拟现实片段供预览、回放，8 个采集画面（见图 6）实时监控，导演们全都偷着乐呢。想象下，坐在家里就可以"现场"看欧洲杯、音乐会了（见图 7）。

再看看设计吧，斩获了第 36 届美国工业设计优秀奖 (IDEA) 最高荣誉金奖呢！有内、外两个球面，之间流动的空气可带走热量，为整个设备降温散热。（没有风扇，真的吗？）边边角角都使用了合金铝材料，结实耐用。

还配有一体化电源和内存 (叫"可替换的 OZO 数码盒套件"，见图 8)，所有视频和音频将被保存于一个文件中。

专利解读

Nokia 怎么想起跨界做这个小"球"的？公司主业不是在通信业务上吗？2G、3G、传统手机上的专利份额非常大，据说 5G 公司也在参与呢，作者想不通了……

图 4 OZO 局部①

图 5 OZO 佩戴头盔使用②

图 6 OZO 采集画面③

图 7 OZO 应用场景④

图 8 可替换的 OZO 数码盒套件⑤

---

①~⑤ 图片来源：http://www.nokia.com。

VR 技术，简单地说，人们看到的场景、人物并不是真实存在的，VR 只是借助特殊技术设备把人们的意识带入到一个多种技术所生成的集视、听、触觉为一体的逼真的虚拟环境之中。其实，Nokia 在 VR 应用、摄像机、照相机等方面早有研究了，举几个例子吧。

CN104285452A（见图 9）涉及空间音频信号滤波方法，当空间中出现多个麦克风音频输入时，可根据关键词选择将需要的声音信号置于"前景"，将其他音频移至"背景"。设想下，你戴头盔看体育直播，"干咳"一声就能让想要的"解说员"声音重现，真是"神"了！！！

CN103155032A（见图 10）涉及去除非所需声音的麦克风装置和方法，它是怎么用在 OZO 系统上的呢？原来可以根据感知的环境变化选择不同的麦克风阵列组合！

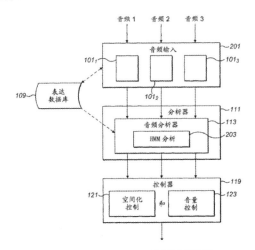

图 9　CN104285452A 的说明书附图

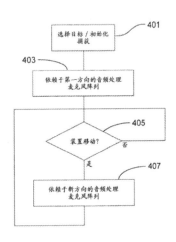

图 10　CN103155032A 的说明书附图

再说一个，WO2009/065436A1（见图 11），通过一种设置在用户皮肤上的一致性/可逆地可拉伸的材料配合传感器，跟踪与皮肤的拉伸和弯曲相应的面内和面外变形，然后基于变形而检测用户的移动、手势或定位，生成用于控制另一设备的信号。怎么样，是不是也很"神"？

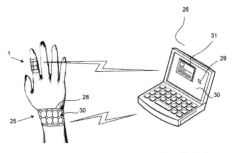

图 11　WO2009/065436A1 的说明书附图

图 12 CN303623272S 的说明
书附图

再说下外观设计，CN303623272S（见图 12）公开了 OZO 摄像机的外观设计（见图 13）。

作者虽然并没有检索到关于 Nokia 的多镜头图像融合方法、独特散热方式等，但这些具体保护估计已经在 Nokia 的掌控范围内的，或许是专利文献已申请但尚未公开，也可能背后还有专利许可、相互授权、商业秘密呢。呵呵，应该不需要为这个"老手"操心。

作者还注意到 Nokia 之前还投资过派力肯影像公司 (Pelican Imaging)，这家公司是专门从事阵列式照相机的研究，有十余件专利，其阵列式照相机专利包括 CN103004180A 涉及一种成像器阵列和阵列照相机的架构等。据说该公司的技术将用在 Nokia 即将发布的手机上，对 OZO 的多传感器的设计是否产生影响，答案应该也是肯定的。

图 13　OZO 外形[①]

结语

作者认为，OZO 虽然不是虚拟现实摄像机的"原创"，但其将虚拟现实和多摄像头技术的有机结合还是这个领域比较突出的，而且携着 Nokia 在多媒体、摄像、照相方面的众多专利支撑，这个跨界小萌的诞生也不足为奇了。

其实，VR 的发展前景已经受到大多数国家的重视，我国在这方面的研究也在紧跟世界的步伐，一些应用领域已经位居前列，比如蚁视科技的 AntVR KIT 就是一款具有自主核心技术的 VR 穿戴设备。希望我们的 VR 领域能出现更多的自主核心技术、我们的 VR 产品越来越多、越来越好。

本文作者：
国家知识产权局专利局
专利审查协作北京中心实用新型部
王永真

---

① 照片来源：http://www.nokia.com。

30
不用充电的电动汽车，
你会考虑买吗 ❓

小赢说：有人说电动汽车相对于油车最大的痛点在于充电时间和续航里程。读过这篇文章之后，痛点好像没有那么疼了。

十月初九，立冬后一天，本人限行。挥手打车，适逢纯电动，电量低，本人路远，不免心惊：曾闻电车充电时久，竟要苦等？然师傅曰：客官无需惊慌，电量立等可满。吾闻之失声大呼：哪家竟有如此神技？凭八卦天性及审查员寻根求源之精神，急问"度娘"，顿释然。

10 月 29 日，由北汽新能源联手中石化、奥动新能源和上海电巴新能源科技有限公司（以下简称上海电巴）等机构打造的首批 10 座充换电站正式交付使用（见图 1）。北汽新能源与多家出租车公司签订合作协议，将于年内交付 2000 台北汽新能源 EU220 换电出租车。

图 1　上海电巴在北京奥运期间使用的电动公交换电站

原来，不是电池闪电充电，而是用"换电"替代"充电"。车开到充换电站后，换上满电的电池直接走人，全程最快仅需 90s。换下的电池将在充换电站补充能量。

记得孩提时代，常常陪着父亲去换家里的煤气罐。同样的原理怎么车企才想到？换煤气罐的经验如何现在才用？带着这样的疑问，继续检索。

换电技术原来早就备受行业关注。国际上，以色列的 better place 公司和美国的 Tesla 公司，均尝试过在私人用车领域推广换电模式，但由于产业链整合难度大、极大的建站投入以及用户使用习惯等问题，无奈半路折戟。甚至已经建起过换电站的 better place 公司由于经营不善而宣布破产（见图 2）。

而在国内，上述新闻中的合作商之一上海电巴，早在 2001 年就曾提出"车电分离、分箱快换"的设想和解决方案，并于 2005 年在兰州设立了世界上首个充换电站实验站。可见，与北汽的合作不是随随便便，原来就在本领域精耕细作了多年。

图 2　Better place 公司换电站

那么问题又来了：为什么 better place 破产了，连 Tesla 的换电也没能成功，但上海电巴的换电事业却开展得如火如荼呢？难道仅仅是因为政府支持？

回答这个问题就不能靠八卦、问"度娘"了。作为一名知识产权从业者，手握专利分析利器，就从专利角度来看看上海电巴是否真地具有技术"硬实力"吧。

专利解惑四大问题

从 2004 年开始，上海电巴先后申请了 81 件专利，其中发明 23 件、实用新型 56 件和外观设计 2 件（检索截止日期 2016 年 11 月 7 日）。根据梳理（见图 3），专利诠释了如何解决下面的问题。

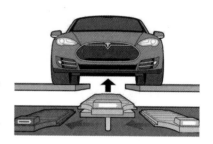

图 3　电动车电池快换基本原理

1. 如何实现电池快换？

上海电巴不仅保护了换电方法，而且保护了换电设备（CN205396048U）。

2. 如何确保电池与车体的可靠连接？

可更换的电池与车体要经常进行拆装，与传统充电式电动车只需一次性安装相比，如何解决每次更换时的连接可靠性，成为一关键问题。

上海电巴研发了一种锁紧检测装置（CN205573600U，见图 4）将霍尔传感器应用在换电设备中以确保电池箱锁紧。

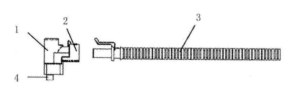

图 4　CN205573600U 的说明书附图

3. 什么样的电池可以实现快换？

电池是电动车的核心部件，其包括电池箱和箱内的多个电池单体（见图 5）。

图 5 电动车电池

充电电池的电池箱与电池单体之间存在很复杂的走线问题，单个电池单体损坏需要浪费很多时间排查。面对换电站电池数量大、周转率高的事实，如何减少后期的电池维护难度和维修成本？

对此，上海电巴优化了电池箱（CN205004367U，见图 6）的设计，显著降低了电池维护、维修时间。

同时，上海电巴通过对散热设备的独特设计解决箱体内电池单元的散热问题，提高了电池的使用寿命（CN204216180U）。

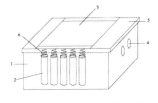

图 6　CN205004367U 的说明书附图

4. 换下来的电池怎么充电？

对于换电问题，一直都有这样一个声音：电池不是自己的，经常换来换去，车主必然不会像对充电车的电池一样，对电池进行保养爱护！

试问车主会经常拆卸、调试自己的充电电池吗？事实证明，换电模式能够对电池进行集中管理和养护，由专业技术人员和专业充电设备对电池进行实时监控能够有效提高电池的寿命。

特别是在寒冷冬季，在我国北方地区充电桩通常都处于室外，低温环境下充电会严重降低电池的活性。而换电站室内稳定的温度可以保证充电的效果，能够有效提升电池的性能和使用寿命。

图 7　CN104600776A 的说明书附图

上海电巴的集成式智能存储充电仓（CN104600776A，见图 7）实现了大批量电池的充电、存储的方便实现智能化管理。

上海电巴设计的新式的电极连接器装置（CN101577374B，见图 8）使电池箱的电极更好的与充电器的电极平面

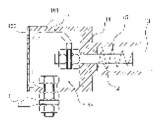

图 8　上海电巴电极连接器装置及 CN 101577374B 的说明书附图

接触。该技术得到了"亚洲电动车之父"陈清泉院士的高度评价。他认为上海电巴动力电池箱体的高压极柱连接器是一个非常重大的技术进步，为电动汽车电池的快速更换提供了更为安全的连接方式。

值得一提的是，该项专利技术在日前闭幕的第 20 届全国发明展览会上荣获金奖。

换电技术的未来

再回到 10 月 29 日的那条新闻。北汽集团董事长徐和谊表示："2016 年将在北京市投入运营 50 座充换电站、满足不少于 6000 台纯电动车的换电营运需求，'的哥'换电半径将不超过 5 公里。2017 年年末，将达成充换电站 200 座、支撑 30000 台纯电动汽车换电需求的规模。以 2022 年北京—张家口冬奥会为节点，北汽新能源将以替换的方式投放 5 万辆换电纯电动出租车。"

经过作者对换电技术专利的梳理，个人认为，换电模式具备充电模式所不具备优势，如可对电池进行慢充、延长电池寿命；可使用低谷电价进行充电，降低成本；可降低在充电站的等待时间等。在此，作者希望中石化、北汽、奥动新能源和上海电巴在北京的合作实践能够取得广泛的成功。相信随着电动汽车找到合适的应用场景，会为我们创造一个和谐、绿色、便捷的出行环境。

将来某一天，如果换电池成为私家电动汽车的可选方案，当续航和充电时间长的担忧不再，为了摆脱雾霾的困扰，你会考虑买一辆吗？

本文作者：

国家知识产权局专利局

专利审查协作北京中心材料部

王林娜

31

是什么技术
让 288 元的电影票一票难求？

$\large 小$ 赢说：电商的补帖大战让影迷们习惯了低价的影票，然而"双 11"当天上映的一部电影票价昂贵却一票难求。凭什么这么贵？今天来告诉你真相！

2016 年"双 11"当天开始上映的李安新片《比利·林恩的中场战事》，在北京博纳院线旗下的某店单张票价 288 元 / 张（黄金档更是高达 320 元）。您还别嫌贵，每场只售 200 张，并且不支持线上购票，只能在影院排队买，每人限购 4 张。

为了获得第一手真相，笔者亲自探访：12 日晚笔者来到该影院前台，被告知当日票已售罄，13~17 日仅剩午夜场前三排。一票难求的传闻果然不是空穴来风。

288 元几乎是笔者全年的电影票预算了，贵的原因是啥？来看看影院的公告（见图 1）。正如公告所说，李安导演的这部新片首次融合了 4K、3D、每秒 120 帧的技术，全球仅有纽约、洛杉矶、北京、上海、台北的 5 家影院能够满足 120 帧拷贝的播放要求。李安表示这种技术让"观众不能再置身事外，像是走进故事与主角一起"。

看过每秒 120 帧的影迷在影评中这样写道：

- "生理性地哭了出来"；
- "银幕仿佛变成了一扇窗户而不是一个放映设备，就像任意门一样通往另一个世界"；
- "性感的女拉拉队员热情洋溢地看着我的时候，我甚至避开了眼光，有点儿不好意思盯着看。"

图 1　影院公告

真正让人身临其境的原因是什么？海报不会说，让笔者的专业知识告诉你。

3D技术让人物走出纸面，4K技术让画面清晰鲜活，这两项技术大家已经熟悉，不再多说。今天重点说说李安一直坚持的每秒120帧。

电影是视觉暂留现象的艺术，每秒24帧是电影行业自诞生之日起就开始沿用的拍摄法则。然而，理论上每秒帧数越多，画面就越流畅。所以，大导演们一直在技术上寻求突破：2012年《霍比特人：意外之旅》彼得·杰克逊导演率先试水每秒48帧，但是却毁誉参半，认为帧频高使画面太过清晰，失去了"电影感"；李安在拍摄《少年派的奇幻漂流》时就曾注意到，高清3D观影中每秒24帧造成的频闪会让人不适，如出现眩晕，但当时由于拍摄周期和技术的原因没能解决。直到李安在《比利·林恩的中场战事》通过每秒120帧技术，释怀了当年心中的遗憾。

哪些设备支撑了4K+3D+120帧？

1. 摄像机设备

索尼CineAlta F65摄像机，最早亮相于全球广电行业展会（NAB 2011），目前是业内领先的拍摄设备。除了好莱坞的《遗失战境》《重返地球》等大片，中国的大导演们也对其有所偏爱：《归来》《粉红女郎》《失孤》《我是女王》《有一个地方只有我们知道》《77天》《剩者为王》等都使用它来拍摄。

不只人物的毛孔，连化妆品的颗粒仿佛都触手可及。所以据说在拍摄时，演员都必须素颜出镜，长了颗痘痘也只能用硅胶盖住。

这一切主要依赖于摄像机的高性能成像器，索尼F65采用的是Exmor Super 35mm 8K CMOS芯片，总像素约为2000万，有效像素在1800万以上，色彩空间超过胶片。

索尼研发的Exmor系列CMOS传感器，创新地将ADC（模数转换器）内置，能够在低频下运行，有效降低噪声，实现快速读取。

另外，相对于后期软件制作的"假4K"技术而言，F65采用了Q67像素排列技术，得到完整物理4K-RGB图像，也就是所谓的"真4K"。该技术早在2005年，索尼公司便申请了专利（WO2007/020930A1，见图2）。

结合图2大家可以看到：F65的Q67排列，让所有像素旋转了45°，并且无缝隙地紧密排列，结合2000万的高像素，使得F65输出的4K图像中的每个像素都对应有一

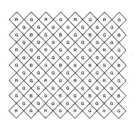

图2 WO2007/020930A1
的说明书附图

个绿色像素，是不靠插值得到的完整 4K-RGB 图像。

围绕着该项专利技术，索尼公司进行了大量的专利布局。如在基础专利技术上研发得到的另一重要专利（WO2007145087 A1，已在中国、日本、欧洲获得授权）中保护了关于高帧频生成高分辨率的摄像信号而不破坏其再现性（见图 3）。

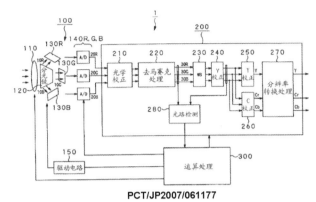

PCT/JP2007/061177

图 3　WO2007145087 A1 的说明书附图

既然 2011 年问世的摄像机已经能够满足拍摄的要求，那么为什么到 2016 年才有"比利"的出现呢？答案是放映设备。

2. 放映设备

此次的放映设备是 2016 年才刚刚面世的科视 Christie Mirage 4KLH。该型号产品采用固态激光照明技术，将亮度和灵活性提高到了新的高度。该设备采用的最新 6P 激光照明光源，在实现从前未曾企及的单眼 120 帧频率的同时能达到最高 120000lm 的亮度。

何为 6P 激光技术？这是科视的 6 基色（6P）激光技术的简称。该技术专用于 3D 放映，它采用两套 RGB 激光，一组应用于左眼，另一组应用于右眼，波长有所不同。然后利用 3D 眼镜将不同波长的光滤出，到达相应的眼睛。与单组设备交替左右投影相比，该设备解决了观众观看 3D 时常遇到的恶心头晕的问题。

该项技术已经于 2014 年在中国（CN104935907A，见图 4）、美国

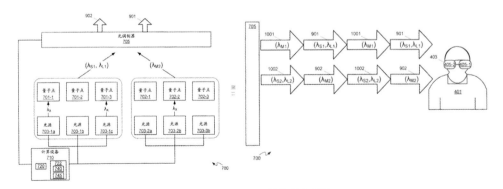

图 4　CN104935907A 的说明书附图

（US2015271481A）、日本（JP2015186258A）和欧洲申请专利（EP2922295A1）。
除了好的摄像机、放映机，好像还缺点什么？

3. 服务器

本次服务器由 7th sense 提供。对于服务器的要求，一是快，二是大。4K/3D/120 帧电影的播放格式要求高速的磁盘阵列，足够大的磁盘容量才能支持 2h（每只眼）立体影片放映，所以这次电影一个磁盘容量达到了史无前例的 19TB，必须要有高端的服务器才能解码数据。此外，此款单独定制的服务器将采用双机同时工作的原理，全球一共制造了 10 台，以供全球 5 家 4K/3D/120 帧影厅使用。

看了这么多介绍，是不是 288 元的票价已经像是"亲情价"了？

据该片的技术总监介绍，目前的票价及上映期完全不足以收回成本，会考虑通过延长密钥的方式来延长院线的放映许可。相比于收回成本，更重要的让更多观众走进电影院，感受顶配版的比利！（小编注：如果真是这样，这里真要赞叹一下出品方和院线方的情怀！）

《比利·林恩的中场战事》已经上映几天了，争议颇多，焦点主要集中在过分清晰的影像到底是让人身临其境还是分分钟出戏，更多的批评认为"形式大于内容"。

抛去艺术性不谈，笔者认为科技无对错，给生活和艺术提供了更多的可能性。你说呢？

本文作者：

国家知识产权局专利局

专利审查协作北京中心材料部

姚希

32

"鹰眼"技术如何在体育比赛中方寸定乾坤❓

小 赢说：高手云集、热闹非凡的 2016 年网球年终总决赛刚刚落下帷幕，穆雷力克小德首次封王，成为今年的年终世界第一。赛场上，除了观众专注的眼神，小赢和各位道一道场上的第三双眼——鹰眼！

影视作品中的"鹰眼"

提起"鹰眼"，你首先想到是什么？是十年来热播动漫《海贼王》中的米霍克大叔，还是漫威公司系列经典大片《复仇者联盟》中张弩拔箭的帅哥鹰眼侠，抑或是 2008 年由斯蒂文·斯皮尔伯格幕后监制的好莱坞热门影片《鹰眼》？该片曾登上北美周末票房榜首，里面男主希亚·拉博夫的表演还是挺出彩的。

男主的眼神挺犀利吧！别误会，鹰眼（Eagle Eye）可不是他，而是它——影片中美国军方一台具有人工智能的高性能监控设备。在此就不剧透了，感兴趣的小伙伴们可去上述影视作品中感受"鹰眼"的魅力。

赛场中的"鹰眼"

在体育赛事中，特别是网球比赛中也有一类"鹰眼"（Hawkeye），日益发挥其强大的作用，为竞技体育带来更高公平性和观赏性。

鹰眼系统全称为"运动轨迹测量即时回放系统"，由英国 Roke Manor 研究有限公司开发，"鹰眼"这个名称来源于发明人保罗·霍金斯（Paul Hawkins）姓氏的前四个字母，恰好和鹰隼英文相同，也很符合鹰隼居高临下、俯瞰俘获运动物体的特点。该系统十分精密，通常由 8~10 个高速摄像头、4 台高性能计算机和显示大屏组成（见图1）。

鹰眼系统使用前，需将比赛场地立体空间分隔成毫米级的测量单位；比赛过程中，利用高速摄像头从不同角度同时捕捉球体的飞行轨迹数据；然后在电脑中进行运算，生成球体运动的三维图像，利用即时成像技术在屏幕上清晰显示球体的运动路线和落点（见图2）。

图1　赛场中鹰眼系统的组成[①]

图2　鹰眼系统在赛场上的应用[②]

有意思的是，鹰眼显示出来的落点"阴影"不是实际拍摄到的影像，而是由球体运动数据精确计算出来的，整个数据采集、计算分析和演示回放时间不超过10s，解析准确率达到99%。

2000年1月18日，Roke Manor 研究有限公司以"球体追踪和轨迹预测视频处理系统"为题申请了发明专利 GB2357207A（见图3）。

发明人霍金斯说，鹰眼的意义在于克服人类观察能力上存在的极限和盲区，辅助裁判做出精确公允的判断结果。虽然该专利申请最初以板球比赛为对象，但该系统很快获得国际相关赛事机构的认可，逐渐应用于网球、羽毛球、台球、排球等国际比赛中。

Hawkeye Innovations 公司示出该技术的重要里程碑事件（见图4）。值得一提的是，2006年3月20日在美国迈阿密举行的纳斯达克-100大师赛上，正式使用了鹰眼系统，辅助主裁判和司线有效解决了压线争议球的判罚。在2006年暑期美网十站系列赛中，"鹰眼"系统共使用了839次，选手们327次挑战成功，成功率占比39%，总体说来，该技术的引进得到大多数选手的称赞，也给了观众更强的带入感和更多的观赛乐趣。国际三大网球赛事机构（ITF、ATP、WTA）也陆续认可了鹰眼技术，并逐步统一了"鹰眼挑战"标准。

---

① 　图片源自 http://diyitui.com/content-1434048410.31387578.html。

② 　图片源自 www.tennispie.com。

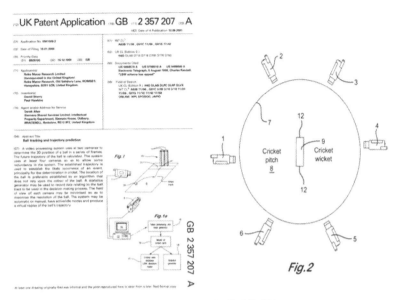

图 3　GB2357207A 的说明书附图

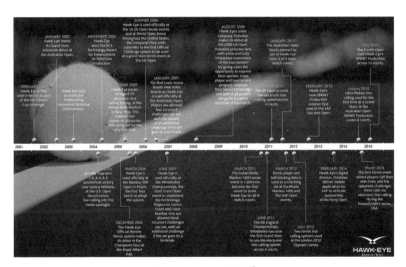

图 4　Hawkeye 大事记①

　　为了增加比赛的公平性、减少争议，2006 年 9 月举行的中网公开赛也花重金引进鹰眼系统。与此前美网的 8 个摄像头相比，中网在中央球场安装 10 个摄像头，总体租借费用约 20 万美元。2010 年 9 月，中网引进了两套鹰眼系统，供莲花球场和映月球场中心球场使用，成为了继澳网、美网、温网之后第四个拥有双鹰眼系统的顶级赛事。

---

① 图片源自 www.hawkeyeinnovations.com。

国内发展

正是由于鹰眼系统在众多体育赛事中的巨大商机，国内一些公司和研究机构也参与市场竞争，加大了在这方面的研究和投资力度，并逐渐形成了自主知识产权。截至目前，在中国申请的与体育产业鹰眼技术相关的专利有 157 件，申请量自 2010 年起有了急剧的攀升（见图 5）。

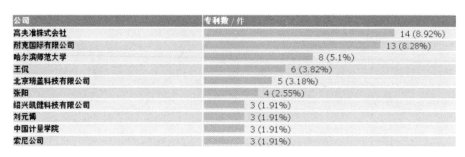

公司	专利数 / 件
高夫准株式会社	14（8.92%）
耐克国际有限公司	13（8.28%）
哈尔滨师范大学	8（5.1%）
王侃	6（3.82%）
北京瑞盖科技有限公司	5（3.18%）
张阳	4（2.55%）
绍兴凯健科技有限公司	3（1.91%）
刘元博	3（1.91%）
中国计量学院	3（1.91%）
索尼公司	3（1.91%）

图 5 鹰眼技术专利申请量居前 10 位的申请人

上述专利技术门类上重点包括网球、足球、高尔夫球、台球、乒乓球等方面，涉及内容如图 6 所示。

其中，北京瑞盖（RIGOUR）科技有限公司可谓"中国鹰眼"技术的缔造者和佼佼者，其采用不同于英国鹰眼的技术路线，自主研发了台球鹰眼技术，拥有 5 件中国专利申请，其中 3 件获得授权，并申请了 1 件 PCT 专利（WO2015135357A1），积极参与国际竞争（见图 7）。

图 6 鹰眼技术所涉及的门类

值得称道的是，在 2011 年斯诺克中国公开赛，中国鹰眼和英国鹰眼同场竞技，共同承担赛事转播服务（见图 8）。由于瑞盖公司的中国鹰眼反应速度快、呈现方式多样、功能丰富、价格低廉，除了直播服务功能，还具有独创的轨迹复位辅助裁判功能，其复位精准到 0.002mm，几乎没有偏差，可有效保证了比赛的公正公平，从而打破英国鹰眼在斯诺克项目上独占鳌头的局面，成为世界斯诺克协会（WPBSA）指定技术服务方。瑞盖公司因此也获得了"中国鹰眼"的称号。除了擅长的台球鹰眼技术，瑞盖也引进国际技术人才，与国内知名技术团队合作，并

图 7　北京瑞盖（RIGOUR）科技有限公司的专利申请

加强知识产权保护，已完成了网球鹰眼的研发，正强化其技术产品在现场复位、虚拟现实、增强现实技术等方面的功能，围绕奥运比赛项目开发足球鹰眼、排球鹰眼等产品（见图9）。相信在不久的将来，就能在国际各项大赛上更多的看到中国"鹰眼"的身影，和感受"鹰眼"技术带来的乐趣。

图 8　鹰眼技术在台球比赛中的应用①

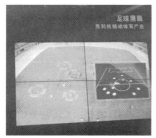

图 9　鹰眼技术在足球比赛中的应用②

①　图片源自 http://www.my147.com/show_en_news.php?contentid=66621。

②　图片源自 http://www.rigourtech.com。

143

科技改变生活，科技也改变体育。随着科学技术的进步和国际赛事日趋公平的要求，鹰眼技术将在各项比赛中得到更加广泛的应用，不仅辅助裁判保证公平，还能提升比赛的观赏性，更能给模拟训练参与者带来更多的体验和乐趣。

一位国际体育官员曾说，鹰眼可以让不了解这项运动的人喜欢这项运动，也可以让喜欢这项运动的人爱上这项运动。

小编注：1999 年的女足世界杯决赛，本来应该是中国铿锵玫瑰绽放的时刻，加时赛中范运杰的头球攻门被守门员扑出，但是在赛后经过技术复原，球已经整体越过了门线。如果当时有鹰眼技术……

本文作者：
国家知识产权局专利局
专利审查协作北京中心电学部
曾宇昕

33
你的基因值钱吗 **?**

小赢说：龙生龙，凤生凤，老鼠的孩子会打洞。这都是基因的结果。小赢自认为没有成龙成凤的基因，但是疾病的基因也请离我远点！

通常情况下，爹娘长得美，孩子一般长得也不差；父母都是胖子，孩子胖的概率也比较大，这都是基因作用的结果！但是除了俊美的脸蛋，病也是可以遗传的！

遗传基因这个词，大家都经常提起。但是基因具体是什么样，也许很少人能说清楚。那我们就先来举个例子说明一下。

如果人体是一台计算机，基因就是编码的程序，计算机能完成什么功能全看安装了什么程序。不同的是，计算机是 0 和 1 俩数反复折腾，基因就高级一些，是 4 个字母（A、T、C 和 G，专业名称叫碱基）在折腾，而且是俩俩配对（A:T、G:C），形成漂亮的双螺旋。一堆基因"拧巴"在一起就是染色体，而且"拧巴"得特别舒服。

基因的遗传也和计算机程序复制差不多，就是把基因 Ctrl+C（复制）一下，然后在孩子身上 Ctrl+V（粘贴）一下就 OK 了。但是爹想 Ctrl（控制），娘也想啊，所以孩儿有两套程序，运行哪个就看谁彪悍了，所以彪悍的人生不需要解释，运行就好了。

然而，在 Ctr+C（复制）时基因自己还偷偷折腾，想换个口味，就悄悄地变了一点点，它们玩重组、玩突变，所以青出于蓝而不同于蓝。

但是，人的基因都是大同小异的，只有一点点不同（每个基因组大概 30 亿个碱基对，差异也就 330 万个，万分之一多一点吧），但就是这一点点不同造就了每个人的独一无二：有的帅，有的有才，有的有病……

人体这台"计算机"虽然安装了很多基因程序，但这些程序什么时候运行、怎么运行还需要后天的影响。例如，同卵双胞胎所装载的程序基本一样，但是运行的时候却同步不了。

那么问题来了，计算机程序是值钱的，基因值钱吗？当然值，尤其是和得病相关的基因，那相当值钱——能帮你省钱，好基因能防病，省钱有的时候比赚钱还重要。

人都要经历生老病死，任何一个过程都是基因运行的结果。如果该运行的时候不运行，不该运行的时候瞎运行，那要么去看医生，要么就要看上帝了。

有的基因生来就错了，有的是后来被病毒、紫外线等篡改了。不管是因为什么，它就是错了，反正现在的水平您也没招。虽然基因编辑技术（就是把错误的基因修正，有兴趣还可以加点新基因）迅猛发展，但距离放心有效的使用还是有距离的，新技术也不是那么好开发的。

想知道自己的基因程序哪错了，那就得找啊。最近"三部两委"发布了若干意见，说要使用基因检测技术防治出生缺陷，就是没出生前就把错找出来。找错很流行，那找一个多少钱呢？看情况吧：苹果"乔帮主"花了 10 万美元对自己测了个序，看看哪的错和自己的胰腺癌有关；美丽性感的朱莉姐没病，但怕有病，也花 3000 美元测了俩基因，发现有乳腺癌的风险（嗯，是风险，不是有病），就把乳腺切了。现在发展成熟了，全测也就 1000 美元吧，咱中国基本上几百元到几千元人民币，也不是不能承受。

但这和专利又有什么关系呢？嗯，很有关系。为什么呢？有一个经典的故事想必大家都知道：画一条线 1 美元，知道在哪儿画线要 9999 美元（详情可以自己搜索）。基因也一样，测一遍大家都会，但是测个管用，全测了看哪个有作用，这就不好说。要的就是这个钱。

举个例子，美国有个 Myriad 公司，他弄了个 BRCA1 和 BRCA2 基因的专利US5747282A，这个能很好的预测乳腺癌（就是朱莉姐测的那个），测别基因的结果没它准。凭这个技术开发了诊断服务，就是要薅您的基因收您的钱。因为有专利，他不让别人干这个，而且要价比其他公司高很多，朱莉姐检测花了 3000 美元，而在其他公司大概也就 1/3 吧。

专利使得 Myriad 公司可以理直气壮地让人们掏更多的钱测这个基因。不过这个公司要钱太多了，惹得天怒人怨，最后被美国最高法院给灭了（客体问题）。

到这，可能大家会想，专利太狠了，要这么多钱，这还让不让人活了。但是，话说两头，他值钱您才能有更好的生活，要不然谁去给您测？谁去给您找哪个基因错了？人家费劲巴拉的不就是想挣点钱吗？人家也得养家糊口不是，咱也受益不是？专利是干什么的？专利就是要双赢，双赢才是好专利！好专利才能让咱有好生活，咱也不能指着都免费给咱服务。

举个例子。肿瘤大家都很熟悉吧，听着有点害怕。原来只能等肿瘤长大了才能确诊，一般到那时候黄花菜都凉了。后来是不用长起来，出现肿瘤基因了就能搞定。到现在没事先看看正常基因有没有变化，有风险提前防范。

因为这个，全球各个国家都在申请诊断和治疗相关的基因专利，肿瘤相关的就好几万个。每个基因的研发都是费钱费力的事，转过头来就是谁用谁掏钱，所以咱的基因就跟着升值了。如果没有专利，谁都可以拿来用，那这公司找谁要钱啊，两天不就倒闭了，以后谁费力不讨好的开发啊。开发好了，以后咱就知道这个基因变了就得用这个药，那个基因变了就得用那个药，到时候病一治一个准，就凭这，您还舍得不让它值钱？

看过上面的内容，您一定也要去检基因。那怎么检？全检，还是检一个？检哪个？检完了有用吗？

网络上铺天盖地地说基因检测是多么多么得好，可以防病、可以减肥、可以找到祖宗八辈，可以看有啥天才基因。基因检测公司也如雨后春笋般冒出来了，有人统计了现在检测机构至少有150家。很多检测机构都声称自身具有专利技术，觉得肯定没问题，去检查！但是作者想说的是：现在距离把基因研究透了，还很遥远！全部检测完会发现有好多和别人不一样的基因。但是识别哪些是正常地不一样，哪些是畸形地不一样呢，目前还是有点难！那到底要不要检呢？

作者建议，有钱＋心理承受能力强的，就去检。毕竟全测目前还是比较贵的，心理状态好的，顶多就是提前预防，结果好坏都不吃亏；心理不好的，为一个小概率运行的不好基因而担惊受怕，可能基因没起作用自己就被吓得一病不起了。

但如果是医生让您检的，咱就得听医生的，而且要告诉医生，有家族遗传的、觉得哪不舒服的地方，医生会告诉您检哪些。别自个儿瞎琢磨，更别听非专业人士的忽悠随便找个地儿瞎检。

最后，祝愿各位读者都有好基因，身体健康没有病。基因检测的专利技术仅仅能辅助您找到有差异的基因。但是后天基因变异与饮食习惯、生活环境、外部压力、情绪控制、自然衰老等都是有关系的。可以说，基因可能随时都会改变，这给了我们患病的风险，同样也是人类进化的源泉。所以，还是保持良好的心态和生活习惯，放松紧张的神经。毕竟，自己的基因自己做主！

本文作者：

国家知识产权局专利局

专利审查协作北京中心医药生物部

曹扣

34
隐身技术的世界
你可了解❓

小 赢说：我们都要隐身衣；各披一件，同出邀游。我们只求摆脱羁束，到处阅历，并不想为非作歹。——杨绛

斗篷一甩，从头遮到脚，然后就消失在视线里……相信看过《哈里·波特》系列的人，都对其中的"隐形斗篷"有着深刻的印象。

遍寻古今中外，隐身的故事伴随着创造者的奇思妙想而层出不穷，各种千奇百怪的隐身方法亦是异彩纷呈。

隐身衣存在于神话传说、小说或电子游戏中，一直未成为现实。不过，或许用不了多久，你也可以拥有一件隐身衣了！

现有研究成果

隐身技术最早应用于军事上，首先出现的是隐形飞机（见图1），通过降低雷达截面和减小自身的红外辐射实现隐形。美国亚利桑那大学(University of Arizona)以微波验证了这个概念，采

图1 隐形飞机①

图2 3D打印技术制造出的隐形斗篷②

图3 "量子隐形"材料制作的隐形斗篷③

---

① 图片来源：http://news.qingdaonews.com/content/2015-10/30/content_11329524_8.htm。

② 图片来源：http://news.cecb2b.com/info/20150203/3010867.shtml。

③ 图片来源：http://news.21cn.com/world/guojisaomiao/a/2013/1104/14/24840765_3.shtml。

用低成本的3D打印技术制造出隐形斗篷（见图2），并宣称可扩展到可见光谱的范围。

加拿大一高科技公司研发出名为"量子隐形"的先进材料，其效果和《哈里·波特》里的隐身衣及《指环王》里的精灵斗篷不相上下！不仅能"骗"过肉眼，在军用夜视镜、红外线和热成像技术的探测下也能成功隐身（见图3）。

与此同时，美军也正在积极研制隐形衣，未来有望使士兵隐藏于战场环境（见图4）。

2016年11月，外媒报道，由科学家张培尔（音）带领的南洋理工大学的研究人员即将研制出一款奇特的"隐身帽"（见图5）。

图4 美军研制的隐形衣[1]

图5 隐形帽子[2]

隐身衣原理

隐身衣真的有魔法吗？ Absolutely not！

原来，隐身衣可以把照射过来的光线引导到其他方向上，使电磁波（包括光波）"转弯"，绕着物体走。这样，人们便看不到隐身衣以及藏在里面的东西了（见图6）。

图6 隐形材料的视觉效果[3]

关键技术

至此会发现，隐身技术发展的关键是隐形材料，隐形材料的研发是全球聚焦的热点。下面我们就深挖一下目前世界上主流的几种新型隐形材料的发展情况。

1. 纳米隐形材料

近几年来，对纳米材料的研究不断深入，证明纳米材料具有极好的吸波特性，因而引起研究人员的极大兴趣。

利用CN1180983C制得的用于制备复合隐形材料的菊花状纳米级二氧化钛从

---

① 图片来源：http://info.machine.hc360.com/2012/12/131149412028.shtml。

② 图片来源：http://www.boosj.com/tuwen/cool/1609.html。

③ 图片来源：http://tech.ce.cn/news /201503/30/t20150330_4972598.shtml。

微观角度看，图案是不是很漂亮（见图7）？

2. 智能型隐形材料

图7　CN1180983C 的说明书附图

智能型隐性材料是 20 世纪 80 年代逐渐发展起来的一项高新技术，它是一种具有感知功能、信息处理功能、自我指令并对信号作出最佳响应功能的材料和结构，为利用智能型材料实现隐形功能提供了可能性。

CN105353432B 中机械变色龙就是这样一种材料。它外表面覆盖有等离激元器件，能够通过控制电路、传感器使得机械变色龙行走到有背景颜色的地方，自身就自动变成相应的颜色，始终与背景保持相同。

3. 超材料

隐形技术中最大有可为的新进展是一种叫做"超材料"的奇异材料，有朝一日它也许能够让物体实现真正意义上的隐形。

超材料可以对电磁波进行调制，改变电磁波的传播方式（见图8），因而在雷达、天线、电子战、

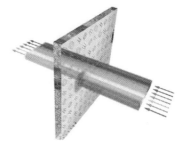

图8　超材料的吸波特性①

电磁隐身等领域有诸多应用。具有讽刺意味的是，超材料曾被认为是不存在的，因为它违反了光学定律。

图9　中国对超材料的研究②

2006 年，杜克大学和伦敦帝国理工学院的研究者成功挑战传统概念，使用超材料成功让物体在微波射线下在 2D 平面上隐形。2010 年，来自卡尔斯鲁厄理工学院和伦敦帝国理工学院的研究者成功让金膜块在 1.4~2.7μm 波下在 3D 空间中隐形，离在可见光（可见光波长 0.4~0.7μm）下达到隐形又向前推进了一步。

超材料技术属于国际科学前沿研究领域，当前主要国家间水平差距并不明显，共同面临的问题是怎么把超材料制备出来。令人可喜的是，中国在超材料研究方面目前处于国际领先地位。

---

① 图片来源：http://roll.sohu.com/20150827/n419910153.shtml。

② 图片来源：http://www.northtimes.com/bfsk/shehui/20131105/66973.html。

2016 年 4 月 8 日超材料学术与应用研讨会在成都举行，中国作为超材料研究的前沿国，正在实现包括"隐身"功能在内的多项应用（见图 9）。

笔者对 2015 年以前的全球专利数据进行分析（见图 10），在 2011 和 2012 年，超材料技术的研究进入了突飞猛进阶段。重要申请人方面（见图 11），依托国家重点实验室的深圳光启作为领域研究领头羊，专利拥有量占该领域世界专利总数 80% 以上，专利布局完备。

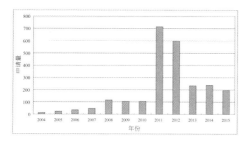

图 10　超材料专利全球申请量趋势

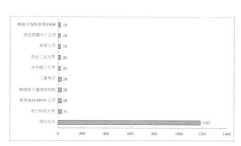

图 11　超材料专利重要申请人

结语

如果完美的隐身衣终于有一天变成了现实，成为超市中随意选购的商品，这样的世界将会如何？

如同在 MSN 或 QQ 上换了个状态，就能不受任何打扰。我们希望有个清净的世界，如同杨绛说的"只求摆脱羁束，到处阅历"。

隐身衣也许会成为为非作歹的工具，也许会成为未来战争的关键，也许人们之间不再有隐私、不再有信任，也许最基本的安全都无法保证。这样一个发明是否有反人类的嫌疑？

或许我们完全不必如此杞人忧天，当隐身技术飞速发展时，反隐身技术也会随之迅猛前进。或许不需要那么复杂，洒一把面粉，就可以使隐身人现迹。

且让我们心存希望，期盼借助合理的想象，以创新为驱动力，通过科学研究早日实现未来，也期盼我们能早日步入魔幻的世界！

本文作者：
国家知识产权局专利局
专利审查协作北京中心通信部
黄菲

35
扔掉充电器，
有你的体温就够了

小赢说：我们的生活越来越依赖电子产品，要说这样的生活方式在便捷之余有什么缺点，那便是过于依赖电池，关键时刻一旦没电就会十分焦虑。不过今天这个"爆款"永远不用充电，它是如何做到的呢？

智能手表虽然好玩，但你肯定有想用时没电的尴尬。为解决电源问题，2016年 11 月美国众筹网站上发布了一种名叫 PowerWatch（本文译为热能手表）的智能手表（见图 1）。除了具备追踪运动状态、监测睡眠等常规功能之外，它还是史上第一个"永不充电"的智能手表！

图 1 PowerWatch 在美国众筹网站上发布①

永不充电？ Powered by you！ 不会又是什么永动机之类来忽悠人的吧！这是要推翻能量守恒定理吗？！

神奇的塞贝克效应

早在 1821 年，科学家就发现了塞贝克效应。简单来说，由于两种不同导体或

---

① 图片来源：https://www.indiegogo.com/projects/smartwatch-powered-by-you-matrix-powerwatch-watch-fitness#。

半导体的温度差，产生电压差和电荷，将热能转换成了电能。热能手表借助人体表面和外界空气的温度差，把体热变成了手表电源！

人在休息时可以释放出 100W 的电力，而在运动时释放的电力能够达到 1kW。运动量越大皮肤就会越热，手表就能获得更多的电量！而当摘下热能手表的时候，它会乖乖地进入休眠模式，以最小的功耗等待着主人下一次佩戴。

那么问题来了，既然塞贝克效应都被发现快 200 年了，为什么到现在才出现了这种热能手表呢？美国国家航空航天局曾用这种技术为航天器充电，但受制于发电效率，传统热电技术一直未能进入民用领域。热电装置效率和热电元件的电导率与热导率相关，追求高的热电效率就要追求尽量大的电导率和尽量小的热导率。

研发与专利布局

热能手表出自矩阵工业公司（原名西里兹姆能源公司）。虽然矩阵工业公司在 2016 年 11 月发布关于热能手表的众筹，但对它的研发和专利布局从 2007 年就已开始（见图 2）。

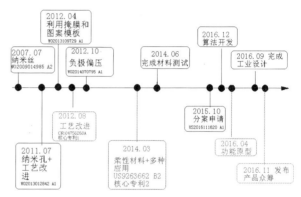

图 2　PowerWatch 相关技术研发进程

可见，在热能手表开发之前，技术团队已完成了对基础技术、制造方法和设备、测试设备和系统、应用场景等的专利组合布局。真正做到了"产品未动，专利先行"！

1. 在校研发期间，基础技术先布局

阿克拉姆·布卡伊博士和道格拉斯·谭博士是西里兹姆能源公司的创始人和核心研发者（见图 3）。

2007 年，布卡伊博士还没从加州理工毕业，就作为发明人申请了国际专利申请 WO2009014985A2，进入美国并授权 US9209375B2。

该专利申请揭示利用塞贝克效应的基本原

Akram Boukai, PhD
CEO and Co-founder

Douglas Tham, PhD
CTO and Co-founder

图 3　西里兹姆能源公司的创始人

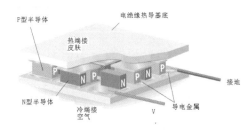

图4 塞贝克效应基本原理

理（见图4），在冷热端之间产生电压差的方法和设备。2016年继续提出美国接续申请US2016111620A1，可见，当年的基础专利撰写相当扎实，能够在若干年后产品上市时发挥更大作用。

2.多种工艺改进方案齐布局

为了提高热电元件效率，研发团队不断对热电元件的制造工艺进行改进。先后提出利用掩膜和图案模板形成热电装置（WO2013109729A1，见图5）半导体蚀刻形成更多孔或者丝（WO2014028903A1，见图6）应用负极偏压技术加入氧化剂或化学蚀刻剂（WO2014070795A1，见图7）等技术。

上述方案均能提高元件的热电效率，使热电技术具备了民用化的可能。

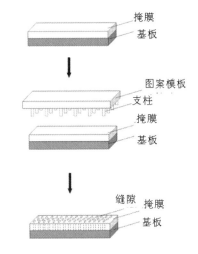

图5 WO2013109729A1的说明书附图

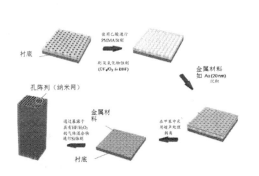

图6 WO2014028903A1的说明书附图

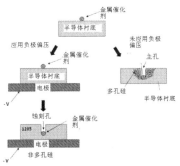

图7 WO2014070795A1的说明书附图

3.布局应用场景，完善专利组合

有了高效率的热电装置可以怎么用呢？专利WO2015148554A1（见图8）给你答案。

该专利与以往的技术相比，重大突破在于柔性的热电装置能够做成各种形状，进而用于各种不同场合！脑洞大开的感觉，有没有？

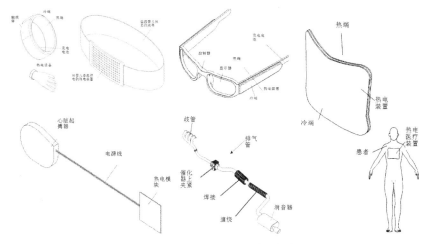

图 8　WO2015148554A1 的说明书附图

竞争对手与专利风险

从热电手表技术的主要申请人来看，除了上文中提到的热能手表的发明人和其所在公司和学校之外，日本的一些电气企业和手表企业也是主要的研发者（见表1）。

表 1　热电手表技术的主要专利申请人

申请人	申请量／件
阿克拉姆·布卡伊	4
矩阵工业公司	4
道格拉斯·谭	3
加州理工大学	2
精工	2
松下	2
日电	2
索尼	2
浙江大学	2

如果要在中国市场研发、生产、销售可穿戴热电产品，必须注意合理规避下面这些已授权的中国专利（见表2）。其中美国和日本的手表和电气企业仍是主要的专利持有者。

表 2　已授权热电手表技术方面的专利

专利权人	专利公告号
时至准（西铁城）	CN10502345C
	CN1189999C
卡西欧	CN100452510C
雅马哈	CN100484502C
爱科来	CN102711609B
吉鲁克斯控股	CN103169454B
韦尔奇阿林	CN101534706A
索尼	CN102569631B
讯宝	CN10677790B
数字安吉尔	CN101473460B

结语

对一个爆款产品的追踪，让我们了解了国外研发团队的专利意识和运用能力，黑科技的卖点与缜密的专利布局配套，为其打开市场奠定了基础，截至发稿时热能手表的众筹完成度已经达到 937%。众筹单价约合人民币 800 元，感兴趣的同学可以留意喽。

本文作者：

国家知识产权局专利局

专利审查协作北京中心通信部

张嘉凯　尤一名

36
谷歌怼 Uber：只因激光雷达技术

<big>小</big>赢说：你是我的眼，带我领略四季的变换；你是我的眼，带我穿越拥挤的人潮。有没有被小赢的歌声带乱节奏？今天这几句歌词就献给谷歌无人驾驶的核心——激光雷达技术。

目前对无人驾驶技术的研究已经远远超越了传统车企的范畴，如苹果、谷歌、IBM、百度、腾讯……除了这些互联网巨头，还有特斯拉、Uber 这样的独角兽。

纷繁江湖，谁来笑傲？

与别人主要采用视觉识别技术不同，谷歌从 2009 年开始，八年磨一剑，给出的方案是激光雷达。

图 1　谷歌第三代原型车

根据 3 月 13 日的新闻，谷歌利剑挥出，直击 Uber[①]。谷歌旗下的无人车公司 Waymo 对 Uber 提起一项知识产权诉讼，并向法院申请对其发布一项禁令，要求 Uber 立刻停止使用盗取的光学检测和雷达探测技术开发自动驾驶汽车。

根据报道分析，谷歌此举将严重打乱竞争对手的实验和商业计划，保持其在激光雷达技术方面的优势地位。

过去 8 年间，谷歌无人车经历了几代的升级更新（见图 1）。据公司人员称，已在实际道路上进行了数百万英里的测试，仅出现了 16 次小事故且均因对方违规驾驶。安全行驶都依赖于这个小小的核心部件——激光雷达（见图 2）。

有人会问了：在谷歌无人车的眼睛里，世界会像在普通司机眼中一样，像图 3

---

① http://tech.163.com/17/0313/08/CFD4K42700098GJ5.html#post_comment_area.

图2 谷歌无人车上的激光雷达

图3 普通司机眼中的景象

图4 谷歌激光雷达扫描示意

中那样吗?

早说过谷歌不是用视觉识别的,经过激光雷达扫描,世界是图4这样的。谷歌无人车周围的场景由无数点云(Point Cloud)构成,并经过处理为各种不同形状和颜色的盒子。

在谷歌无人车数百万英里的测试中,一些匪夷所思的场景是很多老司机都从来没遇到过的,如坐着电动轮椅赶鸭子过马路的老婆婆、无证驾驶的小司机、裸奔的人等。

在危机四伏的马路上全身而退,需要一双明亮又灵敏的眼睛。接下来,就来详细介绍一下谷歌无人车的眼睛——激光雷达。

激光雷达(LIDAR)的研发,早在20世纪70年代就开始了,但是因为造价昂贵和体积过大等原因一直仅应用在气象监测、地图测绘和军事侦查等领域。

谷歌公司的无人汽车中使用了Velodyne公司的三维激光雷达HDL-32E,对于其如何实现障碍物智能感知,已在该公司的专利文献US2011/0216304A1中公开(见图5)。

该雷达头部有32个激光发射器,被照射目标物反射后被32个激光探测器接收,同时位于底部的电机带动头部360°旋转,从而实现垂直41°,水平360°的视场检测(见图6)。

激光阵列技术将反射信号每秒处理成70万个点云(Point Cloud)点。

头部的每个复合板上安装一个激光发射器或激

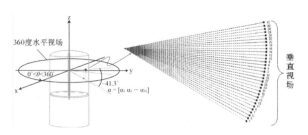

图5 US2011/0216304A1 的说明书附图1

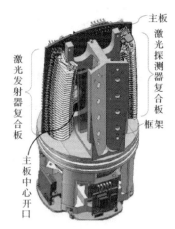

图6 US2011/0216304A1
的说明书附图2

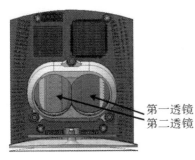

第一透镜
第二透镜

图7　US2011/0216304A1 的说明书附图 3

光探测器，在垂直行方向以扇形方式分别焊接固定在主板两侧。

激光雷达为了减缓出现视野盲区，其第一透镜和第二透镜采用了两个"D"形透镜对应发射激光和反射激光，两个"D"形透镜以两者之间的最小间隙贴合在一起安装在透镜框架上（见图7）。这种紧密连接的"D"形透镜，通过平行的发射激光和探测激光路线能够将盲区减少到基本为零。

同时，多个激光发射器同时发射激光会产生交叉干扰的情况（见图8），若激光发射器 E1~E4 同时发射激光，反射光应被激光探测器 D1~D4 接收，但是因为反射激光的目标物的位置和外形等原因，从一个激光发射器发射的激光可能被错误的激光探测器探测，如从 E1 发射的激光被 D3 接收到，此时就会产生一个错误的云点。

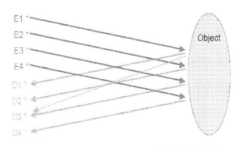

图8　US2011/0216304A1 的说明书附图 4

为了避免上述问题，激光雷达采用了非相邻激光器激光信号发射的方式。例如，E1 第一个发射，然后是 E17 发射，然后是 E2、E18、E3、E19……E16、E32。

如此功能强大的雷达价格也一定不便宜吧？根据报道，搭载在谷歌第二代无人车上的激光雷达售价高达 7 万美元，一个小部件相当于测试使用的汽车（普锐斯改装）的两倍价格！因此要最终实现无人驾驶汽车的远大理想，降低激光雷达成本绝对是其中关键。

在激光雷达市场化不断深入的背景下，除了前面介绍的 Velodyne 公司，一些初创公司也进入本领域并展现了一定的技术实力。如美国 Quanergy 公司、德国 Ibeo 公司、以色列 Innoviz 公司、加拿大 LeddarTech 公司、英国 Photonic Vision 公司等。在小型化、固态化和降成本的方面，上述公司甚至给出了不同于 Velodyne 公司的解决方案，成为该公司的挑战者甚至颠覆者。

其中，内部无机械旋转部件的固态激光雷达已经成为新型激光雷达的一个重要发展方向。例如，美国 Quanergy 公司的 S3 雷达，以及一些专利文献 US2015/0293224A1 中记载的相控阵固态激光雷达等，这些都是典型的固态激光雷达。据报道，美国 Quanergy 公司目前发布的固态激光雷达三代产品价格已经可以控制在 100 美元以下，其尺寸大小仅相当于 iPhone 6 plus 手机的 1/8。

随着技术的成熟和成本的下降，激光雷达逐渐渗透到了消费级市场。现在除了在自动驾驶汽车领域，其主要应用场景还包括图 9 和图 10 中的应用。

激光雷达的成本在过去 7 年里下降为原来的 1/10，在可以预见的未来将更普遍地出现在咱们的生活中。在期待激光雷达将来给我们带来新的惊喜的同时，也有科学家指出了其存在的隐患。因为只要刻意对该雷达发射一组激光信号，就能够控制无人车想停就停，想走就走。小嬴想，如果这样的漏洞被黑客利用，会不会就变成：是不是上帝在我眼前遮住了帘忘了掀开……

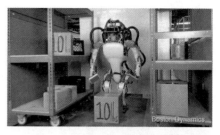

图 9　激光雷达在机器人领域应用

图 10　激光雷达在无人机领域应用

本文作者：

国家知识产权局专利局

专利审查协作北京中心光电部

邢济武　方东　刘博洋

37
动动眼睛，让 TA 懂你

小赢说：眼动追踪技术在过去一年中取得了巨大的进步，相关应用正逐步渗入智能设备，一起来看它会对你的生活产生怎样的影响。

又到一年春暖花开时，各位青年才俊们躁动起来了吗？是时候约上你的 TA 去踏青了！眼睛无疑是表达感情最直接的窗口，正如"一顾倾人城，再顾倾人国"，展示出了眼眸传情、顾盼生波的景象。

在这个浪漫的季节里，如何练就"电眼"，和你心爱的 TA 眉目传情呢？今天就和大家聊一聊你和 TA "眉来眼去"时眼神所传递的科技波眼动追踪技术。

什么是眼动追踪呢？简单来讲，是用眼神发出指令，只需眼球转一转，TA 就能知道你要干什么，阅读翻页、眼睛购物、眼睛游戏神马的都不在话下，这不正是"懒癌患者们"的福音嘛！

当我们漫不经心浏览网站时，如果蹦出一张美女图（见图1），您的眼睛会盯向哪里？利用它来做市场调研是不是简单生动又高效。

图 1 对同一张图的男女关注点模型

眼动追踪（Eye-tracking）是利用传感器捕获、提取眼球特征信息，测量眼睛的运动情况，估计视线方向或眼睛注视点位置的技术。常见的原理是通过主动投射红外线等光束到虹膜来提取特征，根据眼球和周边的特征变化或角度变化进行跟踪（见图2）。

图 2 眼动追踪原理

其实，眼动追踪起源于医疗研发，经过数十年的技术积累之后，已经开始逐渐升温。进入商业化应用之后，被陆续应用在计算机、手机等不同的设备上。

终端应用

三星公司在 2012 年提出了眼球追踪在移动终端操控中的多件申请，如 CN103135762 A（见图3）专利申请公开了眼睛跟踪操作移动装置，利用前置镜头侦测浏览网页时的眼球动作，当发现用户已浏览至网页最底端时，手机会自动卷动网页。

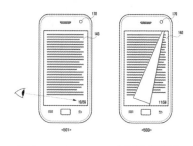

图 3　CN103135762A 的说明书附图

三星公司于 2013 年上市的 Galaxy S4 便搭载了该项技术，该功能将被命名为"Smart scroll"，用户可设置是否通过眼睛操作浏览器、电子邮件、Gmail 等应用的自动翻页功能（见图 4）。

此外，用户还可以启用 Smart pause 功能，在观赏影片时把目光移开，手机就会自动暂停播放。

苹果公司申请的专利号为 US9454225B2（见

图 4　三星手机的"Smart scroll"功能

图 5）的文件提出基于眼球追踪的在 3D 映射环境中的凝视检测技术。通过 3D 传感器处理和分析包括从一只或两只眼睛反射的光的图像来检测用户双眼的位置和方向，找到该用户的凝视方向，从而隔空操控手机界面。该专利文件中还记载了对用户身体部位的轨迹识别操作过程。

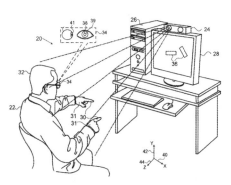

图 5 US9454225B2 的说明书附图

苹果公司 iPhone 7 plus 中首次搭载了双摄像头，实现 3D 景深的映射。这无疑是为眼动控制在手机终端的使用埋下了伏笔，小赢觉得动动眼睛便能操控 iPhone 指日可待了！

VR 领域应用

眼球追踪技术对于 VR 来说就像鼠标于 Windows 系统一样，它会让体验更完善，使用也更方便。Oculus 创始人帕尔默·拉奇就曾称其为"VR 的心脏"。

1. 为什么眼球追踪技术对于 VR 界如此重要？

眼球追踪技术可以获知人眼的真实关注点，并进行成像的自动调节，或将成为解决 VR 头显存在的眩晕问题的技术突破。

同时，眼球追踪所衍生的注视点渲染技术（foveated rendering）对目前高配 VR/AR 设备的小型化、平民化有重要推动作用。

2. 什么是注视点渲染技术？

通俗来讲，当眼睛所注视的地方你是能够看清的，而周围的视像往往就被不同程度忽略。

举个例子，就像你看美女 / 帅哥的时候，你还能记得她 / 他周围的影像吗？往往周围的一切都被你忽略了。因为你的注视点在一个地方，所以你的大脑在处理图像的自动忽略了其他的东西。

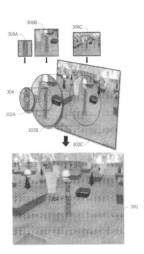

图 6　US2014247277A1
的说明书附图

还是以专利来讲，美国公开号为 US2014247277A1（见图 6）的专利申请公开了图像的注视点渲染技术，追踪显示设备的注视点 304，产生偏心层序号 302A-C，对偏心层进行平滑以及不同直径的渲染，输出渲染后的图像 300。

利用该原理，你戴上 VR 头显之后，计算机会追踪眼球的运动轨迹，你所注视的地方图形才会被渲染。不但渲染帧率提高一倍以上，硬件的消耗，如显存使用、GPU 负载和显存控制负载都有很明显的降低。

3. 眼控技术大佬们在做什么？

当虚拟现实 VR 邂逅了眼动追踪，便成就了"bigger than big"的智能生活。

全球眼控企业主要有以下国外厂商：德国老牌眼球追踪企业 SMI、瑞典 Tobii 集团、Eyefluence（2016 年被 Google 收购）、The Eye Tribe（2016 年被 Oculus 收购）、内置眼球追踪的 VR 头显的日本厂商 FOVE、德国初创团队 Puil Labs 以及美国医疗眼球追踪公司 SyncThink。国内研究眼动追踪的厂商较少，涉及 VR/AR 的只有七鑫易维。

日本创业公司 FOVE 一直备受关注，这也不无道理。2014 年公司推出了全球首款支持眼球追踪技术的 VR 头显。玩家可以在射击游戏中，用眼神杀死对手。

瑞典眼动跟踪技术公司 Tobii 宣布加入 VR 阵营，将与 Starbreeze 公司合作将眼球追踪技术融入了拥有 5K 画质和 210 度视场角的 StarVR 头显。

那么，我们的国产独苗有着怎样的发展呢？七鑫易维在 2016 年陆续推出了眼球追踪配件，其中为 HTC Vive 配套的 VR 眼控模组配件 aGlass 于 2016 年 11 月 2 日于京东众筹正式上线。关于该眼镜的踪影在其专利申请中也有所体现。其于 2016 年提出实用新型申请，并获得授权，公告号为 CN205594581U（见图 7），其中记载了视频眼镜的眼球追踪模组。

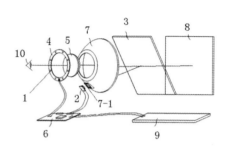

图 7　CN205594581U 的说明书附图

七鑫易维的 VR 眼球追踪模组 aGlass 的主攻方向即为注视点渲染、数据收集以及眼控交互功能。

眼尖的看官发现了吗？这是要奔着社交去了，数据收集、眼控交互功能用来做什么呢，小赢第一反应就是买买买、剁剁剁啊！

Bingo！七鑫易维目前就与 VR 热播等宣布合作打造国内首个 VR 内容监控平台（VRM），致力于通过消费者的眼睛注视轨迹收集分析，通过 VRM 平台的眼动分析，迅速识别消费者的兴趣爱好、款式喜好等数据，轻松搞定生活所需。

只是因为多看了 TA 几眼，购物车瞬间就满了，So easy！男同胞们再也不用担心她的礼物了！

结语

正如 Tobii 公司总裁所言，眼球追踪技术是科技发展潮流的一部分，但这个潮流绝不止眼球追踪技术那么简单。尽管目前眼球追踪技术还没有大规模应用，然而随着研究的持续升温以及它所带来的超凡体验，相信"让世界读懂我的眼神"将是近在咫尺的事情。

本文作者：

国家知识产权局专利局

专利审查协作北京中心通信部

周倩

38
厉害了，我的电子墨水屏

希望散居在全球各地的人们，

无论你是年老还是年轻，

无论你是贫穷还是富有，

无论你是患病还是健康，

都能享受阅读带来的乐趣，

都能尊重和感谢为人类文明作出巨大贡献的文学、文化、科学思想大师们，

都能保护知识产权。

——世界阅读日主旨宣言

多少读书人都有着相同的梦想，家里有整整一面墙，满满当当全是从各处搜罗到的书籍，随手一翻，泛黄的书色、沉静的书香，便能沉醉其中，身心愉悦！

然而，信息爆炸时代，网络信息的展现及获取方式要丰富便捷得多，也更适合现代人碎片化的时间现状。但随之而来的是用眼疲劳、视力受损、专注力下降以及手机依赖。

接下来，电纸书应运而生！2007 年首款电纸书 Kindle 问世，历经十年，电纸书已不仅仅是一本"书"了，让我们来一起膜拜。

• 类似纸张的阅读体验：黑纸白字，不伤眼，无反光，并可随意书写、标注、作笔记（见图 1）。

•逼真的书写体验：从简单的涂鸦到复杂的素描设计（见图 2），无所不能。

图 1　使用电纸书做笔记

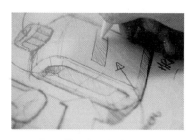

图2 使用电纸书进行素描　　　　图3 电纸书与其他设备同步

●与其他设备之间的同步：任一设备上所作的标记均可即时同步到其他设备（见图3），满足阅读爱好者随时随地阅读的好习惯！

有没有心动？电纸书已将传统阅读习惯与现代科技进行完美融合，而这其中最核心的技术就是电子墨水。那么，电子墨水屏真地护眼吗？为何能带来纸质体验？

什么是电子墨水屏？

电子墨水屏表面附着很多体积很小的"微胶囊"（电子墨水），其中封装有带正/负电荷的白/黑色颗粒（见图4），通过改变电压使不同颜色颗粒有序排列，通过反射周围的环境光来实现显示，这与我们看书时的可视原理相同，从而减小了对眼睛的伤害。

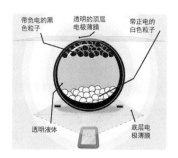

图4 电子墨水屏显示原理

电子墨水屏的技术创新

第一款电子墨水屏诞生于1999年（由E-INK公司研发），至今已有近20年的发展历程。目前国内外相关专利的主要申请人包括E-INK、索尼、微软、亚马逊、汉王等（见图5）。他们在电子墨水屏技术的研究上共同撰写着一部大型励志奋斗

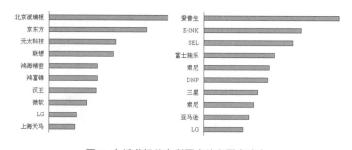

图5 电纸书相关专利国内外主要申请人

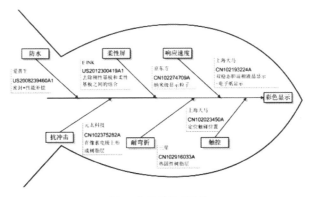

图 6 电纸书技术演进

史，下面仅列出其奋斗路程上的一些小目标（见图6）。

计算机和手机上能配置电子墨水屏吗?

别担心，有阅读的地方就会有电子墨水屏！

电子墨水显示器已经诞生，其刷新率比普通电子书快10倍，最高可达到10帧/s，支持1600×1200的分辨率。CN104123917B中公开了通过将从计算机接收的视频信号转换为适于在电子墨水屏上显示的画面信号进行显示（见图7）；采用全屏幕刷新和黑白两级块刷新两种模式相互配合，满足了屏幕精细显示和快速响应不同需求。

图 7 电子墨水屏用于计算机显示

对于手机，自APEC会议上惊艳亮相的Yotaphone双屏手机后（见图8），国内已有不少采用电子墨水屏的双屏手机产出。

图 8 Yotaphone 双屏手机　　图 9 带有电子墨水屏的 Hisense A2 手机

由于电子墨水屏的功耗极低，因此可以采用屏幕恒亮技术，随时可以显示信息而无需频繁解锁！海信的新机 Hisense A2（见图9），正面采用无边框设计，背面则配备了一块电子墨水屏。

如果不想再另买一个手机怎么办？还有电子墨水屏外壳（见图10）！戴在手机上之后，通过电子墨水屏订阅办公、电子书、社交、图像等多种资源。还可以作为电子钱包、登机牌使用。实为居家旅行必备良品！

图 10 电子墨水屏作为手机外壳

电子墨水屏还能用在哪?

电子墨水屏在显示上的灵活性和超低功耗的环保特性,使其所能承载的信息形式和使用场景也已远超出传统的纸质载体。

图 11　电子墨水屏用于公交车站指示牌

2015 年 12 月,伦敦交通局将电子墨水屏用于公交车站指示牌(见图 11),显示时刻表、路线图和实时的交通信息!

2017 年 1 月,微软推出可折叠电子墨水屏以替代传统纸张(见图 12),将双稳态电子墨水显示从电子、电池、通信和其他元素中分离出来,实现纸张的显示功能,更改内容只需重新打印,是不是像一本魔法书!

图 12　可折叠电子墨水屏

微软公司已经就相关技术申请了专利 US2016226015A1(见图 13),通过弹性密封件连接上下两层,该连接是可滑动的,因此上下层之间能够相互移动,使得其弯折度可以超过180°,并且在弯折后,上下层的边缘还设计了稍许偏移,以更真实地还原翻书的效果!

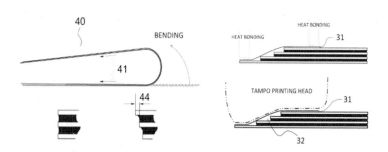

图 13　US2016226015A1 的说明书附图

创新者们更是充分利用了电子墨水的柔性可弯折特点,玩出了花式新高度!

在运动鞋侧面置入电子墨水屏(见图 14),便能轻松更换侧面图案,走路的同时即可实现充电,同时采用防水处理,穿着去游泳都不用担心!

Emerge Interactive 实验室创造出皮下电子墨水显示系统,电子墨水植入表皮下方,通过蓝牙进行控制,便可随心所欲更换纹身(见图 15),酷出新境界!

早在 2006 年 LG 公司就申请了基于电子墨水技术显示纹身的专利 CN1838679A(见图 16)。通过蓝牙、ZigBee 等方式传送电子墨水驱动数据至粘贴于皮肤上的透明材质进行显示，相当于一款"伪纹身"，对于想要酷却不想经受皮肉之疼的你，不失为一种更好的选择！

电子墨水屏始于阅读，却远不止于阅读，与众多创新科技一样，它们从不满足于解决我们当前的痛点，而总是比我们想得更多更远，不断给我们带来惊喜，这就是创新的魅力！

科技让阅读如此便利，我们还有什么理由不读书！

图 14　置入电子墨水屏的运动鞋

图 15　电子墨水屏原理的纹身

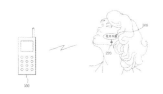

图 16　CN1838679A 的说明书附图

参考资料

[1] 微信公众号 Poweron，"reMarkable 电纸书平板，黑白阅读新境界"，2016 年 12 月 4 日。

[2] 微信公众号 AOM 亚洲户外，"电子墨水应用前景广阔"，2016 年 9 月 23 日。

[3] 微信公众号 科技世界网，"微软研发可重复使用的电子墨水"纸张""，2017 年 1 月 24 日。

[4] 微信公众号 istep 千里行，"随步而动 | 电子墨水屏运动鞋 ShiftWear"，2016 年 3 月 13 日。

[5] 微信公众号 设计癖，"手臂上的电子墨水屏纹身，真真的炫酷到没朋友"，2017 年 2 月 20 日。

本文作者：

国家知识产权局专利局

专利审查协作北京中心通信部

罗啸

39
将小型反应堆揣进口袋可能吗？

小赢说：很多时候小赢都惊诧于科幻电影里的超级英雄们在瞬时爆发出的巨大能量？能否有一天，我们也把反应堆揣在自己的口袋里？

看过《钢铁侠》系列电影的朋友一定都知道，为钢铁侠供给能量的就是位于钢铁侠战甲胸口处的圆盘状能量块，它能为钢铁侠瞬时提供大量的能量，能让钢铁侠在空中翱翔，并用激光炮消灭敌人。

有人说，这就是未来的一个高度集成化的核聚变反应堆。有了它，大家甚至可以像《X-Man》中的电光眼一样，发射一道，哦不，是两道高能激光！

然而，科幻电影中的超级装备能走进现实吗？

目前，利用核能的小型设备常见的为放射性同位素电池，且多见于太空探索设备中。如美国的阿波罗飞船（见图1）、美国"好奇号"火星车（见图2），当然，也包括我国的"嫦娥三号"月球车（见图3）。

这些同位素电池长啥样？是什么原理？输出功率是多少？寿命有多久？这些问题小赢统统不知道，因为这些都是涉密的！但可以肯定的是，其输出功率远远小于反应堆！

将探月设备中发电科技转化为民用可能为时尚早，把核反应堆装到口袋里目前也是天方夜谭。因为纯铀235金属球的临界半径要8.1cm，所以裂变堆放入口

图1　美国的阿波罗飞船

图2　美国"好奇号"火星车

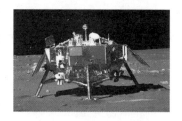

图3　"嫦娥三号"月球车

袋从尺寸上讲已经不可能。从尺寸上讲，也许核聚变可以，但目前却没有那么薄的耐高温材料，也没有控制核聚变温度的技术。

但是，如何将核电站建设得更小、更便捷、更安全、更经济却是目前各电力巨头关注的问题。今天我们也来探讨一下这个问题！放在口袋里的反应堆目前是不可能的，但是放在家中的一间屋子里却很快能成为现实！

环顾现在正在使用的核电站，都是傍水而建（见图4），如果没有核电厂，这里一定能成为旅游胜地吧！王安石在《游褒禅山记》中不是说过"世之奇伟、瑰怪、非常之观，常在于险远，而人之所罕至焉"。以前核电站的选址都尽量远离人口聚集区，美景都在危险处说的多有道理啊！

图4　现在正在使用的核电站

同时，"蔚为壮观"的核电站建设周期也很长！世界核能协会统计过，近60年来，全球600台核电机组的建设周期平均为82.5个月。接近7年！别忘了，这还只是建设周期，如果算上之前的选址、论证、审批等环节……可以说每个核电站都是百年大计。

传统大型核电站建设周期长、输电距离远的缺点，催生了把核电站和反应堆小型化的诉求！这也就是很多科技公司正在致力于解决的事情。

俄罗斯人的解决方案是浮动式核电站（Floating NPP）（见图5），就是把反应堆建在船上，哪里需要去哪里！俄罗斯第一艘漂浮式反应堆"罗蒙诺索夫"号已经开始建造，据传近期将要投入运营。

图5　浮动式核电站

这样的反应堆可以用来为海水淡化、北冰洋破冰提供能源！中国其实也有相应的计划，并已经立项在建。但是，这种反应堆设计容量只有约 35MW！

35MW 的功率这什么概念？举个例子，根据报道，2013 年 7 月 28 日天气酷热的北京城当天的用电量超过 3 亿度电，大约需要 360 艘"罗蒙诺索夫"号才能勉强维持首都这一天的用电需求。如果那样的话，北京的昆明湖、未名湖、龙潭湖、青龙湖、昆玉河、通州大运河……都要布满这种船吧？

图 6　NuScale Power 公司的核电站设计理念[①]

图 7　NuScale Power 公司的核电站设计理念[②]

如此看来，反应堆小型化的同时还要保证一定功率输出才好。于是，模块化反应堆概念开始浮出水面，其中的代表是 NuScale Power 公司。

2017 年 3 月 15 日，该公司正式向美国核管会（在美国建核电站须该机构批准才行）提交先进小型模块化堆（SMR）设计方案认证申请，预计 40 个月能获得许可证。

那 NuScale Power 公司的设计理念是什么呢？如图 6、图 7 所示。这种模块化组件可以方便的通过水路或陆路运输！　NuScale Power 公司就是把核电站里的主设备集成在一起，最后用卡车头和拖拽船背着跑，哪里需要去哪安装，建设周期超短！

单个反应堆模块的功率虽只有 45MW，但多个模块可以快速叠拼。例如，12 个模块组装后一起运行大约能够满足三亚的供电量（据报道，三亚 2015 年日最高负荷 56.6 万千瓦）。

来看看 5 个模块组成的机组在厂房里的布置的效果图——右边那 5 个淹没在冷却水中的就是模块哦（见图 8）。

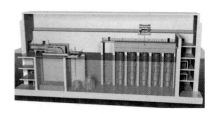

图 8　5 个模块组成的机组在厂房里的布置的效果图[③]

再来欣赏一下 NuScale 模块的内部结构图（见图 9），上升器形成热管段区域（红色箭头部分），冷却剂流经蒸汽发生器后热量被带走，最终形成冷却介质自然往复循环，这里的冷却回路不借助主泵循环，系统可靠性提升；将原来散落在

──────────
①~③　图片源自 http://www.nuscalepower.com/。

安全壳里的主设备集成在一起，方便安装使用。

除了 NuScale Power 公司，还有谁在做这方面研究呢？ 国际原子能机构（IAEA）的统计数据表明全球仅有三座先进小型模块化反应堆在建（见表 1），包括俄罗斯浮动型反应堆、清华大学的高温气冷堆和最早建设的 CAREM 堆（阿根廷）。除此之外，比较有名的还包括：美国的 mPower 堆、W-SMR 和 IRIS 堆，以及我国的中核 ACP100、广核 CAP150/200 和 ACPR50S 几种堆型。

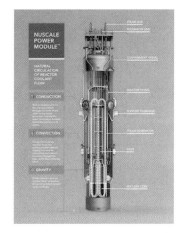

图 9　NuScale 模块的内部结构图[①]

表 1　较有名气的核反应堆

设计	功率 /MW	堆型	设计方	国家	状态
CAREM	30	PWR	CNEA	阿根廷	在建
HTR-PM	210	HTGR	INET,Tsinghua Uni.	中国	在建
KLT-40S	70	Floating NPP	OKBM Afrikantov	俄罗斯	在建
SMART	100	PWR	KAERI	韩国	设计认证
NuScale	50×12	PWR	NuScale Power	美国	设计认证
mPower	195×2	PWR	BWX Technologies	美国	正在开发
W-SMR	225	PWR	Westinghouse	美国	概念设计完成
ACPR50S	60	PWR	CGNPC	中国	概念设计完成
IRIS	335	PWR	IRIS Consortium	多国	概念设计
IMR	350	PWR	MHI	日本	概念设计
ACP100	100	PWR	CNNC	中国	概念设计
CAP150/200	150/200	PWR	CGNPC	中国	概念设计
AHWR-300	300	PHWR	BARC	印度	概念设计
UNITHERM	6.6	PWR	NIKIET	俄罗斯	概念设计

尽管距离小型反应堆的盈利甚至商用还有一定距离，但是专利布局早已经开始了（见表 2）。而且，如果考虑到技术传承，表 2 中的三家公司都是站在巨人的肩膀上，或者说有的甚至初始技术都是别的研究机构转让的：巴威公司的 mPower 堆主要参考了 Otto Hahn 商船反应堆设计；纽斯高公司的 NuScale 堆是在俄勒冈州立大学的 MASLWR 设计基础上改进完成的；西屋公司主导的 W-SMR 和 IRIS 堆也是传承了其 AP1000（先进压水堆，该公司自身的上一代产品）的技术特点。

---

① 图片源自 http://www.nuscalepower.com/。

表 2 美国的三家核反应堆技术申请人

申请人	申请量／件	堆型
NuScale Power（纽斯高动力有限公司）	57	NuScale
BABCOCK&WILCOX MPOWER（巴威 M 动力公司）	102	mPower
WESTINGHOUSE（西屋公司）	143	W-SMR/IRIS

三家公司的 SMR 设计各有特色，让我们通过图 10 来简单比较一下三种 SMR 堆型的模块设计吧！

与另外两家相比，NuScale 堆型省略了主泵。这样的设计可谓是"疯狂"，因为主泵的作用在于驱动冷却剂循环为堆芯降温！没有主泵的堆型之前在业内是不可想象的，也难怪该堆型一经推出后，就博得了业界同行的刮目相看以及重点关注。

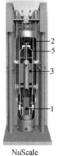

图 10 三种 SMR 堆型的模块设计
1—堆芯；2—控制棒驱动机构；
3—蒸汽发生器；4—主泵；5—稳压空间

与上述种堆型均不同，我国的堆型也有独到之处。以 ACP-100 为例，中核集团下属的中国核动力研究设计院，早在 2012 年 6 月 11 日就在国内申请了模块式压水堆的发明专利，并于 2016 年 3 月获得授权（中国专利号 ZL201210189540.X）。

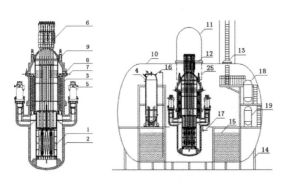

图 11 ZL201210189540.X 的说明书附图

通过专利我们可以看到：模块结构很别致，稳压器 4 设置在模块外部，采用磁力型控制棒驱动机构 6 和垂直安装主泵 5（见图 11）。

中核 ACP-100 堆型相对于美国三家公司的堆型，是将其"稳压空间"和主体模块分离开了，而且我们的主泵是外置垂直安装的，美国的要么是内置的、要么是横置安装的。看似改动简单，但整体指标都得重新设计。因为反应堆是个系统工程，任何改动都是致命的；这种牵一发而动全身的领域，稍作改动意味着重新设计，重新进行全盘验证。在这里，小赢要为中国核工业的科研人员们点赞！

目前，世界各国的多个团队都在紧锣密鼓的对小型堆进行研发。为了和最先提出的 SMR 设计概念形成差异，各个设计团队都使出了浑身解数，在反应堆的各个局部进行着痛苦地改进。对这些改进的专利布局也正悄然进行着，也许这正是未来全球核电专利战争的序曲。

反应堆离大家的生活看似很远，其实很近。说它远是因为大家可能看不见摸不着，说它近是因为老百姓每天都在用电，如果咱们没有自主知识产权，也许你交的每度电费里有一毛就是交给别人的专利许可费。加油中国核电！

参考文献

张国旭，解衡，谢菲. 小型模块式压水堆设计综述 [J]. 原子能科学技术，2015（S1）：40—47.

本文作者：
国家知识产权局专利局
专利审查协作北京中心光电部
黄伟

Chapter4

第四章

社会热点

40
奥运泳池中的黑科技
——高科技泳衣

小 赢说：不穿"鲨鱼皮"的孙杨也能夺冠，弹哭傅园慧的纺织品泳衣为什么要做到这么紧。"鲨鱼皮"之后的泳衣科技就停止了吗？让我们穿越泳衣的发展历史，揭秘孙杨、傅园慧泳衣中用尽洪荒之力研发出的新技术，回答上面的问题！深度好文，等君品鉴。

菲尔普斯曾这样描述"鲨鱼皮"："穿上它跳进泳池，像灼热的刀刃划过细腻的黄油。"

"鲨鱼皮"泳衣的诞生

20世纪90年代澳大利亚Speedo公司与日本水野运动公司共同开发出一种名为"快速皮肤"的泳衣，它的核心技术在于模仿鲨鱼的皮肤结构，减少水的阻力，提高游进速度。

图1 鲨鱼皮泳衣①

由于泳衣的外形酷似鲨鱼皮而得名（见图1），并成为高科技泳衣的代名词。

"鲨鱼皮"的四大王牌技术

1）仿鲨鱼真皮表面结构（见图2），导流性好，质量极轻，防水性好。

2）多种功能性模块（见图3），对运动员身体进行支撑和助力强化，高弹性接缝工艺和无缝拼接工艺减少缝隙阻力。

---

① 图片来源:http://news.163.com/12/0329/10/7TOPCAT400014JB6.html。

图 2 仿鲨鱼真皮表面结构[①]

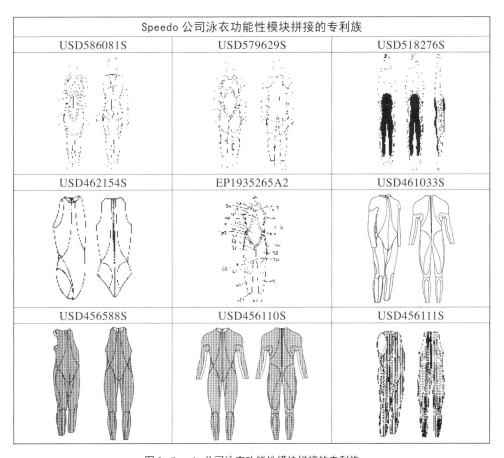

图 3 Speedo 公司泳衣功能性模块拼接的专利族

3）超强弹力更紧密包裹身体，塑造完美流线型，并对身体部位进行固定，让肌肉群在运动中避免不必要的振动，减少摩擦力并节省能量和体力。

---

① 图片来源：http://blog.sina.com.cn/s/blog_4ccf9b660100a01x.html；http://baike.baidu.com/item/%E9%B2%A8%E9%B1%BC%E7%9A%AE%E6%B3%B3%E8%A1%A3/4992198?fr=aladdin。

4）采用聚亚氨酯材质（见图4），除降低阻力外，还将泳衣浮力提高 30% 左右。

图4 聚亚氨酯材质泳衣①

鲨鱼皮带来的奇迹 10 年

2000~2009 年是科技泳衣不断改写游泳历史的 10 年，所有游泳项目的世界纪录就像窗户纸一样被不断捅破。

在那令人惊心动魄的 10 年间，从索普开始，一系列世界顶尖选手穿着高科技泳衣，创造了游泳运动历史上最狂飙突进的十年。

巅峰时期突降"禁鲨令"

"罗马传奇"成为禁止"鲨鱼皮"泳衣参赛的导火索。2009 年的罗马游泳世锦赛，在高科技比赛服的加持下，运动员们共打破了 31 项（43 次）世界纪录。鲨鱼皮泳衣已经完全打破了原有的国际格局，泳衣的性能更迭取代了运动员身体素质、技术的提升，成为决定比赛成绩的最主要因素。

在强大的舆论压力中，国际泳联于 2009 年 7 月底作出了决定：从 2010 年起，禁止在比赛中使用（"鲨鱼皮"等）高科技泳衣，泳衣材料必须为纺织物，泳衣不得覆盖四肢，新规则使用前世界纪录不作废。

鲨鱼皮泳衣 10 年的辉煌历史由此走到尽头。

随着国际泳联"禁鲨令"的实施，国际游泳成绩迅速进入低谷，2010 年全年竟然没有一项新世界纪录产生（见图 5）。

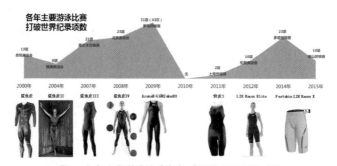

图5 各年主要游泳比赛与打破世界纪录项数对比

① 图片来源：http://baike.baidu.com/item/%E9%B2%A8%E9%B1%BC%E7%9A%AE%E6%B3%B3%E8%A1%A3/4992198?fr=aladdin。

后"鲨鱼皮"时代的科技泳衣

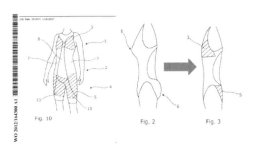

图6 Speedo公司的国际专利申请WO2012164300A1

"禁鲨令"同样为其他科技泳衣的发展留出了巨大的空间,各科技泳衣制造厂商将研发重点集中在对身体塑形和肌肉群的功能性支撑。

Speedo公司的国际专利申请WO2012164300A1(见图6)公开了利用泳衣对运动员的胸部、腹部进行塑形从而更具备流线型的技术方案。作为更进一步的改进,GB2529474A公开了"X形"背带的技术方案(见图7),成功的运用在LZR Racer®Elite系列产品上。单向拉伸技术的使用带来更大的灵活性,结合女士泳装核心区更轻薄面料,能够保障更好的运动体验。

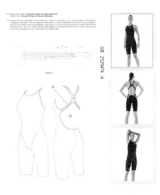

图7 "X形"背带的技术方案

伦敦奥运会前,Speedo公司花费5.5万工时,推出了符合新规则的"快皮3"(Fast Skin 3)泳装系统。该泳装系统在2011年申请的GB2482760A、GB2483187A(见图8)等7件专利中公开,其使用了具有最低流动阻力的纺织材料,并关注泳衣、泳帽和泳镜三部分的协同作用,形成完美的流线配合。该款泳装系统能减少16.6%的被动阻力和11%的氧气消耗,堪称是泳衣新规之后泳衣设计上的最大科技进步。

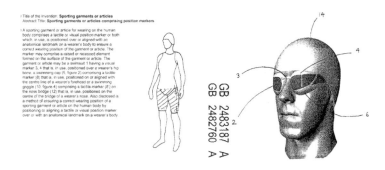

图8 GB2482760A、GB2483187A 说明书及附图

作为Speedo公司的竞争对手,Arena公司推出Aquaforce one系列泳衣产品,并进行了国际专利申请布局。该泳衣包括独特的"包背设计",面料透水却不吸水,

100g 重的泳衣在出水后增重低于 10g，不会因泳衣兜水而拖累选手。泳衣在腰部、大腿后侧增加了特殊材质的贴条加强承托力，营造紧身的感觉与"鲨鱼皮"异曲同工（见图9）。

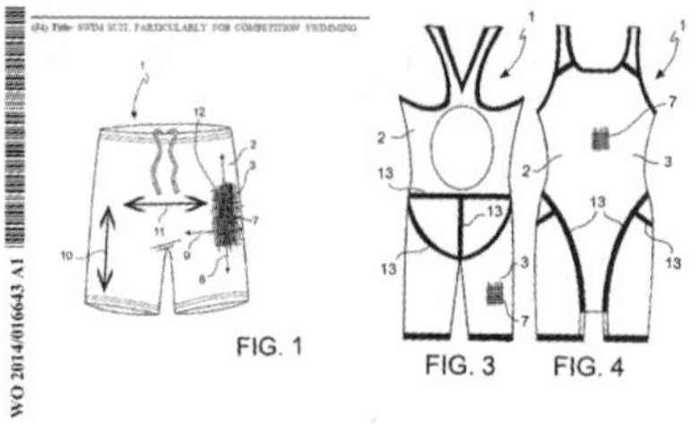

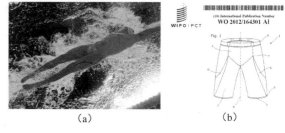

图 9　Aquaforce one 泳衣国际专利申请说明书附图

鏖战里约——小粉泳裤成功抢镜

里约奥运会进行得如火如荼之时，除了男运动员的倒 V 形身材、八块腹肌，更亮眼的还有孙杨和宁泽涛身穿的小粉配色泳裤——最新款 Fast Skin LZR Racer X。该款泳衣采用了双特性材料进行剪裁拼接的专利技术，对胯部提供了稳定性支撑，并依靠流线型低阻表面，大幅改善穿着者的体验（见图10）。

图 10　Fast Skin LZR Racer X 泳裤
（a）Fast Skin LZR Racer X 泳裤产品[①]
（b）Fast Skin LZR Racer X 泳裤专利申请说明书附图

结语

下面再看看奥运表情包傅园慧的段子，您可能会有更多的发现。傅爷（网友对傅园慧的称呼）说："被泳衣弹到痛，比赛的泳衣太紧了，弹性太小，勒得胸都平了，我们赛前穿泳衣要穿 20 分钟，这么紧我弹到自己！你说这会不会成为我永生的耻辱。"

原来这么紧致的泳衣都是为了比赛成绩有意为之的。各国的游泳健儿们也都是拼了，穿上它们不知今年又能打破多少世界纪录，让我们拭目以待吧！

本文作者：

国家知识产权局专利局

专利审查协作北京中心专利服务部

王亮

---

① 图片来源：http://www.sohu.com/a/112432106_447776。

41

"林李大战"背后，
他们手握不为人知的秘密

小 赢说：每次看"林李大战"都会联想到决战紫禁之巅——西门吹雪扬起手中剑，冷冷道："此剑乃天下利器，剑锋三尺七寸，净重七斤十三两。"叶孤城也扬起手中剑，道："此剑乃海外寒剑精英，吹毛断发，剑锋三尺三，净重六斤四两。"很多时候，我们都被林李二人的羽球武功所吸引，可曾关注过他们手中的剑？

里约奥运羽毛球男单1/4决赛，林丹2∶1艰难获胜，赛后有记者问："这场比赛决胜局一直打得难解难分，什么力量最终让你赢下了比赛？"林丹的回答很简短："我不能输，因为我和那个男人之间有个约定！"

图1 林李大战宣传海报[①]

奥运半决赛上演第37次"林李大战"（见图1）！惊心动魄、"相爱相杀"的老对手，交锋史上的绝唱、英雄相惜的终极对决、相互成就史诗般的传奇……无论怎样形容都不为过。"超级丹"头顶杀直线，无冕之王李宗伟快速突击，一次次鱼跃救球、一次次回防网前，无数个"见证传奇、超越胜负"的经典场景铭刻在球迷的脑海中。

"林李大战"让所有人津津乐道，然而很多人忽视了比赛的另一个主角——他们手中的武器。

关注林丹的球迷一定知道，球拍赞助商尤尼克斯（YONEX）公司为林丹里约之行定制了一款新球拍——VOLTRIC LD-FORCE。细心的球迷们发现在球拍的拍

---

① 图片来源：www.yonex.com。

杆上多了一行数字。

这不是专利号吗（ZL200880110476.3，见图2a）！

大家都知道，好的羽毛球拍骨架是碳纤维的，即是由碳纤维纱束预浸料经卷绕后热压成型制成，拍框和拍杆的连接处通常设置T形接头以增加强度。当拍框内径显著大于T形接头外径时，内部会形成缝隙，这导致球拍在受到冲击时比较脆弱，在击球时易扭曲，且表面稳定性低，不易控制击球的飞行方向并影响球速。

该专利在拍框与拍杆的T形接头处使用可膨胀树脂，其在球拍热成型过程中沿模具扩张，填满接头与框架之间的缝隙，有效解决了上述问题（见图2d）。

羽毛球才多重？要不要加固的那么牢啊？

曾有媒体和网站做过测试，邀请专业羽毛球运动员以球拍击打羽毛球的方式来测试羽毛球的冲击力，在3~5m的距离上，专业羽毛球运动员可以将西瓜的外皮击穿！这不是球拍，简直就是大杀器啊！没有足够的强度怎么能行？！

要知道，羽毛球的球速被认为是这个星球上瞬时速度最快的球类运动。有多快？——举几个例子！

作为伦敦和里约的男双奥运冠军，中国双打名将傅海峰，早在2005年苏迪曼杯赛，创下了332km/h的球速。跟高铁一样的速度，好快！

(a)

(b)

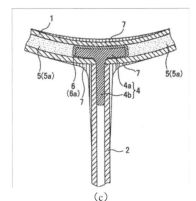

(c)

(d)

图2　林丹的球拍
（a）球拍杆上的专利号[①]
（b）专利授权书
（c）专利说明书附图
（d）T形接头[②]

别急，这还不算最快。那只是11年前的世界纪录！目前女单世界纪录是2013年世锦赛的女单冠军泰国的因达农保持的372km/h（2016年马来西亚公开赛），中国的王仪涵以359km/h名列第3位（也是在2016年马来西亚公开赛）。11年后，女孩的杀球居然比傅海峰还快？！

2015年9月~2016年5月，根据世羽联公布的数据，李宗伟以408km/h的

---

①　图片来源：中羽论坛网友分享图片。

②　图片来源：www.yonex.com。

杀球速度排名第 1(2015 年香港公开赛)，排名第 2~5 的男选手杀球速度也均在 400km/h 以上。

从 2005 年傅海峰的 332km/h 到近两年男子顶尖选手的 400km/h 以上、女子顶尖选手的 350km/h 以上，这其中固然有运动员竞技能力提升的因素，但也不能忽视器材进步带来的效果。

为了追求更卓越的球拍性能，各大厂商从没有停止过研发的脚步。对于前文所述的内置 T 形接头的改进，最早可以追溯到 13 年前。2003 年，YONEX 公司针对金属 T 形接头（例如铝合金材料）申请了专利并获得授权 CN1329095C。有 X 光片为证（见图 3）！

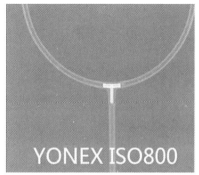

图 3　T 形接头 X 光片[①]

13 年后，林丹在里约奥运会上所用的球拍采用了新型轻质内置 T 形接头（New Built-in T-Joint），相比于金属接头使拍框拥有更高的稳定性，击球威力更强大。

一个不起眼的小接头的改进，见证了球拍的技术进步之路！

除了接头，拍框也是重点改进的方向。其中最有代表性的是 YONEX 公司 VOLTRIC 系列球拍（林丹的 VOLTRIC LD-FORCE 是该系列的最新型号）。该系列最大的特点在于采用了厚度不均匀的拍框结构，搭载威力三角系统，结合重拍头，弹性拍框和流体力学的优点，迸发惊人力量的同时兼顾精准控球（见图 4）。

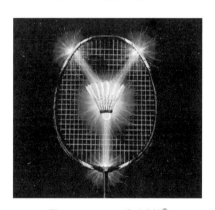

图 4　VOLTRIC 系列球拍[②]

通过该公司的专利申请分析 CN104174143 A（见图 5）：拍框在垂直于该平面的方向上的薄中心区域允许拍框变形，并允许其中心区域充当挥舞球拍时的折弯点，这能够提高拍框中心上侧区域的反弹力，提高拍框中顶端区域击打羽毛球的速度。图 5 中，拍框 10 的中部 12 使用与其他区域不同的材料，该处的弹性模量高于根部 13 和顶部 11。由此，中部 12 随击球变形后，可通过高还原力造成反弹力，增加对羽毛球的击打速度。

揭晓林丹手中的超级兵器的秘密之后，再来看看李宗伟那把趁手的兵器的独门秘籍吧。李宗伟在里约奥运会上所用的 DUORA 系列球拍（DUORA-10-LCW）

①②　图片来源：www.yonex.com。

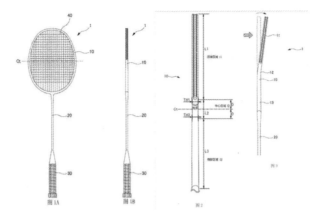

图 5　CN104174143A（中国发明专利申请公开号）说明书附图

在拍框结构上也独具匠心。其拍框是正反异形框，即球拍的正反面采用了不同的结构，是一支彻底的"双刃剑"（见图6）。左边一面为正手面，拍框为盒式（BOX）结构，强劲有力；右边一面为反手面，拍框为破风（AERO）结构，快速灵敏，从而使得正反手击球的手感差异很好的与球拍差异化设计融合，达到合而为一。

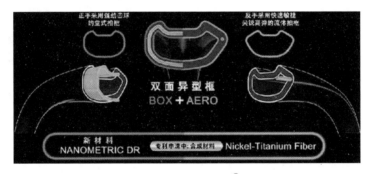

图 6　正反异形框球拍[①]

正反面除了结构不同，材料也不同。正手的盒式框面使用了新材料NANOMETRIC DR，可有效增加球的驻网能力及拍框弹性；反手破风框型则使用了一根镍-钛合金纤维，增加强度和快速回弹。

据报道，使用了双面框型两种材料的YONEX DUORA 10球拍与上代产品相比，击球力量上升3%，击球速度提升9%。对于伯仲之间顶尖高手而言，球拍性能的小幅提升，在不经意之间就会拨动胜负的天平。

---

①　图片来源：www.yonex.com。

球拍每个细节的研究都永不止步。除了关键的接头和拍框外，YONEX 公司还在线孔排布（CN104174144A）、柄帽结构（CN104338296A）等方面也有创新。这里就不一一详述了。

另外，为了满足颜控们的需求，球拍通常还有多项外观设计专利，如 YONEX 申请了 CN302599908S、CN302949948S、CN303020742S 等。

"林李大战"已尘埃落定，也许没有办法再见到他们在赛场上飒爽英姿的杀球，但我们可以手握林李同款的彰显科技进步的球拍神器，继续仗剑羽球江湖，在赛场上去寻找他们从不曾消逝的记忆。

本文作者：
国家知识产权局专利局
专利审查协作北京中心化学部
张旭

42
让总理也点赞的"开椰神器"

小 赢问: 喝椰汁有几步? 答: 总共分三步! 第一步, 把椰子打个洞; 第二步, 插个吸管; 第三步, 开始吸! 但是, 如何完成第一步?

椰子汁, 营养丰富, 天然健康, 无奈椰子壳坚硬无比。但为了美味, "椰汁粉"们也是拼了!

用牙咬? ——No!!! 想想都觉得牙疼!

用刀砍? ——No!!! 真要变成"剁手族"!

让我们来看看总理是怎样开椰子的。2016 年 3 月 22 日, 李克强总理在参加博鳌亚洲论坛期间, 曾到三亚市民游客中心亲自体验了一次"开椰神器"! 当时, 总理用"开椰神器"几秒钟就钻开了一个椰子, 还夸赞小创意也有大市场。

被总理夸赞的究竟是怎样的一个"小创意"呢? 小赢"八卦"了一下, 发现"开椰神器"还是专利产品, 专利号是 ZL201420245154.2。

可是专利有三种, 对应这个产品到底是哪种专利呢? 教你一秒钟能从产品包装上的专利号分辨出来的方法(见图 1)。"开椰神器"的专利号第 5 位是"2", 当然是实用新型专利啦!

同样是椰子壳, 嫩的和老的差距也很大! 嫩的质地较软, 老的已经木质化了。"开椰神器"都能搞定吗?

当然可以, 这还要从开椰器的结构说起。

1) 包含相互垂直的两个把手, 使用时可以互为施力端(见图 2 的标记 2 和 3)。

2) 两个开口器端部分别具有锯齿牙刀刃和空

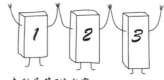

专利号第5位数字:
1 表示发明专利
2 表示实用新型专利
3 表示外观设计专利

图 1 根据专利号来判别专利类型

心钻头（见图 2 的标记 9 和 7），分别针对嫩椰子和老椰子。

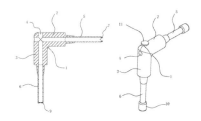

3）开口器内部设置通孔（见图 2 的标记 4），配合小棍（见图 2 的标记 11），可以很方便地排除壳渣。

是不是看着好简单？其实看似简单的产品背后，都有一个曲折的故事。接下来，我就说给您听。

图 2　中国专利 ZL201420245154.2 说明书附图

话说，在大约一个世纪以前，有一个爱吃苹果的美国人，发明了一种可以用于开椰子壳的去果核器 (US1485681A，见图 3)。看看这修长的身材，再看看顶端可爱的小球球，用来去果核力度感觉还可以！若是用来开很硬的椰子，杆会不会折断？力量会不会不足？

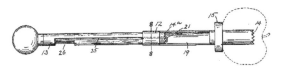

图 3　US1485681A 说明书附图

此后很长一段时间，人们坚持用去果核器开椰子壳，如在 20 世纪 60 年代 US2990615A 公开的这个工具（见图 4）：刀头是平的，也没有可爱的小球球，用这样没有力矩放大作用的开椰器开椰子一定会累到手软吧？

直到 20 世纪 90 年代，或许是真正的"椰汁迷"加入了战斗，专门的开椰器才诞生！比如 FR2678500A1（见图 5）等，开启了一个全新的开椰时代，可以称之为开椰利器！T 形施力把手、锯齿状尖锐的刀头、中空结构，这三

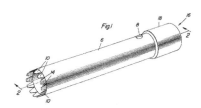

图 4　US2990615A 说明书附图

个要素组合在一起，成就了这位开椰利器！然而，随之而来的问题是：钻孔后掉落的壳渣会紧紧卡在中空结构的空腔内，难以取出。尽管有问题存在，与前两位相比，这取得了巨大的进步！

进入 21 世纪的第一个十年，改变再次不期而至！可以排除壳渣的开椰器纷纷涌现，比如 BRPI0502813A（见图 6）。经过 80 多年的演化，开椰子的专用工具终于让人看似熟悉了！

搜一下某电商网站热销的开椰器，"通孔 + 小棍棍"组合，安全又好用，销量过万不是梦！Oh Yeah！原来 IP(知识产权) 产品就在我们身边哈！

十年前就被发明出来了，现在还那么受欢迎，但是这种开口器结构比较适合开嫩椰子，如果开老椰子可就困难喽……又过了将近十年，我们今天的主角才被

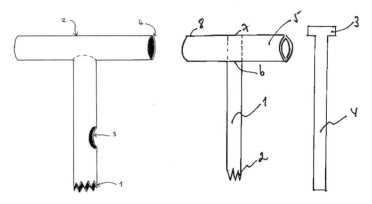

图 5　FR2678500A1 说明书附图　　　图 6　BRPI0502813A 说明书附图

一位年轻的小哥发明出来!

　　回顾开椰器演化的漫漫长路,让总理点赞的"开椰神器",创意虽小,却是货真价实的"简约而不简单"呐!那么问题又来了,"开椰神器"都被总理点赞了,这专利肯定得值大价钱吧?

　　没错,别看这仅是个实用新型专利,"开椰神器"已经以 100 万元人民币的价格在当代科技创新成果展上签约,也算是 IP 界的一件大事。

　　故事说到这里,您是否也有把创意转化为专利的小目标呢?

本文作者:

国家知识产权局专利局

专利审查协作北京中心实用新型部

孙超一

43
从"天宫二号"
到空间技术发展现状与未来

小赢说：从载人上天到太空行走，从嫦娥奔月到天宫升空，每一次祖国航天事业取得伟大的成就，都给小赢带来了强烈的民族自豪感。谨借此文，祝贺"天宫二号"发射圆满成功！

空中楼阁，是指悬于半空中的楼台，古人常用来比喻虚构的事物或不切实际的空想。但古人不会想到，航天技术已经将想象变成了现实。

1971年苏联将"礼炮一号"空间站发射升空，开始了人类搭建空中楼阁的尝试。之后人类对空间站的升级从未停止。从单舱结构（礼炮一号），到多舱积木式结构（和平号空间站），再到最新的多舱桁架结构（国际空间站），悬于天际的空中楼阁越来越壮观！

图1是国际空间站的全景图，长110m、宽88m，总质量达400余吨。它是由美国、俄罗斯、日本、加拿大等国共同建造。

国际空间站采用桁架挂舱式结构，即以桁架为基础，增压舱、多功能舱、服务舱、实验舱和遥控操作机械臂等核心部件挂靠其上。对应"国际"之名，这些部件是由合作的各国家分别研制的。其中，美国和俄罗斯提供的部件最多，其次是欧空局、

图1 国际空间站全景

日本、加拿大和意大利。国际空间站的第一个部件曙光号功能货舱是在1998年11月发射升空的，随后，在国际合作下，陆续发射模块对其逐渐扩充。

说到这，有人肯定会疑惑，国际空间站包括了全球许多技术强国，为什么独缺中国呢？

还记得在2013年美国科幻电影《地心引力》的情节吗？国际空间站被太空碎

片击毁，女主角在绝境中找到了一条逃生之路——登上中国的天宫空间站（见图2）。

图2 电影《地心引力》剧照

这个情节真的可能吗？确实有可能哦！目前太空中仅有两座空间站设施。除了上面提到的国际空间站，再就是中国的天宫空间站。但中国的天宫空间站，包括2011年9月发射的天宫一号和目前的天宫二号（见图3），两者都是长约10m，直径约3m，只能算是具备小型空间站的雏形。

图3 天宫二号

"空间站"技术专利分析

由于空间站体现了宇航技术的综合实力，各个航天大国都投入相当多的资源进行研究。

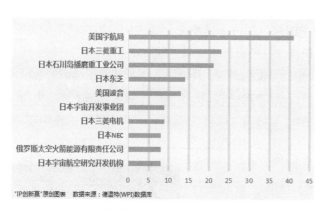
"IP创新赢"原创图表 数据来源：德温特(WPI)数据库

图4 排名前十位的空间站技术拥有机构

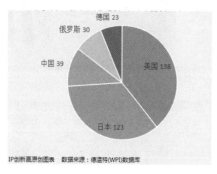
IP创新赢原创图表 数据来源：德温特(WPI)数据库

图5 排名前五的空间站技术拥有国家

在德温特（WPI）专利数据库中以"state space"（空间站）为主题进行检索，共找到395篇相关文献（截止到2016年9月1日）。对上述文献的申请人统计发现，NASA（美国宇航局）的专利数量遥遥领先，不愧是领导地球航天技术的机构。而日本7家企业进入了前十名，展现出了日本航天技术企业对专利的重视程度，其在专利申请量的排名超出了所具有的技术实力。美国波音公司和俄罗斯太空火箭能源公司分别作为美、俄的航天技术企业代表进入前十位（见图4）。

再以国家为单位对原创专利申请数量进行统计，可以看到美国、日本、中国、俄罗斯、德国的原创专利数量排名前五位（见图5）。

通过图 4 和图 5 可以看出，中国虽然在专利申请数量上排在第三位，但缺少重量级的企业，没有能够进入申请人的前十位。当然，这可能是由于中国航天单位保密的原因，并没有申请相关专利。

展望未来

对于中国来说，在天宫二号之后，还计划发射新的长期在轨空间站，这个空间站由带有四个对接口和一个出舱口的核心舱，以及左右两边带有大型太阳翼的实验舱组成。后期可能再对接一个核心舱模块以及两个实验舱，甚至可能包括来自国外的实验舱，形成如图 6 所示的多舱结构。

美国人比中国人疯狂多了。美国毕格罗宇航公司开发了一种充气式活动舱（BEAM），并且在 2016 年 4 月由 SpaceX 公司的"龙"货运飞船运送至国际空间站。5 月 28 日，在宇航员的操作下，经过 7 小时 30 分钟成功完成充气并打开，成为了国际空间站的一个新的舱室（见图 7）。很显然，这种充气式的空间站，能够使用有限的火箭载荷发射更大空间的舱室。

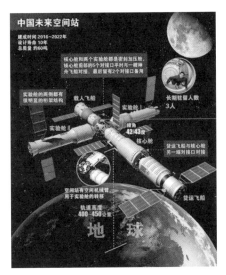

图 6 中国未来空间站

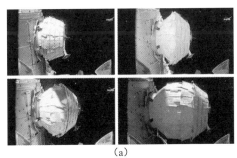

(a)

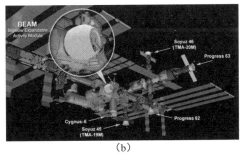

(b)

图 7 充气式活动仓

（a）毕格罗宇航公司开发的充气式活动舱（BEAM）　（b）充气式活动舱的空间站

不过，现在的空间站都存在一个共同的问题，就是失重。在空间站中，宇航员们飘来飘去看似炫酷，但长期如此会对人体的健康产生不利影响。为了解决这个问题，一家名称为"美国联合太空结构"的公司，提出制造一种新的蘑菇型空

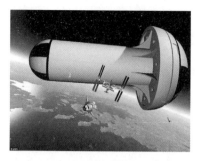

图 8　蘑菇型空间站

图 9　天空中旋转的圆环城市①

间站的设想（见图 8）。这个空间站将长达 400m，直径 100m，并且绕垂直轴旋转，通过离心力来产生人造重力。

　　还记得美国科幻电影《极乐空间》中天空中旋转的那个圆环城市吗（见图 9）？电影中这样的设计也是来自太空专家的建议，因为理论上大圆环旋转带来的离心力可以模拟出重力。

　　科技迅速发展，祖国繁荣富强！也许在不久的未来，"天空之城"真的造出来了，大家想去住几天吗？

本文作者：

国家知识产权局专利局

专利审查协作北京中心专利服务部

陈敏泽

①　本文附图除特别说明外均来自"百度百科"。

44
今天你摩拜了吗？

—— 摩拜单车详解

小赢说：九月的首都，常被人戏称为"首堵"！当车打不到、地铁挤不进、公交等不起、自驾永远在路上时，一股橙色旋风悄然袭来——摩拜单车。作为一款外观时尚的"无桩公共自行车"，没有链条怎么传动？如何自动开锁？难道不怕被连车一起偷走吗？科技改变生活，专利解读科技，小赢懂得专利……走起！

图 1　摩拜单车

共享单车　风靡京城

清晨，人头攒动的地铁站出口处，一个年轻人掏出手机，时而在地图的导航下认真搜寻，时而四下张望。难道 Pokemon GO 对中国开放了？

突然，他在一辆橙色自行车前停了下来，举起手机对着车把正中开始扫码，只见车身零部件微微振动，"咔"的一声，车座下的环形锁自动打开。在围观群众的错愕声中，年轻人快速骑上单车扬长而去。也许你已猜到，这辆小橙车正是近来异常火爆的摩拜单车（mobike，见图 1）。在北京和上海，摩拜凭借"地图找车—扫码取车—随意停车"的快捷操作方式瞬间刷爆朋友圈。

图 2　花旗单车

最早的"共享单车"于 2013 年在纽约出现，是一项由花旗银行赞助的自行车分享项目——花旗单车（见图 2），据报道用户约有 10 万人。

2016 年夏天，耐克公司在波特兰也推出了Biketown（见图 3），具有内置通信和上锁系统，无需设置固定停车桩和站点。

图 3 Biketown

图 4 ofo

国内的共享单车要追溯到 2014 年的 ofo 平台（见图 4），该项目于 2015 年 9 月在北京大学投入运行，截至 2016 年 3 月已经覆盖了 20 余所北京高校。

虽然 ofo 在北京高校迅速推广，但是存在外形普通、后期维护成本高、用户群体单一等问题。与之相比，橙色五辐轮毂、银色全铝车身、防爆实心轮胎、内置 GPS 智能锁、简洁友好的 APP 操作界面——摩拜直戳共享单车痛点。

好的产品创意往往总在不经意的一个细节处失败！对于共享单车来说，防盗、故障率、维护、保养等需要面面俱到（见图 5）。然而解决这些问题，不能靠暴力的拆解，而需科技的力量。下面就让作者透过摩拜惹眼的外表，从专利的角度逐一揭开隐藏在它背后的秘密。

图 5 摩拜单车

专利解惑 三大谜团

从 2015 年 6 月开始，北京摩拜科技有限公司先后申请了 27 件发明、实用新型和外观设计专利（检索截至 2016 年 9 月 18 日的公开信息），分布如图 6 所示。

1. 新型无链式传动装置

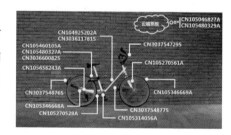

图 6 摩拜专利布局图

与大家常见的链式传动自行车不同，摩拜采用了"圆锥齿轮 - 传动杆"的方式，虽然这导致组件多、结构复杂、成本高，但最大的优点在于耐用性久！

以往的无链自行车传动杆一般为偏置，其与中轴、后轴的圆锥齿轮啮合角度并非 90°，导致圆锥齿轮为非标准定制件。

摩拜单车的底架主体由五通部、后下叉部和后轴安装部一体成型铸造（CN105270528A，见图 7），集成度高。如此一体式结构可使圆锥齿轮与中轴、后轴的圆锥齿轮轴交角均呈 90°（CN105314056A），实现了圆锥齿轮的标准化，节约了设计、加工、组装、维修等一系列成本。

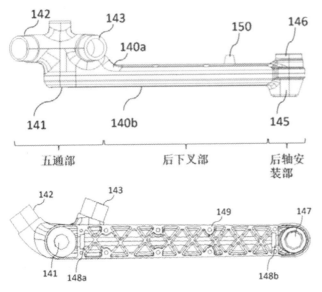

图 7 CN105270528A 说明书附图

2. 一扫即开的智能锁

智能锁是摩拜单车的核心部件，其包括电机组件、锁舌驱动构件、锁舌、连接于锁舌的弹簧、带挡槽的锁销、连接于锁销的拉簧等（CN105460105A，见图 8）。

当用户扫码确认信息后，智能锁的电机组件输出轴转动，带动锁舌驱动构件将锁舌从锁销的挡槽内移出，锁销在拉簧的作用下变位至开锁状态；当用户将锁销向闭锁方向拉动时，挡槽随锁销又移动至与锁舌对应的位置，锁舌在弹簧的推力下进入挡槽，卡定锁销，完成闭锁。

3. 实时定位的防盗系统

摩拜团队深知防盗是运营中控制成本的关键，因此将车辆变得不值得偷成为研发时考虑的重要因素。一方面，摩拜将单车外观设计得有识别度，偷了难以转手；另一方面，用复合材料、工程塑料等制造车辆，使得单车在原材料回收市场没销路。

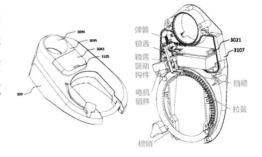

图 8 CN105460105A 说明书附图

如果不法分子抱着视死如归的决心强行搬车怎么办？不用担心，摩拜在智能锁中内置了振动传感器（CN105480329A），其可采集振动强度信息，当剧烈破坏行为引起的振动强度超过了预先设定的阈值，振动传感器会唤醒定位模块实时采集定位信息，同时指示报警模块进行报警。

众多槽点　有待改进

新的出行方式解决了与地铁接驳的公交少、等候时间长、换乘不便的问题，得到了大多数尝鲜者的认可。在黑车师傅绝望的眼神中，瞬间将停滞的车流狂甩几条街，人们脸上不禁露出得意的微笑。

尝鲜队伍不断壮大后，"吐槽"之声也就难以避免。一些女生表示，该车过于笨重、骑行阻力大，特别是爬坡过程十分痛苦，翻过一座桥感觉身体被掏空，必须使出吃奶的劲儿才能保证准点打卡上班。当然骑行阻力大并非一无是处，一些妹子就直言，一周下来感觉自己的腿部肌肉结实了不少，有一种想和飞人博尔特百米赛道一决高低的冲动。

其次，由于车架整体设计偏小，座椅舒适度不佳，座椅高度偏低且无法调节，一些长腿用户骑上去略显滑稽，与马戏团的杂技演员颇有几分相似。

另外，缺少放杂物的车筐、刹车难用等缺陷同样引来众多体验者的吐槽。

对于这些抱怨，摩拜方面显然早有准备。例如，2016 年 7 月授权的外观设计专利 CN303754729S（见图 9）中就增加了车筐架组件。新款车筐架不易积累垃圾，还

图 9　CN303754729S 外观设计图片

能解决部分用户放置随身物品的需求，实在是一举两得。

至于用户抱怨比较多的骑车费劲、刹车难用的问题，摩拜给出的解决方案是升级电机系统。根据 2016 年 6 月公开的摩拜的发明专利申请 CN105656243A 的信息，一种能够提供助力模式的电机将被应用在自行车上。其实自行车助力装置在国外已有产品上市，add-e 就是一款让自行车秒变电动车的神器。你只需要将驱动装置安装到自行车上，再插上运动水壶般的电池，轻触按钮，踩下踏板，接下来就可以享受无比畅快的骑行啦。

绿色出行　任重道远

"最后一公里"的出行困局需要慢慢改变，不过摩拜已经成功地帮我们迈出了第一步。

也许，在基础设施建设方面一些街区可设置自行车专用道。根据国外的实践表明，设置自行车专用道的街区交通状况得到了很大的改善，同时行人及骑行者受伤率大大降低。

站在科技与人文的十字路口，笔者祝福摩拜创业团队的小伙伴：不忘初心，

坚持用技术解决社会问题！正如他们的口号："让自行车回归城市"，让人们切实感受到绿色出行带来的便捷，让骑行真正成为一种时尚健康的生活方式。

也许有一天，当我们走出家门时，不再习惯睡眼惺忪的找寻汽车钥匙，取而代之的是拿出手机，轻松一扫，然后迎着微醺的风，和心爱的 Ta 徜徉在城市的街头巷尾。

本文作者：
国家知识产权局专利局
专利审查协作北京中心专利服务部
吕霖

45
从三星 Note7 爆炸说起

小赢说：2016 年 9 月，三星 Note7 手机在使用时发生爆炸的事件抢占了各大媒体的头条，事件持续发酵！今天，小赢带大家谈谈关于手机电池安全方面的问题。毕竟手机已经成为我们每个人的生活必需品，还是要做到安全第一！

事件回顾

9 月 18 日，三星（中国）公司向国家质检总局备案召回计划，涉及中国大陆地区受影响的数字移动电话机（简称 = 手机）数量为 1858 台。通告中指出本次召回的原因是手机电池在阳极与阴极隔离膜局部变薄，并且绝缘胶带未完全覆盖极板涂层的情况下出现短路现象，导致电池异常发热，极端情况下可能发生燃烧，存在安全隐患。

9 月 20 日晚，华为官方微博发布声明，澄清与此爆炸无关，更是将此事又一次推到了风口浪尖。

技术分析

商场上的血雨腥风笔者不懂，但是从专利技术分析却还凑合。下面就从技术层面分析一下。

根据三星（中国）公司的召回通告，故障的关键在于阳极与阴极之间的隔离膜。那到底什么是隔离膜呢？让咱们先来认识一下。

隔离膜，其实就是存在于电池正负极之间的那层绝缘膜。对于隔离膜设计的关键点在于：①留有适当的余量，防止在电芯除水工序中，隔膜会因为热收缩而

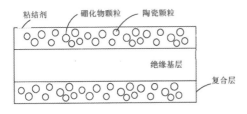

图1 ZL 201110217966.7 说明书附图

变得太短；②防止受热或外力压迫下产生形变或缺陷或导致隔离性失效。

一旦绝缘膜变薄或变短导致正负极直接对接而短路，必然导致局部过热甚至爆炸！可见隔离膜是保障手机安全的重要部件。

对于隔离膜的改进笔者检索到，华为在 2011 年 8 月申请了专利 ZL 201110217966.7（见图1），通过在隔膜中添加陶瓷颗粒，改善隔膜的耐热性。华为对电池安全的改进还有以下方面。

1）2010 年 12 月申请的发明专利 ZL201010620101.0，通过使各锂电模块的电压差保持在一定范围内再并联，降低组间压差，避免大电流冲击；

2）2011 年 12 月申请的发明专利 ZL201110441051.4，通过特定的电解液组合，改善电解液稳定性，抑制快速充电时高电压下电解的分解；

3）2011 年 8 月申请的 PCT 申请 ZL201180001576.4（见图2），检测电芯形变并提示终端用户，减小电芯由于形变造成爆炸的风险。

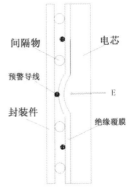

图2 ZL201180001576.4 说明书附图

根据上述专利申请可知，在电池安全方面华为已经在多年前开始精耕细作。能够成为世界三大手机厂商，并能在非洲成功地挡下子弹，绝不是偶然的。

此外，苹果公司在电池安全方面也进行了改进。例如，苹果公司申请了一种电池绝缘袋 ZL201210294846.1（见图3），通过保护电池的核心金属层边缘不在袋的边缘或侧边暴露，进而改进电池边缘绝缘。

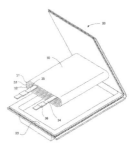

图3 ZL201210294846.1 说明书附图

延伸阅读

锂离子电池由于重量轻、续航时间长，在智能手机中已经广泛使用。随着智能手机的发展，各大厂商也在不断追求容量更大、充电速度更快的锂离子电池。

根据笔者多年的专业经验，锂离子电池安全性和容量大小成反比，电池容量的增加会提高电池故障/事故的概率。而随着智能手机的普遍应用，续航能力和充电时间成为了一对矛盾。解决矛盾的途径在于提高充电电压、发展快速充电技术，但这对安全也造成了一定隐患。著名的"充电5分钟，通话2小时"（OPPO广告宣传语）安全吗？

分析 OPPO 的专利发现，OPPO 通过多项技术保证充电安全。例如，专利 ZL201410043242.9 在充电过程中对充电电流根据电芯的电压条件进行调整控制，有效避免电芯过充；专利 ZL201410823367.3（见图4），在充电时将大电流平均分配在至少两个充电芯片上，降低芯片散发的热量，避免温度过高；专利 ZL201510100681.3（见图5），通过监控电芯电压、温度等参数，控制切断充电电路，保证电池安全。

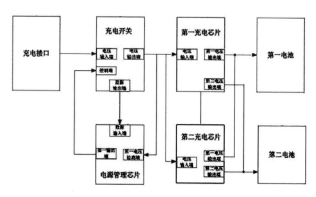

图4 ZL201410823367.3 说明书附图

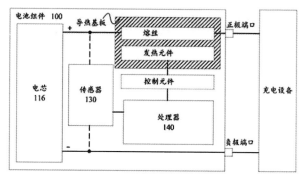

图5 ZL201510100681.3 说明书附图

作为全球专利申请的大户，三星公司在很多电子设备方面都有广泛的专利布局。三星虽然出现了此次"爆炸门"事件，但是并不影响其在科技领域作出的成绩。相信三星和其他手机厂商都会从中吸取教训，得到足够的警示。

在文章的最后，作为一名手机消费／使用者，笔者大声疾呼：安全面前无小事，各大厂商在提高用户体验的同时，应更注重保护人身财产安全。当我们在追求更快、更炫、更强的产品时，不忘初心，安全第一。

本文作者：

国家知识产权局专利局

专利审查协作北京中心电学部

姜峰

46
喝苏打水的癌细胞，
它们究竟难受吗❓

白面书生小苏打，摇身一变把癌杀；

肿瘤血管先堵塞，局部灌注搞定它。

媒体有意明鼓噪，奸商无良暗磨刀；

众说纭纭坠迷雾，专利凿凿辨分毫。

前几天微信圈被一条消息刷屏，《重大突破！癌细胞被中国医生用小苏打"饿死了"》，"万病之王"竟然被"厨房小弟"小苏打给活活饿死了！一时间舆论沸腾。据称，一些超市已经预谋囤积小苏打，抗辐射碘盐卖断货的事恐将再现。

究竟小苏打能否成为新一代抗癌神药？今天小赢就从专利角度和大家扒一扒癌细胞那些事。

小苏打"饿死癌细胞"原理大揭秘

2016 年 8 月 2 日，《eLIFE》刊出了晁明和胡汛发表的文章（见图 1），该文章涉及的抗癌方法主要是对肝癌动脉化疗栓塞术（以下简称"TACE"）的改进。

什么是 TACE？简单来说，就是把肿瘤的供血

图 1 《eLIFE》刊出了的文章

动脉给堵上，肿瘤虽然顽固，但是不吃不喝也会缺血缺氧坏死，"饿死"一说很形象。另外还可在堵上的同时注入化疗药物，一边饿着一边灌毒药丸，双管齐下，打翻在地再踩一脚！

TACE 不是什么新技术，肿瘤被"饿死"也已经不是一两天了。在中国专利数据库中初步检索即可得到 100 余件相关专利，最早可追溯到 1993 年，分别涉及用玻璃微球和瓷粉作为血管堵塞物（ZL93103780.8、CN1124135A）。

仔细浏览后发现，科学家还尝试过用脂肪、血块、碎肉、棉花、毛发、钢球、塑料、明胶、海绵、钢圈、酒精以及人硬脑脊膜等各种玩意儿去堵肿瘤的供血血管（ZL94193379.2），看上去颇有点儿"要你命"的感觉。

但 TACE 的预后通常没有预期中那样好，其中一个原因可能是，肿瘤中的乳酸环境可使肿瘤以极低的代谢水平存活（可理解为冬眠），随时准备死灰复燃。

晁、胡二人发现，在进行 TACE 的同时灌注可中和乳酸环境的小苏打，其效果明显好于单纯的 TACE，有效率可达 100%。可见，在阻断肿瘤组织营养供应的 TACE、破坏乳酸环境的小苏打，以及化疗药物的综合作用下，抗肝癌效果方可达到最佳。

因此，仅说小苏打"饿死癌细胞"多少有些夸大其实，但这年头不起个劲暴的标题谁好意思发文章啊！

小苏打在抗癌过程中是否只是绿叶？

《eLIFE》论文指出小苏打起作用的两个前提是饥饿和局部灌注。换言之，不进行 TACE 手术，也不改变肿瘤内部 pH 环境，小苏打的抗癌作用貌似甚微。

检索到胡、晁二人 2013 年申请的专利，碳酸氢钠在制备治疗肿瘤药物中的用途（CN103316035A，见图 2）。根据该专利记载，饥饿环境下将癌细胞泡在小苏打水中、直接把小苏打水注射到肿瘤组织中，或者结合 TACE 治疗肝癌实体瘤都是有效果的！

图 2　CN103316035A 专利申请文件

这似乎意味着，小苏打不仅是 TACE 治疗过程中的配角，还可以直接、单独作用于癌细胞或肿瘤。如此看来，小苏打真是居家发面、杀癌越货的必备良药啊。

饮用苏打水或者碱性水对预防或治疗癌症真有效果吗？

不管"碱性水"的概念炒得如何火热，小苏打"饿死癌细胞"多么引人遐想，通过饮用或静脉注射小苏打对于癌症是没有效果的。

究其原因，口服苏打水最先进入胃部，一部分碱性碳酸氢钠会被胃酸中和。即使少量碳酸氢钠被吸收进入血液，亦或采用直接静脉注射方式，考虑到人体体液是一个复杂、精密的 pH 缓冲体系，很难直接调整，调整的后果也是难以预期。

有专利报道小苏打可以提高肿瘤细胞 pH 从而改善肿瘤药物治疗效果，但认为该方法缺乏特异性，且会干扰正常代谢和免疫（CN102697735A）。

此外，由于碳酸氢钠起效时的给药剂量过大，抗癌的临床实用价值近乎为零。大家还是打消随便喝点苏打水防癌的美好愿望吧。

同样的研究，国际认可而国内发明申请视撤，此事必有蹊跷？

发表晁、胡二人研究成果的《eLIFE》是生命科学领域的综合性杂志，2015 年 SCI 的影响因子为 8.303，还是具有较高影响力的。然而以同样内容申请的专利却被审查员认定为不具备新颖性和创造性。难道咱们的审查员比《eLIFE》的审稿人还懂技术？

其实，小苏打"饿死癌细胞"的方法早有报道。审查员给出的对比文件是安徽省立医院肿瘤科范平生 2005 年发表在《临床肿瘤学杂志》的一篇文章，比晁、胡两人的专利早了 8 年，比二人发表的文章早了 11 年。

该文章总结了恶性肿瘤与乳酸关系的认知历程：1965 年，开始有报道认为恶性肿瘤组织可能是酸性状态；1984 年，证实了恶性实体肿瘤的 pH 为酸性；2000 年，发现在弱碱性 pH 下，抗肿瘤药物和细胞因子对恶性肿瘤细胞的杀伤效果更佳。

在此基础上，范平生等向肝癌患者动脉注射小苏打和化疗药物，并对肝动脉进行栓塞，结论是小苏打提高了化疗药物的抗癌效果。是不是跟晁、胡二人的研究非常相似呢？

虽然在病人纳入、TACE 方法、药物选择、小苏打浓度和具体施用方法上二者还是有所不同，但疾病的治疗方法在我国并不属于专利保护的客体。因此，药物治疗疾病的用途发明多以制药用途的形式申请，而上述差异很难对制药用途权利要求的保护范围产生实质性影响。此结论对于非药物领域 IPer 过于专业，略去 10000 字。欲知详情，参见《专利审查指南》第二部分第十章第 5.4 节及相关司法判例，因此该申请视为撤回绝不冤枉。在媒体大肆炒作晁、胡二人的研究成果时，可曾料到 10 多年前国内就已经报道了相关研究呢？

如何评价该研究的价值？

虽然从创新性上该治疗方法缺少了一些新意，但晁、胡二人的研究成果并非毫无价值，因为在癌症治疗上的任何进展都值得我们欢欣鼓舞。

其实，胡汛教授关于肿瘤细胞饥饿状态下代谢模式的研究成果斐然（2012 年和 2014 年分别发表于《The Journal of Pathology》以及《Scientific Reports》），其理论价值绝对大于媒体关注的小苏打"饿死癌细胞"！

癌症的复杂程度远超一般人的想象，我们距癌症治愈这一终极目标还很遥远，科学也容不得半点喧嚣和浮躁，需要一代代科研工作者坚持不懈的努力。

就在不久前，Facebook 创始人马克 - 扎克伯格夫妻宣布了"陈 - 扎克伯格计划"将在今后 10 年投入 30 亿美元，用于研究各种疾病的治疗、预防和控制。小赢真心希望他们"未来 100 年攻克所有疾病"的伟大理想能够成真。

本文作者：

国家知识产权局专利局

专利审查协作北京中心医药部

于仁涛

47
为何国产手机的指纹识别在背面❓

小赢说：从 iPhone 5s 开始，九宫格解锁、密码解锁都显得太低端了。轻轻一按，解锁、认证、付钱，统统轻松搞定。但是，为什么 iPhone 的指纹识别在前面，国产手机的却都在后面呢？今天小赢来带你寻找答案。

国产手机的指纹识别都在手机背面，这科学吗？
识别区前置还是后置，哪个更方便？
指纹不可修改重置，安全性如何？有泄秘的隐患吗？
希望通过此文能带你解答上面的疑惑！

指纹识别前置与后置，哪个更方便

苹果爱好者们都知道，从 iPhone 5s 开始，机身正面的 home 键就不再只是 home 键（见图 1）。与苹果不同，从华为 Mate7 开始，包括小米、OPPO 等国产手机纷纷将指纹识别设置在了手机的背面（见图 2）。如果你认为只有正面和背面两种，你的脑洞就太小了。索尼

图 1　苹果手机指纹识别位置

图 2　大多数国产手机
指纹识别位置

Xperia Z5x 系列手机采用了侧面指纹识别，将指纹与电源键合而为一（见图 3）。

苹果的前置、安卓的后置、索尼的侧置，究竟哪种设计更人性化？

引用网上某位苹果爱好者的话：iPhone5s 屏幕 4 英寸，用户会很习惯地在握

持时把大拇指放到苹果标志性的 home 键上，握手机的动作与指纹解锁无缝衔接，整个过程流畅自然。但是，如果使用 5.5 英寸屏幕的 iPhone 7 plus，对于手小的女生来说，单手解锁就变的有难度了。

图 3　索尼 Xperia Z5x 系列
手机指纹识别位置

再进一步想象一下这一幕：手小的人，单手去拿 iPhone 7 plus，当去指纹解锁的时候，大块头的手机导致重心靠上，拿着很累且很容易脱落（见图 4）。

也有网友从使用环境的角度分析：如果手机从桌上拿起来，那正面比较适合；如果从衣服的口袋里掏出来那侧面和背面更适合。

不知道大家是否也同意这样的观点呢？

专利解密指纹识别后置之谜

图 4　大屏手机单手操
作有难度

解密的过程需要先从一次资本运作开始。2012 年 7 月，苹果以 3.56 亿美元收购了 Authen Tec，Authen Tec 是当时全球最大的指纹传感器及芯片与模组、身份识别和加密安全方案的供应商，苹果的 Touch ID 就是由该公司开发的！

在收购 Authen Tec 后不久，苹果停止了该公司所有对外指纹识别技术的提供和授权。面对拿不到授权的困境，广大安卓阵营的厂商纷纷寻找出路（见表 1、图 5）。

表 1 指纹识别技术公司技术特点及合作手机厂商

	指纹识别芯片厂商	技术特点	业务范围	手机合作厂商
1	Authen Tec（Apple）美国	正面按压式蓝宝石盖板指纹识别	专为苹果产品提供指纹芯片	苹果
2	Fingerprint Cards AB 瑞典	背面按压式 coating 指纹识别方案，同时也有正面与侧面解决方案	安卓阵营最大的指纹芯片供应商	华为、OPPO、VIVO、小米
3	Validity（Synaptics）美国	滑动式指纹方案和按压式指纹方案	2013 年 11 月收购了拥有 LiveFlex 技术的 Validity 公司	三星、HTC
4	Goodix 中国汇顶	电容触控芯片、指纹识别芯片及解决方案，同时也有正面、背面解决方案	国内主要的指纹识别芯片供应商之一	魅族、乐视、VIVO、小米
5	Silead 中国思立微	SoC 芯片、背面 coating 按压式方案		中兴

图5 各大手机厂商合作或收购的指纹识别
技术公司对应关系

涉及指纹识别的专利技术

指纹识别设备中，最关键的是检测并感应指纹信息的电容传感器。其原理是：按压时，电容传感器会根据指纹波峰与波谷而产生的电荷差形成指纹影像，完成了指纹的采集。第一代电容式指纹传感器能容忍的介质厚度上限只有 50μm，超过这个值就衰减很快。不能满足现今的手机应用。

Authen Tec 公司在第一代的基础上设计使用了激励发生器，显著提高了传感器的灵敏度，改良后的传感器能够识别手指活体皮肤的电场强度，使识别效果更为清晰。在技术改进的同时该公司进行了专利申请，图 6 为 Authen Tec 公司 2004 年的针对上述技术的专利申请 (ZL200480033762.6 重要专利布局之一) 的说明书附图。

经过多年的专利布局，指纹识别前置所必备的，从电容式按压传感器、芯片封装到模组设计已经全部被 Authen Tec 设置了专利壁垒。这也成为了其他公司采取技术形式差异化，以绕开苹果专利封锁的最核心的动力。

各公司还注意在避让对手专利布局的同时，试图在产品形态上建立对 Authen Tec 的优势，最终安卓平台也几乎全部选择了专利防线更加"稳固"的后置指纹解锁方案。

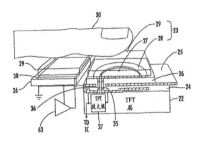

图6 ZL200480033762.6 说明书附图

FPC 公司 2015 年的专利申请 ZL201580000895.1（见图 7）为该公司保护后置指纹识别方案的核心专利之一。

华为从 2014 年开始就采用了 FPC 的 1020 解决方案并应用在了 Mate7 上。与苹果的先点亮屏幕，再按压手指解锁功能相比，FPC 的各代方案可以直接用指纹点亮屏幕加解锁，省略点亮屏幕这一步，让进入手机大大顺畅。而且经作者测试，FPC 的方案在对干、湿手指的适应性上也如厂商宣传一样有着较好的用户体验。

在材料方面，苹果一直在 Touch ID 上使用"蓝宝石"

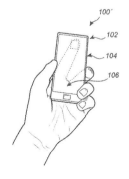

图7 ZL201580000895.1 说
明书附图

盖板，学名叫三氧化二铝单晶体。小米 5 则使用了中国三环公司与中国迈瑞微共同研发的二氧化锆陶瓷材料，也就是"微晶锆"盖板。"微晶锆"相比于"蓝宝石"材料在指纹传感器盖板应用上优势很大，除了自身硬度大可以避免磨损，相对介电常数提高接近 2 倍，能够大幅度降低指纹电场的衰减，同时成本也比"蓝宝石"低很多。

在指纹识别算法方面，很多公司除了购买瑞典 PreciseBiometrics（PB）的算法外，均选择自主研发的方式。但令人担心的是，一些厂商因技术实力有限导致自主研发的算法解锁速度不够快，为了提高速度，一些厂商选择降低算法里的匹配精确度门限。这样做虽然表面上提高了用户体验，但是无疑大大降低了系统的安全性。

指纹密码安全吗？

指纹不像数字密码或者图形解锁。密码一旦被盗还可以更改，指纹这种解锁方式一旦被人掌握，则会面临巨大的风险——不可更改。

对于上述问题，苹果用户的指纹只会在本机使用，而不会上传到 iCloud，因此之前发生的苹果 iCloud 照片泄露事件并没有影响指纹识别模块的安全。

为了保障用户的指纹信息安全，苹果还声称在芯片中设计了"Secure Enclave"的特定区域，指纹信息特征会储存在整个芯片硬件上，不允许指纹识别传感器之外的软件读取，这些指纹特征并非完整指纹信息，而是一些片段组合，即便拿到特征，也不能反向复制出指纹（见图 8）。华为也在芯片上设计了 Trust Zone 区域保障用户的指纹安全。

(a)

请放置手指

重复抬起手指并轻放在主屏按钮上的动作。

目前，世界上的指纹搜集和存储都是由具有国家和政府背景的安全机构进行的。虽然大厂商牵头组成的 FIDO 联盟 (Fast IDentity Online，快速身份识别在线) 一直努力促成指纹识别的行业标准，但因为指纹的特殊性笔者认为对厂商收集指纹信息应该十分谨慎。否则，一旦信息泄露，指纹识别技术很有可能迎来末日。

(b)

图 8　苹果手机的指纹存储[①]

① 本文未标注照片均来自：image.baidu.com。

结语

从应用和实际操作角度，本次安卓阵营的企业，特别是广大的中国手机厂商，在指纹识别技术的专利对抗和专利运营方面打了一个漂亮的反击仗。从位置、材料、算法等方面全方位的突破了苹果的专利封锁，并形成了更好形式的有效替代。

此次成功的经验，在我国制造业由中国制造向中国创造历史机遇下，值得走在产业升级转型路上的广大企业学习和借鉴。

本文作者：
国家知识产权局专利局
专利审查协作北京中心初审部
陈嘉威

48
深扒易建联扔下的那双鞋

小赢说：简单回顾一下"扔鞋门"始末。李宁公司 5 年赞助中国男子篮球职业联赛 (CBA)20 亿元，要求 CBA 赛场球员均穿李宁公司提供的篮球鞋比赛。然而，易建联的个人赞助商为其他品牌。在以往，球员可以通过向李宁公司支付费用后穿其他品牌上场比赛。2016 年是李宁公司赞助的最后一年，对交钱穿其他品牌上场的豁免权进行了封杀，从而出现扔鞋一幕。赛后，易建联表示，在赛场上自己有脚伤、对球鞋不适，加上比分落后，所以情绪失控将鞋扔在球场，并通过微博对自己的行为进行了道歉。中国篮协对易建联进行了停赛处罚。易建联在停赛后的第一场比赛中全场穿着李宁篮球鞋上场，当场狂砍 42 分。

现代的竞技篮球对抗激烈，在快速的攻防转换间，篮球鞋必须在稳定性、缓震性、耐用性和合脚之间得到平衡。李宁公司作为 CBA 的官方赞助商，提供的篮球鞋到底有多少技术含量呢？

李宁弓

"李宁弓"（ZL200620040655.2，见图 1）是李宁鞋类产品减震技术中最早的基础专利技术，其申请日为 2006 年 3 月 30 日，但李宁公司当年只申请了实用新型专利，这也意味着"李宁弓"专利已在 2016 年 3 月 30 日失效。值得赞赏的一点是，2006 年 9 月 5 日，李宁公司首次在北京 798 正式发布了"李宁弓"研发的核

图 1　"李宁弓"ZL200620040655.2 专利

心科技平台，并对"李宁弓"减震技术进行了产品公开。也就是说李宁公司先进行专利申请后进行产品公开，这是值得我们创新公司学习的地方。

"李宁弓"将拱形的减震功效与由弹性材料制成的拉伸构件结合起来，由两个或多个交叉和/或并列的拱形构件相结合，使得减震装置能够将更多的震动能量被拱形构件与拉伸构件所吸收，从而完成了减震过程并使得减震装置的整体更加富有弹性。

文字描述似乎有些抽象，我们还是通过图片一览"李宁弓"的庐山真面目（见图2）。

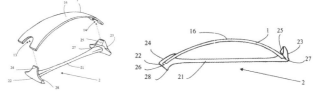

图2　ZL200620040655.2 专利说明书幅图

对"李宁弓"专利的进一步简化，就是结构力学上的拱形减震，这与图中的弓箭和赵州桥有着异曲同工之妙（见图3）。弧形的拱轴线承受上部的压力，并将上部承载的压

图3　赵州桥与弓箭的弧形

力转移到拱趾，拉伸构件连接拱趾并承受拉力，从而形成完美的减震结构。

在"李宁弓"的基础上，"弓家族"逐渐壮大，"环形弓"（ZL201220116046.6，见图4）和"双弦弓"（ZL201220267726.8，见图5）也应运而生。但在专利技术保护布局上，与"李宁弓"相似，"环形弓"和"双弦弓"也仅申请了实用新型。

至此，"李宁弓"家族的"家长"全都到齐，市场上营销的各种酷炫拽

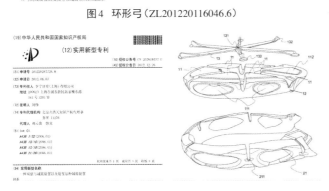

图4　环形弓（ZL201220116046.6）

图5　双弦弓（ZL201220267726.8）

213

的"全掌弓""轻弓""双弦弓"，基本都是更新换代的一代、二代、三代，从后跟到全掌，诸如此类。

市场上销售的"李宁弓"是什么样子呢，专利和商品的距离有多远，仍然用最直观的图示来表达（见图6）。

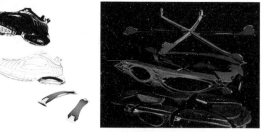

图6 "李宁弓"产品

李宁弧

"李宁弧"（ZL01020135604.4，见图7）是继"李宁弓"后，李宁公司开发出的又一项新的缓震技术，但较为可惜的是该项技术也仅申请了实用新型专利。值得称赞的是李宁公司2010年3月18日提出申请，2011年秋季推出产品。

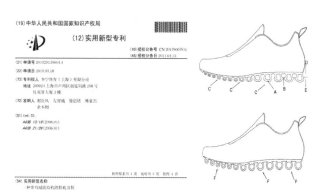

图7 "李宁弧"ZL01020135604.4

"李宁弧"，在减震鞋底朝向地面的一侧具有沿着垂直于鞋长度方向彼此平行的多个中空结构，其弓形面朝向鞋底方向弓起。市场上的"李宁弧"产品跟专利技术完全一致（见图8）。

"李宁弧"不像"李宁弓"，其家族成员只是把鞋底的弧形改变一下形状，如圆形、菱形、弓形等，后期再无技术突破。

图8 "李宁弧"产品

李宁云

"李宁云"是目前李宁最核心的、市场推广最火的一个概念，也是李宁减震技术脱离机械减震的转型之作。

值得关注的是，这李宁公司减震技术方面的第一个发明专利（见图9），主要原因是其保护的是组分配方，这不属于实用新型专利的保护客体。但不知道出于何种原因，"李宁云"的专利年费只交到2015年，目前处于未缴年费专利权终止状态。

"李宁云"，实质是一种改性 EVA 发泡体，由乙烯醋酸乙酯共聚物、聚烯烃弹性体、木质纤维素粉体、发泡剂、架桥剂、活性剂和氧化锌组成。这种发泡体的减震缓冲与之前"李宁弓""李宁弦"的减震原理完全不同，这也表示李宁鞋类产品的减震技术研发已经发生了根本改变。

市售的"李宁云"颜值高端，尤其是 CBA2014~2015 全明星赛的红色战靴（见图 10 右图）。国内外球星驾驭"云科技"征战赛场，颜值＋技术，顿时更加高大上起来。

郭艾伦和周琦均穿着"李宁云"金戈款战靴征战 CBA。李宁公司会根据球员的个性需求和脚型，特别定制贴合性非常好的款式。此处特别提到易建联。2016 年 11 月 6 日 CBA 第四轮广东 VS 辽宁，经历脱鞋事件的易建联穿上了李宁云金戈高帮款战靴狂砍 42 分。请注意，这是 42 分！！！

韦德是"李宁云"的"最大牌"代言人，其穿的"韦德之道"，也是李宁篮球鞋目前的巅峰之作。

(19) 中华人民共和国国家知识产权局

(12) 发明专利

(10) 授权公告号 CN 102504398 B
(45) 授权公告日 2013.11.27

(21) 申请号 201110306439. 3
(22) 申请日 2011.10.11
(73) 专利权人 中国人民解放军总后勤部军需装备研究所
地址 100010 北京市东城区禄米仓 69 号
专利权人 李宁（中国）体育用品有限公司
(72) 发明人 郝新敏 壮丽 张建春 赵鹏程 龚杰
(74) 专利代理机构 北京纪派知识产权代理有限公司 11245
代理人 关畅 瑜宁
(51) Int.Cl.
C08L 23/08 (2006.01)
C08L 23/00 (2006.01)
C08L 97/02 (2006.01)
C08K 3/22 (2006.01)
C08K 5/14 (2006.01)
C08K 5/09 (2006.01)

C08J 9/10 (2006.01)
A43B 13/04 (2006.01)
A43B 17/14 (2006.01)
(56) 对比文件
CN 102134349 A, 2011.07.27,
CN 102030941 A, 2011.04.27,
审查员 苜苗

权利要求书1页 说明书3页

(54) 发明名称
改性 EVA 发泡体及其制备方法与应用

图9 "李宁云"专利

图10 "李宁云"产品

结语

篮球鞋的减震技术，营销最火最贵的当属气垫。此次 CBA 球鞋事件的竞品方耐克公司，是气垫技术的开创者。相较于在气囊中充入密度不同的气体用于缓震，李宁公司开创了结构缓震的另外一条道路，从"李宁弓""李宁弧"到"李宁云"，从 CBA 赛场到 NBA 赛场，均能见到李宁公司减震技术的身影。

然而从专利保护方面，至少在专利布局的数量上，李宁公司的专利申请量不容乐观。从 2006 年 3 月 30 日至今，李宁公司提交的鞋类减震专利申请仅 130 多件，实用新型和外观专利基本各占一半，发明专利则很少。作为核心的"李宁云"专利，目前也因欠费或过期而失效。而耐克公司目前在篮球鞋方面有 1000 多件专利申请量，其构建的庞大的专利池，以及技术的持续开发和储备，都是李宁公司以及其他国内体育品牌需要学习的地方。另外，李宁公司早期的"李宁云""李宁弧"，专利申请仅为实用新型专利，这对产品的全方位保护存在缺失。相较于核心技术的深度开发，李宁公司还是远远落后于竞品方。

愿国产体育品牌在创新的路上继续努力。加油！

本文作者：
国家知识产权局专利局
专利审查协作四川中心材料部
楚大顺

49
三星洗衣机到底怎么了？

　　小赢说：三星公司近来真可谓流年不利。Note7 爆炸事件余波未了，又陷入洗衣机"爆炸"风波。有消息称，公司由于业绩下滑，面临重组或分拆。洗衣机技术经过百余年的发展早已成熟，三星为何会在成熟的技术领域"翻船"？

　　在本文的开始，先看一下在美国"爆炸"后的三星洗衣机（见图1）。 继全球频发的 Note7 爆炸事件之后，媒体又把三星洗衣机"爆炸"的事件推到了前台。从 2011 年起，三星的洗衣机已经发生至少 730 起"爆炸"事故，造成 9 人受伤。

图1　在美国"爆炸"后的三星洗衣机①

　　不过大家不要被标题所迷惑，此"爆炸"事故事实上只是物理结构分离，称为"解体"更合适。事件持续发酵后，三星（美国）公司终于在 11 月 4 日发布声明（见图 2），宣布对特定型号的顶开式洗衣机进行主动召回。声明中，三星将事故归因于"洗衣机内滚筒失去平衡，引发过度振动，使得顶部与机身分离"，同时强调前开式洗衣机不受影响。据估计，此次召回数量可能达到约 280 万台。

Voluntary Recall of Certain Top-Load Washers
November 4, 2016

Consumer Notice

Samsung Electronics America, Inc, in cooperation with the U.S. Consumer Product Safety Commission (CPSC), announced a voluntary recall of certain top-load washers manufactured between March 2011 and current production dates.

The voluntary action was driven by reports highlighting the risk that the drums in these washers may lose balance, triggering excessive vibrations, resulting in the top separating from the washer. This can occur when a high-speed spin cycle is used for bedding, water-resistant or bulky items and presents an injury risk to consumers

图 2　三星（美国）公司召回声明②

　　虽然根据已有的资料无从得知导致事故的技术细节，但从这份声明里我们注意到，三星官方给出的

---

①　图片来源：WFAA.com 新闻截图。

②　图片来源：https://pages.samsung.com/us/tlw/index.html。

事故原因在于滚筒"失去平衡"，也就是高速旋转下离心力不受制约，导致对结构的破坏作用。

离心力有多大？来先复习一下高中物理知识：角速度越快离心力越大哦。

我们知道，洗衣机工作时衣物在滚筒内的分布是随机的，旋转体的重心始终是偏移的，在脱水程序高速旋转时这种偏移更明显。那么怎样约束离心力对其他结构的破坏作用呢？那就要靠洗衣机平衡技术中一个不可或缺的组件——平衡环。咱们家中的洗衣机，不论是顶开式或是前开式，都少不了平衡环。在分析三星洗衣机的问题之前先简单回顾一下平衡环的发展历程。

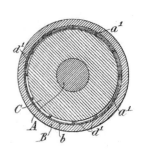

图 3　US1159052 公开的
Leblanc 平衡器结构

如果说现代人类都带有"人类之母"Lucy 的基因，那么，"平衡环之母"可追溯至法国人 M. Leblanc 于 1913 年申请并于 1915 年获得授权的美国专利 US1159052 中公开的 Leblanc 平衡器（见图 3）。

Leblanc 平衡器的基本原理是在旋转体上设置一个内部充有高密度液体的同心密封圆环，当圆环的旋转运动不稳定时，内部的液体由于回转产生的惯性力而重新配置，从而抵消偏心而使旋转体重新平衡（见图 4）。

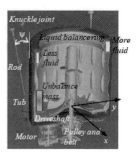

图 4　应用 Leblanc 平衡环的
洗衣机滚筒剖面示意[①]

从 20 世纪 40 年代开始，这一结构在洗衣机上的应用得到了开发，代表性的专利有通用汽车公司于 1940 年申请并于 1945 年获得授权的专利 US2375635（没错，最早将这一结构用于洗衣机的确实是一家汽车公司）、美国 J. G. De Remer 研究公司于 1944 年申请并于 1950 年获得授权的专利 US2525781、美国自动洗衣机公司于 1946 年申请并于 1955 年获得授权的专利 US2700473 等。

随后，替代 Leblanc 平衡环的球式平衡环出现了（以 1953 年获得授权的美国专利 US2659243 为代表，见图 5），其依靠球在轨道上移动到最佳平衡点而保持旋转体的平衡，至今仍然在洗衣机中被广泛使用。

百年来，洗衣机也经历了由手动到半自

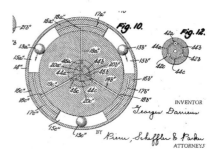

图 5　US2659243 公开的球式平衡环

---

① 图片来源："Dynamic Performance of the Leblanc Balancer for Automatic Washing Machines"，Leonardo Urbiola-Soto,<Journal of Vibration and Acoustics-ASME>,2011,133(4)。

动再到全自动的大发展，目前正在向智能化家居方向前进。然而洗衣机内部的这个组件，看似外观上没有改变，实际却从没有停止过研发的脚步。

三星公司的洗衣机"爆炸"问题的根源，可能正是和平衡环出了问题有关。是三星的研发出了问题吗？

通过检索发现，三星公司从 1996 年至今，仅在中国即获得了近 30 件涉及洗衣机平衡环技术的专利授权，其中涵盖了平衡环结构、平衡器的电磁或电路控制、平衡器的制造或质量检测方法等多方位的技术。其中具有多项代表性的专利（见图 6）。

图 6 三星公司在中国获得的洗衣机平衡环技术专利授权分布

从对三星公司的专利分析可以看出，在平衡环的结构方面，三星专利披露的技术多是通过对球式平衡环中圆球在运动轨道中的排布方式、路径、尺寸等的设计来获得优化的平衡效果。可见在对平衡环的研发和改进方面，至少三星的态度是积极的，也不能否认三星公司在此细分结构上研发的努力。在笔者看来，三星洗衣机的问题更有可能来自其装配或者控制环节，而非设计缺陷。从对本领域的专利布局也可以看出，尽管深陷产品质量与安全的信任危机，且其洗衣机产品在我国的市场占有率并不高，但三星的技术积累和创新能力仍然领先于其他洗衣机厂商。

下面，咱们再来看看具有代表性的其他洗衣机厂商在平衡环技术方面的创新能力。

LG 公司

与三星相比，LG 的技术侧重于对液体注入式平衡环内部的挡板结构的设计减小异常振动（US7617705B2、CN100414022C，见图 7），或通过多个平衡器的联合作用来达到洗衣机平衡，例如针对滚筒式洗衣机（前开式）的通过前平衡器与后平衡器互补地消除偏心力的技术（CN100570041C）、针对上开式洗衣机的通过上部平衡器与下部平衡器的联合作用减小转矩从而使平衡效果最大化（CN102362027B）等。

图 7 LG 公司专利 US7617705B2 公开的平衡环内部的液体挡板

海尔

国内洗衣机厂商中，海尔公司在平衡环领域的专利布局有亮眼的表现。海尔的技术侧重于球式平衡技术与液体平衡技术的联用CN101962901B、CN104562554A（见图8）、平衡环的主动注水技术（CN104120584A）等。此外，海尔集团还通过专利转让从三洋电机获得了涉及液体注入式的平衡环专利CN1215214C。

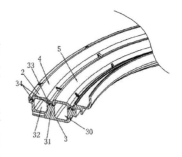

图8 海尔公司专利
CN101962901B公开的球式与液体式复合平衡环结构

在产品方面，海尔集团将该技术（S-e复合平衡，见图9）应用于高端家电品牌卡萨帝复式大滚筒洗衣机上（见图10），改善了洗衣机滚筒旋转噪声的问题，获得了良好的商业表现。

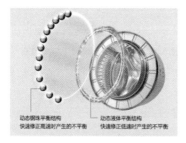

图9 海尔复合平衡环技术的商业宣传图①

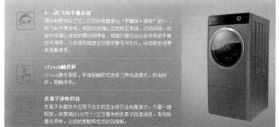

图10 应用了海尔复合平衡环技术的卡萨帝滚筒洗衣机商品宣传图②

结语

平衡环——洗衣机上不起眼的小小部件，看似百年来没有发生过变化，但事实上对其改进和创新从来没有停止过。在厂家重视创新环节的同时，也要重视产品质量和安全性，毕竟走进千家万户的家用电器上安全无小事。

本文作者：
国家知识产权局专利局
专利审查协作北京中心化学部
吴万涛

---

① 图片来源：http://tech.hexun.com/2011-11-10/135095436.html。

② 图片来源：http://b2b.hc360.com/supplyself/511797001.html。

50
iPhone "关机门" 没那么简单

小赢说：不知道怎么了？大公司的手机电池总是出问题。既然小赢曾经分析过三星的爆炸原因，也不能厚此薄彼，今天就来聊聊 iPhone 的"关机门"！

明明显示还有 20%+ 的电量，为啥就突然关机了？而且，除非连接充电，否则无法开机。前段时间，iPhone 6/6s 用户都遇到了这样的烦心事儿！随着 iPhone "关机门"事件持续发酵，中消协向苹果公司发出了查询函。对于中消协的问询，苹果公司仅承认"少数于 2015 年 9~10 月生产的 iPhone 6s 设备中，由于某项电池元件在装进电池前在受控环境空气中暴露时间过长，电池电量消耗高于正常水平，导致意外关机"。可见，苹果公司的回应仅仅针对数量极少的一部分机型，而且强调这并不是安全问题，声称是针对一些极端条件（如极寒天气）为避免电子元件由于低电压受伤，而有意设计的。

对于苹果公司给出的解释，有网友发表评论称自己的手机是在室温且 50% 左右电量的情况下仍然自动关机，而且自己的 iPhone 也不是 2015 年 9~10 月出厂的机型。对此，网友希望苹果公司能给出一个更完美的解释。

专利解读

既然苹果的解释不够完美，那么笔者试着回答一下。笔者的信心从哪里来？从专利信息中来！有统计表示，世界上 90% 以上的技术信息是通过专利信息首次公开的，70% 的技术信息仅在专利信息中公开。下面，笔者就从苹果的专利入手，带您一探究竟！

苹果公司在中国的专利申请共有 2485 件，而涉及电池领域的专利申请只有 34

件，不到总数的 1.5%，可见电池技术并非苹果公司的重点。相比之下，在电池领域，华为申请了 225 件，OPPO 申请了 70 件。至少，从在中国的专利申请数量上来看，华为、OPPO 明显高于苹果。

从技术角度来看，苹果公司的 34 件电池专利主要集中在以下方面：电池形状和外壳（12 件）、充电装置或充电方法（8 件）、电池组结构（7 件），而涉及电池核心技术——电池材料的专利申请仅有 1 件（CN105009335A），其采用了 $xLi_2MO_3 \bullet (1-x)LiCo_yM'_{(1-y)}O_2$ 即富锂的稳定锂过渡金属氧化物和钴酸锂的复合材料为阴极材料，提高电池的电压和能量密度。该专利申请的说明书中（见图 1），图中向下倾斜曲线为该材料的放电曲线。从该材料的放电曲线中可以看出，放电电压只是在放电前期随着放电容量的减少而降低，但在放电中后期，电池电压基本保持不变（或者说下降的量非常微小），而放电结束时电压突然间断崖式下降。

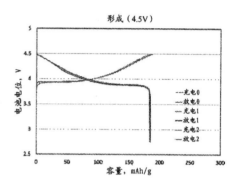

图 1　CN105009335A 说明书附图

目前大多数手机电池剩余电量的检测，通常是把电池的电压作为一个重要的衡量参数，甚至是唯一参数。那么，只要对上面内容有了理解和判断，可能的真相就浮出水面了。

可能的情况 1：苹果的手机系统中对电池电压检测单元不准确，或者说不灵敏，在电池电量即将用尽时依然反馈有较多电量。

可能的情况 2：苹果的手机系统中对电池电压检测单元太灵敏，当电池放电的中后期，电压稍稍下降，即认定电池剩余电量不足，进而在电池电量未用尽的情况下关机。

可能的情况 3：苹果手机的电池电压检测单元敏感度正常，但是电池在放电中后期阶段电压的下降波动过大，虽然电池中仍然有电，但其电压下降的速度超过了某个阈值，导致检测单元判断其电量不足，进而导致手机关机。

不管是上述哪种可能，其与苹果公司所使用的电池材料或者电池检测装置是脱不开干系的。有传闻，自苹果公司的电池宣布可以免费更换后，仍然存在等待更换时间过长的问题，某网店甚至出现倒卖排队更换号的情况——真让人不可思议。

对于上面分析的可能性，有解决方法吗？让我们看看华为和 OPPO 是如何应对的吧。

2016 年 12 月 1 日华为瓦特实验室宣布在锂离子电池领域取得重大研究突破，以石墨烯为基础、正极为三元材料的锂离子电池，将电池的上限使用温度提高了 10℃，使用寿命提高至普通锂离子电池的 2 倍，并且能够在几分钟内充进近 50% 的电量，甚至在超高温 150℃下也不会起火爆炸，有望打破目前手机行业电池的瓶颈。

分析专利情报，上述技术内容在专利中早有披露。早在 2012 年华为公司的专利 ZL201210576366.4，便涉及了一种包括石墨烯以及镍钴锰三元材料的石墨烯基复合三元材料技术。可见，该技术专利布局已早，一旦该技术进入手机市场，势必引发手机电池厂家的重新洗牌。

同样在 2012 年，OPPO 的专利 ZL201210594056.5 提供了一种无线终端的电量显示方法，通过对无线终端的电量显示进行非线性控制，使得无线终端的剩余电量低时，每隔第一时间间隔也会降低一个单位（不仅把电压作为衡量参数，同时把时间也作为衡量参数），由此避免了用户无法正确判断出无线终端实际剩余电量的情况。OPPO 在新一代的手机 R9 上应该已经使用了上述专利技术。

结语

由此可见，华为和 OPPO 分别在电池材料以及电池剩余电量管理方面进行研发，更加合理地降低了有余电而自动关机发生的概率。在这里，作者要为一直致力于创新研发的，以华为、OPPO 为代表的国产手机厂商们点个赞！

任你手机再好，没电一样撂倒；
还有三分之一，转眼它却关机；
功能越来越强，更加关心续航；
创新研发给力，别忘申请专利。

本文作者：
国家知识产权局专利局
专利审查协作北京中心电学部
焦延峰

51
抢票回家过年，
春运购票系统一览

小赢说：春运抢票估计是很多人内心深深的痛处，但是它每年总会如期而至，如影随形。尤其是发售大年三十火车票的那天，通常都是每年春运购票最难抢的一天。小赢建议一定要提前做足准备，找好抢票规律，多尝试些购票平台，电话、网站、APP 一起用上吧。

春节到，回家急，春运购票要早起；不排队，无黄牛，专利给你洪荒力！

隆冬已接近尾声，一年一度的春节即将来临。离乡工作、学习的游子们为了顺利回家、欢度佳节，也迎来一年中的终极考验——春运抢票。

有高人曾经指点："家是如此之近，又是如此之远，你和家的距离可能只是一张小小的车票。"理想很丰满，但现实很骨感。尤其是那些回家距离较远、交通不便的人们，心中不免阵阵寒意，无论是火车票还是飞机票，往往一票难求。

近年来随着网上购票渠道开通，既能及时买到车票，又可以在家中轻松完成，不需要到火车站去排长龙般的购票队伍。不过，实际情况中网上购票同样存在着网站登录难、车票瞬间售罄、退票延迟、验证系统复杂等诸多困难。面对这种情况，难道我们真的就无计可施了吗？"借问妙计何处有，且看专利来帮忙"。

中国铁路总公司及其相关单位

作为春运票务的主要负责人，有没有办法帮助大家顺利买到回家的车票呢？

为了方便乘客出行，中国铁路总公司分别从客票信息处理方法 CN102194165B、云办公系统 CN105245606A 和验证检票门禁系统 CN104167037A 等方面进行了改进（见图 1），希望能够提高办公效率，缩短购票和出行的流程。

中国铁路总公司客服中心（www.12306.cn）在每年春节前通常会更新官方购

票网页，尤其对普遍反馈的内容进行一定修正或优化。可是，每年的抢票时节仍然给网站和服务器带来巨大压力，新的 bug 还是会不断涌现。而我们能做的只有坚持不懈，"不断刷新""退出再登录"，多试几次才可能成功。

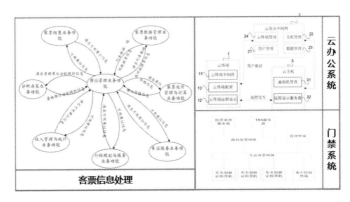

图 1 中国铁路总公司重点专利的说明书附图

第三方平台

为了能够让广大旅客及时买到火车票，第三方平台从多角度出发各显神通（见图 2）。

北京奇虎科技有限公司推出了"360 抢票"软件（见图 3），可以辅助用户抢购火车票、汽车票和飞机票，还可以辅助办理退票业务。在

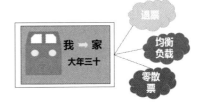

图 2 第三方平台主要服务方向

开发软件的同时，奇虎也申请了多件专利。比如，CN103246721B 提供了一种实现售票网站缓存服务器的负载均衡的方法和装置；CN105183889A 针对在退票过程中的变故和不当操作而引起的麻烦，提供了一种可以提高处理效率的辅助处理插件；CN105184639A 公开了一种可以抢购零散票的插件。

百度在线网络技术有限公司推出了"百度抢票王"工具（见图 4），可以提供网速保护、缩短流程、短信提醒等服务。那么它是如何做到这些的呢？小赢通过检索专利获知，它主要基于对话管理系统，通过定制的对话服务进行对话交互处理而提高处理效率，比如 CN104360897A。

猎豹抢票大师是由猎豹移动公司开发的主要针对火车票购买的一款抢票工具（见图 5）。该公司由金山安全公司和可牛影像公司合并而成，继承了金山公司的一些处理技术，包括基于火车票信息的即时通信方法等，比如 CN105391615A。不过在 2016 年 12 月 19 日，猎豹已与 12306 达成协议，猎豹将逐步为 12306 提供技术支持。

除了上述抢票工具之外，还有 12306 抢票专家、搜狗浏览器抢票版（见图 6）、心蓝 12306 订票助手、QQ 浏览器抢票专版等，大家可以在抢票时分别尝试哦！

图3　360抢票界面[1]

图4　百度抢票王登录界面[2]

图5　猎豹抢票大师登录界面[3]

图6　搜狗浏览器抢票版[4]

电商

除了上述专门做浏览器的公司外，电商公司也加入到抢购火车票的滚滚洪流之中。

北京京东世纪贸易有限公司（京东）推出了春运抢火车票的业务（见图7），可以提供实时监控、后台多线程的服务，而且PLUS会员（付费高级会员）还拥有更高级别的权限和更高的抢票成功率。京东进军抢票领域也不是一时兴起，因为提前有专利布局哦。CN105867803A提供了一种利用圆环图形界面展示用户选择区间的方法和装置，用于提高人机交互的效率和用户体验。

阿里巴巴集团推出了"飞猪"版块，可以提供春运抢火车票的业务（见图8）。在12306上抢票时，最痛苦的莫过于难以辨认的"验证图片"。淘宝网为了优化用户验证信息，特意申请了相关专利。CN105989256A公开了依据预先设置的用户行为数据，汇集与验证信息相关的用户行为数据，确定用户的验证问题和候选答案，可以提高数据验证的安全性，降低用户账户的安全隐患。

携程计算机技术有限公司（携程网）也大力推出抢票业务（见图9），其

---

① 图片来源：360抢票官方网站，http://pc.huochepiao.360.CN/。

② 图片来源：百度抢票官方网站，http://liulanqi.baidu.com/hd/12306/。

③ 图片来源：猎豹抢票官方网站，http://12306.liebao.CN/。

④ 图片来源：搜狗抢票官方网站，http://12306.ie.sogou.com/ticket/。

在购票方面也早有专利布局。比如，CN105956906A 公开了一种往返程火车票的预订系统及方法，能够将去程的车次信息和返程的车次信息显示在同一个订票页面中，减少了用户预订往返程车票时的操作。

图 7　京东抢票界面①

另外，携程网还在 2016 年收购了用户口碑和排名靠前的移动端平台"智行火车票"。身边小伙伴在春节、黄金周抢票时使用"智行火车票"成功抢票的次数比较多，而且这类第三方 APP 还提供加速包，不过是收费的，感觉和黄牛有点像呢。

图 8　阿里飞猪抢票界面②

通过上述介绍，可以看到中国铁路总公司和众多第三方平台都在为缓解春运压力、保证春运大军能够顺利返乡的客户需求而不懈努力。

图 9　携程网抢票界面③

小赢建议，线上还是通过拨打电话 95105105 订票，通过网站 www.12306.cn 官方购票，以及通过手机 12306 客户端购票。

小赢在这里祝大家在新春之际都能够顺顺利利地返回家中，与父母妻儿、亲朋好友共度新春佳节。

本文作者：
国家知识产权局专利局
专利审查协作北京中心医药部
刘春杰　冯晓亮（等同第一作者）

---

① 　图片来源：京东抢票官方网站，https://train.jd.com/。

② 　图片来源：飞猪抢票官方网站，http://www.fliggy.com/huochepiao/。

③ 　图片来源：携程抢票官方网站，http://trains.ctrip.com/TrainBooking/SearchTrain.aspx。

52
伸向人类的"上帝之手"

小赢说：提到"上帝之手"，大家联想到的可能是马拉多纳那个传奇进球，然而今天小赢带大家讨论的却是关于人工智能能否统治人类的问题。

相信很多人都知道米开朗基罗壁画《创世记》中最著名的一部分《创造亚当》（见图1），上帝将手指伸向亚当。如今，人工智能快速发展，让很多人对这幅画又有了新的理解：是上帝创造了人类，还是人类创造了上帝？

图1 米开朗基罗《创造亚当》

说到人工智能，不得不提到近来频频占据权威媒体头条的 AlphaGo，甚至 CCTV 在《新闻联播》节目中也对 AlphaGo 横扫围棋高手进行了报道。

岁末年初短短 7 天，一个名叫"Master"的神秘棋手在网上取得了对中日韩顶级高手的 60 连胜，其中包括世界冠军柯洁、古力、朴廷桓、井山裕太……这个"Master"最终被证实为 AlphaGo 升级版。"棋圣"聂卫平落败后不禁感叹："围棋远不像我们想象的那么简单，还有巨大的空间等着我们人类去挖掘。AlphaGo 也好，Master 也罢，都是'围棋上帝'派来给人类引路的。"

被称为"手谈"的古老智力运动围棋，因为变化太多、计算复杂，成为了人类智力活动最后的堡垒。如今，这最后的堡垒终于被机器攻破，引起了社会和科技界的巨大轰动和对未来的思考。

"AlphaGo"的发展历程

2016 年 1 月 28 日，《Nature》的封面论文介绍了谷歌公司旗下 DeepMind

团队开发的 AlphaGo 的原理（见图2），同时公开宣布
AlphaGo 以 5 ：0 完胜欧洲围棋冠军樊麾。

但是，围棋界对该比赛结果纷纷表示不屑，因为围棋
在欧洲是小众项目，欧洲的围棋冠军仅仅是中日韩职业四
段左右的水平。然而，两个月后，在 2016 年 3 月著名的人
机大战中，AlphaGo 以 4 ：1 战胜围棋世界冠军李世石，
让人们经历了对人工智能从不屑到惊叹的巨大转变。

李世石在第 4 局"人机大战"第 78 手弈出传说中的"神
之一手"，扭转了局势，成为唯一战胜 AlphaGo 的一局。
当时便有人感叹，但愿这不是人类最后一次战胜机器。

图2　2016年1月《Nature》
杂志封面

AlphaGo 在闭关修炼 10 个月后，以 Master 的身份用 60 连胜将人类高手
一一挑落马下。与"Master"对战后，一向年少轻狂的柯洁说出了这样的话：与
Master 的对战刷新了我的认知，人类一直遵循的围棋定势全是错的。我们人类甚
至没有沾到过围棋真理的边。2017 年 5 月，柯洁与 AlphaGo 三番较量落败后说道：
"AlphaGo 实在下得太好。我担心的每一步棋他都会下，还下出我想不到的棋，
我仔细慢慢思索，发现原来又是一步好棋。我只能猜出 AlphaGo 一半的棋，另一
半我猜不到，就是差距，我和他差距实在太大。"

AlphaGo 用实战证明，靠"棋感""味道"判断进行的对局并不是属于人
类大脑的"专利"。事实上，AlphaGo 的原理在《Nature》发表之前已经通
过专利的形式公开。谷歌申请的专利
WO2015/054264A1 最早优先权日为 2013
年 5 月 12 日，国际公开日为 2015 年 4 月
16 日，都早于论文在《Nature》的发表时间。

专利解读"AlphaGo"的招式

透过专利 WO2015/ 054264A1 我们来
解密 AlphaGo 的深度强化学习方法原理（见
图3），其核心在于搭建了两个深度神经
网络，将经验数据输入第二神经网络进行
训练，并根据第二神经网络生成或更新第
一神经网络，第一神经网络又生成目标动
作值 (action-value) 参数，而第二神经网络
基于第一神经网络生成的目标而被更新。

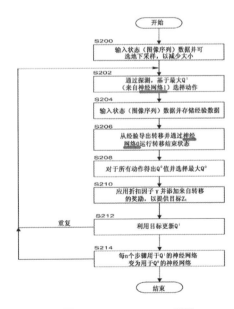

图3　WO2015/054264A1 附图

简单地说：其算法就是通过历史的棋谱模拟下棋，模拟下的棋局又成为历史棋谱进行学习，然后不断自我学习迭代提高。

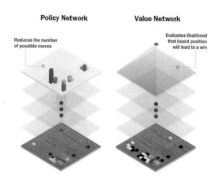

图 4　策略网络和价值网络工作原理图①

什么是深度神经网络？什么是目标动作值？我们可以结合《Nature》的 AlphaGo 文章进行理解。对应上述专利中提及的两个神经网络，AlphaGo 团队设计了策略网络（policy network）和价值网络（value network），这两个网络分别由 13 层和 15 层的卷积神经网络所构成（见图 4），以棋盘图片作为输入，每层网络中应用多级过滤器以获得每种走法的概率分布或获胜预测值，策略网络负责筛选可能性较大的走子方案，价值网络负责评估盘面获胜的可能性。综合两个网络得到目标动作值，如果其低于一个阈值，则 AlphaGo 认输，否则通过蒙特卡洛搜索树将以上二者结合，选择访问计数 (visit count) 最大值的落点作为下一步行棋点。

策略网络能够学习围棋高手的对局，学习他们是如何选择下一步的，还能通过类似于周伯通"双手博弈"的方式，自我海量对弈强化学习，不断优化修正习得人类棋法。在与李世石对局前 AlphaGo 便学习了基于 16 万名职业棋手对局数据库而掌握了近 3000 万步大师步法秘籍，还进行了 3000 万局的自我对弈。

当然，更大的网络能够获得更好的训练准确度，但在搜索过程中评估会更慢，在用时更短的非正式对局中，樊麾便赢过 AlphaGo 两局。此番快棋战中，Master 能取得 60 连胜，说明 DeepMind 团队可能在策略网络算法优化上取得了新的进步。

价值网络是和策略网络结构相似的多层神经网络，但输出单一的获胜预测值而不是概率分布，判断谁占优。这也是 AlphaGo 高于人类的地方，价值判断是人类思考中是很难量化的，棋手只能代之以"厚势""两分"等可意会不可言传的模糊判断，这也是很多棋手希望 AlphaGo 能公布的后台数据。

方兴未艾的人工智能

当然，人工智能的含义远不止是挑战人类智力，它还包括机器人、语音识别、图像识别、自然语言处理和专家系统等。谷歌之所以收购 DeepMind，就是看中了其在反向图片搜索（reverse image search）领域的两件专利（US2014/0019431A1 和 US2014/0019484A1。

---

① 图片来源：http://www.nature.com/nature/journal/v529/n7587/full/nature16961.html。

国际上，人工智能的创新和创业日趋活跃，Facebook、IBM、Microsoft 等世界科技巨头也纷纷在人工智能领域加强技术创新和专利布局。

在我国，人工智能也得到政策层面的高度支持，2015 年 7 月国务院发布《关于积极推进"互联网 +"行动的指导意见》，将人工智能作为重点布局的 11 个领域之一，2016 年四部委联合印发了《"互联网 +"人工智能三年行动实施方案》，为人工智能发展提出具体的策略方案。根据乌镇智库 2016 年度发布的《乌镇指数：全球人工智能发展报告 2016》，中国在人工智能企业数量、专利申请量、融资规模上仅次于美国，发展潜力巨大（见图 5）。

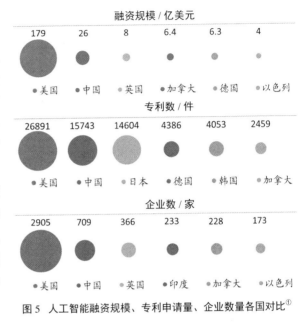

图 5　人工智能融资规模、专利申请量、企业数量各国对比[1]

最后回到围棋作为结语。几千年的历史变迁中它经历过几番塑造，发源于中国尧舜时代，由日本发扬光大，20 世纪 80 年代起韩国异军崛起，21 世纪中国又重回世界围棋之巅。此次却是由人工智能掀起新一次的围棋革命，让人类既惊奇而又困惑。

"人工智能"被认为是未来 10 年改变世界的最重要的一项技术，站在风口上，别忘抢占专利的制高点。

本文作者：

国家知识产权局专利局

专利审查协作北京中心材料部

徐方明

---

[1]　数据来源：《乌镇指数：全球人工智能发展报告 2016》。

53
怎样放鞭炮不会污染环境？

小 赢说：放鞭炮这种中国流传千年的年俗，因造成污染环境，正在引发越来越广泛的争议。很多人感叹"世间安得双全法，不负环境不负卿"！今天小赢就来告诉你这个"双全法"！

"爆竹声中一岁除，春风送暖入屠苏。千门万户曈曈日，总把新桃换旧符。"王安石这首脍炙人口的《元日》相信大多数华夏子孙都能脱口而出，诗中生动地描绘了新年贴对联、放鞭炮的热闹情景，让人感同身受。

燃放鞭炮，在我国有着悠久的历史，包含着深厚的文化底蕴。每逢过年，鞭炮齐鸣，天空中流光溢彩、百花争艳，为春节增添了不少节日的气氛。

然而燃放烟花爆竹，给人们带来喜庆和热闹的同时也会带来环境污染，加剧雾霾。特别是入冬以来，全国多地大面积、长时间的重度雾霾污染天气频发，很多人担心除夕夜过后，全国又将瞬间陷入十面霾伏的状况。燃放烟花爆竹还会带来噪声污染、引起火灾、造成人身伤亡，燃放后垃圾残留影响环境卫生。

千年的传统习俗 VS 可预知的环境污染，当年味遇上 PM2.5，这真是一个令人纠结的问题。

这种纠结不仅出现在百姓的心中，甚至出现在政府的政策文件里。根据报道，2016 年 1 月 14 日，河南省环境污染防治攻坚战领导小组办公室发出紧急通知，要求在"禁燃禁放烟花爆竹目标责任书"基础上，进一步扩大春节期间禁止燃放烟花爆竹区域范围，实现全域覆盖，包括乡镇和农村。这一"最强禁放令"引发了不小的争议。两天后，这一紧急通知被收回并停止实施。

在这样的背景下，传统烟花爆竹再度遇冷，一度不温不火的电子鞭炮则正在市场走俏。

电子鞭炮技术的发展成熟，使其不但声音与传统鞭炮相似，还能用闪关灯模拟传统鞭炮燃放时的火星，有的还能喷出水雾，模拟鞭炮燃放时烟雾缭绕的情景。关键是还能重复利用。目前电子鞭炮主要有5种，让咱们走进专利技术逐一细说。

雷电式仿真电子鞭炮

这种电子鞭炮不仅能发出普通鞭炮的模拟声，且能随着响声发出闪光，以假乱真，无火药、无污染，不会发生伤残及火灾事故，又能重复使用，还能大大减少经济支出。

这种电子鞭炮炮头一般不大，远看像传统鞭炮，近看更像是装饰品。由于要插电源，同时响声不大，因此，非常适合家庭或小场合使用。

目前这种电子鞭炮在某宝上有650多家店铺售卖，售价在25~400元不等，更有评论说"买挂鞭炮放几年，一次不到一块钱"。

中国发明专利申请CN101539387A（见图1）公开的无线遥控电子爆竹，由爆竹发声器1、爆竹2、无线遥控器3组成。当使用场合需要时，按下无线遥控器按钮，相隔一段距离的电子爆竹内的爆竹发声器立即发出连续的爆竹巨响，数节爆竹瞬间全部发出耀眼红光，分别延时工作一段时间后，爆竹声和爆竹红光先后自动停止。

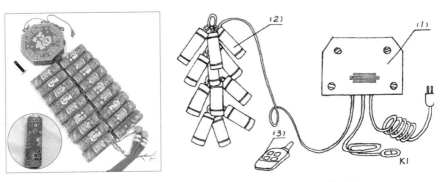

图1 电子鞭炮产品图及CN101539387A说明书附图

电子升空礼花

电子升空礼花不仅能模拟传统烟花的声光效果，还能模拟传统烟花的升空状态。外形乍一看像传统礼花，都呈盒状并含数根炮管，不过明眼人一眼就能发现电子礼花具有插头连接电源，更重要的是两者内里填充物完全不同，使用次数、安全性和使用成本也不同。

目前市场价位多在三四百元，由于其能重复使用的属性，单次燃放成本远远低于传统礼花（见表1），因而，也是家庭提升节日气氛的不二之选。

表 1　传统礼花与电子升空礼花对比表

名称	填充物	使用次数	安全性	使用成本
传统礼花	火药、药引、发光剂、发色剂	一次性	易爆、危险性高	几十元到几百元不等
电子升空礼花	控制电路和升空弹射装置	可反复使用	低碳、安全、环保	平均每次可能只有几元钱，寿命越长使用成本越低

中国发明专利申请 CN103148743B（见图 2）公开的电子礼花爆竹，通过由电磁铁控制的高弹力弹簧构成的弹射桶，将电子礼花爆竹弹射上天空，加上电子录音发声、电子音乐和激光图案，用小降落伞延迟电子礼花爆竹在空中的声光效果时间。

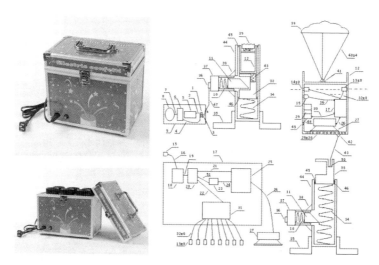

图 2　电子升空礼花产品图及 CN103148743B 说明书附图

电子鞭炮机

电子鞭炮机通常使用煤气和氧气混合作为燃料，声响大，声音效果方面与火药鞭炮无异，适合大场合使用。

目前市场售价一般在 800~2000 元不等。缺点是外

图 3　电子鞭炮机产品及遥控器

形简陋，混合气体点燃存在一定安全隐患。但比起传统烟花爆竹，其危险性要小得多，而且还可以遥控选择不同的燃放模式。买一台电子鞭炮机，就能获得不同的体验。

中国发明专利申请CN103055515A（见图3）公开了的电子燃气环保鞭炮机，根据其记载即描述了上述大部分功能。

电子礼炮

电子礼炮是一种用汽油作燃料、氧气作助燃剂的设备。汽油能在极短的时间里完全燃烧，不会产生污染废气。炮筒用无缝钢管制成，能承受鸣放时产生的爆炸力，使用安全可靠，而且电子礼炮在鸣放时，炮口四周火舌激喷，响声震天撼地，气势雄伟。

目前市场售价500~6000元不等，适合婚庆企业或团体购买。虽然看似价格很高，但平均下来电子礼炮燃放成本极低，每炮成本0.2~0.3元，一套控制系统可供多门炮同时使用，并满足单门炮的多次连发。

中国发明专利申请CN1804538A（见图4）公开的电子礼炮，根据其记载即描述了上述大部分功能。

 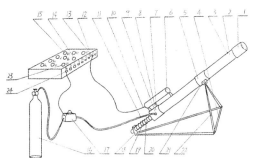

图4 电子礼炮产品图及CN1804538A说明书附图

录音鞭炮

录音鞭炮通过音频解码播放存储于芯片中的鞭炮录音，这通过在手机上装一个电子鞭炮APP就能实现，只是模拟鞭炮的声音，仿真度差，氛围感不强。

结语

正是由于电子鞭炮相较于传统鞭炮安全、环保、零污染、可重复使用，以及从长远看比传统鞭炮更经济实惠的特性，其已被越来越多的人接受和使用，但其被广大群众接受还需时日。不少网友甚至不知道什么是电子鞭炮、在哪里可以买到电子鞭炮，也有不少网友质疑电子鞭炮不能像传统鞭炮那样渲染过年气氛，毕竟年味早已是人们习惯了的火药味、爆破声和散落一地的红色纸屑。

要让群众放弃传统烟花爆竹，自觉选择使用更为安全环保的电子鞭炮作为节日庆祝工具，还需相关部门加大宣传力度，同时鼓励厂家研发更多新品种，使其声光电效果赶上并超过传统烟花爆竹。

岁末爆竹声声响，新年烟花人不呛。电子鞭炮销量涨，环保意识年年强。保护环境、驱散雾霾，需你我行动。少放烟花爆竹、放电子鞭炮，为空气减负、为健康加码，过清新、环保、舒适的低碳年。

本文作者：

国家知识产权局专利局

专利审查协作北京中心通信部

刘寒艳

54
从董小姐输掉圆珠笔赌约说起

小 赢问：经常语出惊人的"董小姐"，为什么却在圆珠笔的赌约中输了呢？小小圆珠笔，为何难倒了众多企业？小赢带你解读。

最近一则新闻登录各大门户网站头条——"格力公司董事长董明珠输了圆珠笔赌约"，小赢表示很好奇。大名鼎鼎的格力董事长跟圆珠笔究竟有什么联系，到底赌约来龙去脉为何？好吧，让我们来还原一下事情的经过。

原来，在 2015 年 11 月的央视《对话》节目中，以笔业为主营业务的贝发集团董事长邱智铭谈到了圆珠笔的制造工艺，坦承国内生产圆珠笔的高端制造设备至今仍靠瑞士进口的现状。董明珠当即许下承诺："一年之后，这种设备我负责交给你。"

如今一年时间过去了，有人就特别关注这场"圆珠笔赌约"进展如何？于是，在时隔一年后的央视《对话》栏目中，董小姐首度回应了与邱智铭的一年之约，她表示，没有做成不是因为我做不成，是因为他们的材料我没有。

不得不说，"董小姐"还是委婉地表示了没有完成赌约的遗憾。可是，这就让人不禁思考，圆珠笔，你究竟是何方神圣，敢在充满智慧的中国人民面前撒野？一支圆珠笔为何难倒了中国的企业家？

这个看似微小的物件其实蕴藏着极为精密的技术。相对于自来水笔需要不断加水、墨水晾干时间长、沾到手上不易清洗，以及铅笔字迹模糊、易产生粉末、掉色等突出问题，圆珠笔可以说是完胜。

虽然圆珠笔体积小，但究其结构和原理却是别有洞天，其中最重要的结构部件就是圆珠笔的笔尖，它由两个核心部件组成：金属圆珠和锥形的金属底座（或称球座）。在大气压力和油墨重力的双重作用下，笔芯里的油墨流向笔头的球座里，黏附在球珠上。书写时与球珠纸面直接接触产生的摩擦力，使圆珠在球座内滚动，带出塑料笔芯内的油墨，形成字迹（见图1）。

图1　圆珠笔头结构及工作原理示意图①

让我们再回过头来说说赌约吧，董小姐之所以没有完成赌约，不是偶然的，她道出了自己的无奈，其实也是我国圆珠笔生产厂商的无奈，就是"材料没有"。巧妇难为无米之炊啊，那么到底是什么样的材料呢？

其实她所说的材料就是生产圆珠笔笔尖的钢材料，这里的"材料没有"，不是真的没有，而是我们国家生产的笔尖钢的品质不过关，生产出来的笔尖不耐用。

目前，圆珠笔的笔尖钢主要依靠日本进口。这也让小赢联想起小的时候经常听见说人家的刀特别好使，是日本钢。当时感觉很高大上，可时至今日，不禁掩面，还是跟人家有明显的差距。

小赢也从中国专利库中检索了一下圆珠笔笔尖的相关专利。可不是，笔尖生产的关键专利技术大多来自日本和美国，难怪我们国家的企业生产不出来好的圆珠笔尖。其中最早的是帝帽株式会社，于1985年10月18日申请的发明名称为"笔尖的构造"的专利CN85108627B，并于1990年7月4日获得授权。要知道那个时候我国在圆珠笔制造工艺上可以说还是空白。之后陆续有百乐墨水株式会社、诹访热工业株式会社、三菱铅笔株式会社、樱花彩色产品株式会社、克劳斯公司等相继到中国进行专利布局。其中，樱花彩色产品株式会社的CN100519225B（见图2）和诹访热工业株式会社的CN1155480B是目前笔尖钢生产技术的代表。

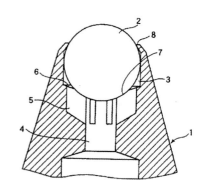

图2　CN100519225B说明书附图

这些公司在笔尖的制造上做了大量的研究，都申请了各自的专利并获得专利权，不得不说人家真是重视知识产权保护啊。

此外，小赢还悄悄地说，不仅是笔尖技术，油墨技术也是人家的天下啊，如百乐墨水株式会社的专利CN100584905B。

过日子总要算账的，经营国家也一样。从产量来说，我国是制笔大国，然而

———————————
① 图片来源于科技世界网。

并非制笔强国。目前，我国所生产的圆珠笔大多属中低档类，出口平均价格不到 0.05 美元 / 支。可是，美国著名的圆珠笔制造企业克劳斯公司生产的圆珠笔类，最低价格都在 10 美元 / 支以上，差距相当大。

另外，据《每日经济新闻》之前的报道，目前中国 3000 多家制笔企业中，没有一家掌握了高端笔头和墨水制作的核心技术。这些高端墨水和高端笔头，以及笔头和墨水的关键制造设备，都是从瑞士、德国、日本进口的，每年用于采购这些产品的费用至少有 2 亿美元！然后中国制笔企业再配上笔杆，做好电镀、包装，将笔装配成型。一支圆珠笔，光笔头和油墨的成本就占了 70% 左右，再加上劳动力以及装配笔的其他要素，中国制笔企业怎么可能获得高利润呢？此外，据数据显示，美国、日本拥有的专利占世界专利总量的 90% 左右，而包括中国在内的其他国家仅仅占有 10% 左右。

小伙伴们，看到这里，是不是感觉有些失落啊，其实，国家领导人比我们更加关注民族制造业的发展。一年以前，李克强总理就在山西太原钢铁煤炭行业发展座谈会上提出，"我们还不具备生产模具钢的能力，包括圆珠笔头上的圆珠，目前仍然需要进口"，这里也点名提到了圆珠笔。

不过，好消息也随之而来。就在不久前，太钢集团正式宣布国产圆珠笔头终于成功造出来了，这则消息听着的确让人振奋（见图 3）。

图 3 圆珠笔头中国造漫画[1]

成绩有了，可是也要正视现状。虽然太钢集团的制造设备目前已经实现了国产化，但是距离产业化仍然需要一个过程，将来还需要面临市场的考验。

事实证明，一支圆珠笔背后，其实反映的是我国制造业在材料、技术和设备方面的不足，虽然现如今我们已经取得一些成绩，但是还有很大的进步空间。相信在"大众创业、万众创新"的时代背景下，不久的将来，我国的圆珠笔制造加工企业一定会谱写出华丽的乐章，助力我国从制笔大国向制笔强国的转变。

本文作者：

国家知识产权局专利局

专利审查协作北京中心医药部

彭海航

---

① 图片来源于新华社。

55
详解耐克"气垫门"的
"三生三世"

小赢说："3·15"晚会，耐克又成焦点。一款号称有 ZOOM AIR 气垫的鞋里没气垫。有没有这个气垫差多少钱？耐克的气垫技术水平又如何？本文将带你了解耐克 AIR 的"三生三世"。

事件回顾

"3·15"晚会耐克"榜上有名"，只因这款向科比职业生涯致敬的球鞋 Hyperdunk 08 FTB（见图 1）。

根据此前耐克中文官网的介绍，鞋后跟内有独家的 ZOOM AIR 气垫。但实际产品中说好的气垫呢（见图 2）？

对此，耐克最初的回应仅为产品描述失误。但是消费者们却质疑，定价上咋

图 1 耐克 Hyperdunk 08 FTB 球鞋①

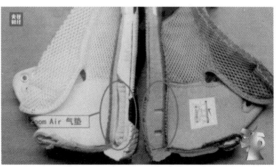

图 2 有无 ZOOM AIR 气垫对比②

---

① 图片来源：耐克官网。
② 图片来源：央视财经微博。

没失误？此鞋在耐克官网上标价 1499 元，相比于外形类似的普通无气垫鞋，每双贵 500~600 元，同款鞋在美国官网显示有气垫，您说宣传失误？更让中国消费者愤怒的是，这款在国内售价 1299 元的篮球鞋，竟然比美国同款还贵出了约 500 元。

经媒体曝光，耐克给出的最终解决方案是在收回货品的同时一次性全额退款并提供 4500 元赔偿。按照当时销量，小赢掐指一算：只花了 200 万元人民币就平息了一次舆论危机，这对于耐克这个全年净赚 37.6 亿美元的品牌公关成本未免也太低了。

对耐克的行为大家见仁见智，小赢作为技术人员，还是聊聊缓震技术。为什么多了个气垫就贵那么多？里面技术含量很高吗？不就是搞个塑料鞋垫里面充上点气吗？很多看似原理简单的东西，实施起来却不一般，气垫鞋能走到今天也是经历了世代的变迁，小赢接下来就带你走进 AIR 气垫的"三生三世"。

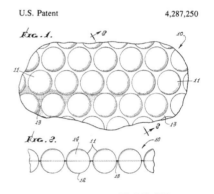

图 3　US4287250A 说明书附图

AIR 第一世：AIR SOLE

说起气垫，那还要追溯到航天技术。1977 年，时年 34 岁的 NASA 工程师弗兰克鲁迪将空气注入薄膜制成鞋底，从而使鞋获得缓震性，并将该技术申请了专利 US4287250A（见图 3）。

弗兰克鲁迪拿着自己的专利技术，跑遍了各大体育用品商的经理办公室，大多是碰壁而回。但最终得到了耐克创始人菲尔奈特的认可，收购了该专利，并开始进一步研发、生产。所以有人称耐克是气垫鞋的鼻祖也不为过。

1979 年，耐克推出了第一双搭载 AIR SOLE 的气垫鞋 Air Tailwind。在缓震效果、稳定性和反应速度方面，AIR SOLE 气垫表现较为均衡，目前多用在中低端运动鞋上，通常埋藏在发泡材料鞋底中而不可见。鞋上凡是带有"AIR"字样，一般都默认采用 AIR SOLE 气垫。

AIR 第二世：AIR MAX

AIR MAX 气垫由 AIR SOLE 改进而来，具有多气室、多重压力的特点。不同压力气室的布局提供不同的避震性，低压气室显著提高了运动的舒适性，高压气室则能增强运动鞋的稳定性。结合不同形状 / 功能的气室布局，让消费者针对不同

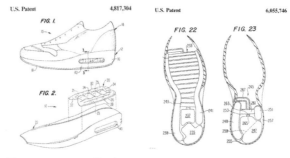

图4 US4817304A 说明书附图　图5 US6055746A 说明书附图

运动有不同的选择。

耐克在专利申请 US4817304A（见图4）中对 AIR MAX 技术进行了全面的介绍。1987年，耐克运动鞋 AIR Max1 问世，成为首款搭载第二代气垫专利技术的运动鞋，同时开创了可视气垫时代！

通过在气垫布局和气压值的调整等方面不断优化改进，AIR MAX 慢慢从后掌气垫发展成为全掌气垫，在其申请的专利 US6055746A（见图5）中记载了后掌和全掌 AIR MAX 的气垫布局形式。

在此基础上，伴随着生产工艺和设计水平的全面提高，搭载全掌 AIR MAX 气垫的 AIR MAX97 最终诞生了。

在实现全掌气垫之后，耐克开始致力于其他气垫形式，其中之一就是 Tuned Air（可调式气垫）。其在起点表面可见半球

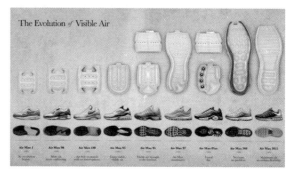

图6　AIR MAX 的进化过程①

状框架结构，用于随时调节人体运动中的平衡。该技术最先使用于1999年的 Air Max Plus，后因制造成本过高没有广泛商业推广。

从 AIR MAX 的进化过程（见图6），能否感受到科技创新一步一步走来？

AIR 第三世：ZOOM AIR

作为本次"气垫门"的主角，ZOOM AIR 技术，简而言之，就是一片扁平状的气垫再加上织物和尼龙纤维丝共同组成的缓震系统。

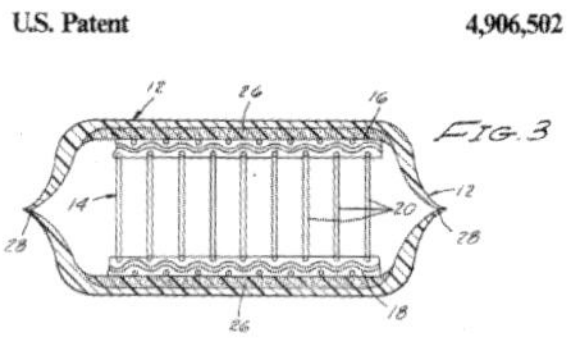

在耐克公司的专利申请 US4906502A（见图7）中披露了 ZOOM AIR 的雏形：其将织物材料置于气垫的上下面，再使用热压的方式将尼龙纤维固定在

图7　US4906502A 说明书附图

图8　ZOOM AIR 伸张状态

① 图片来源：玻璃窗到太空舱——记录 Air Max 的进化史 Nike Air Max Day http://www.shihuo.cn/youhui/182355.html。

242

织物材料之间，以起到连接上下壁的作用。

这些纤维是怎么工作的呢？正常状态下，灌注的高压气体具有膨胀的趋势，尼龙纤维会被拉直绷紧，以维持气垫的形状（见图8）。当受到外力挤压时，高压气垫产生减震缓冲作用，再结合尼龙纤维丝的张力与气压共同完成回弹反馈（见图9）。

纤维的存在将运动员大部分的受力吸收，并将一部分力量反馈给运动员；相比 AIR MAX，ZOOM AIR 更加轻薄、反馈也更强。来个挤压状态放大图体会一下这种反馈（见图10）。

1995 年推出的 ZOOM Flight 95 篮球鞋（见图11）被认为是 ZOOM AIR 的基础。那时候气垫的名字是 Tensile Air，其灵感其实源自 F-15 战斗机机翼复杂的条索状构造。

图9 ZOOM AIR 鞋垫挤压状态①

图10 挤压状态放大图②

图11 ZOOM Flight 95 篮球鞋③

在基础版上，ZOOM AIR 发展变的多元化：有置于中底内，也有置于鞋垫内；有前掌、后掌、前后掌分离 ZOOM；当然还有最受欢迎的全掌 ZOOM。第一双搭载全掌 ZOOM AIR 气垫的是 Air Jordan 12。从此鞋开始，运动鞋爱好者们为表达穿着的舒适性，还发明了一个名词，叫做：踩屎感！

随后 ZOOM MAX 气垫出现了，ZOOM MAX 就是 ZOOM AIR+AIR MAX。一言以概之，就是 AIR MAX 的空间、气柱换成 ZOOM AIR 纤维丝，有效地结合了两者的优点，从图中可以看出 ZOOM MAX 和常规 ZOOM 的区别（见图12）。

图12 ZOOM MAX 和常规 ZOOM 的区别④

图13 Air Foamposite One 运动鞋⑤

① 图片来源：穿鞋也会看个底，耐克/Adidas 大对决！http://www.sohu.com/a/116479385_500134。

② 图片来源：为什么搭载 Zoom Air 科技的跑鞋会那么快 https://bbs.hupu.com/13441401.html。

③ 图片来源：冷知识大课堂 lZoom Air 跑鞋编年简史 http://www.v4.cc/News-1227834.html。

④ 图片来源：科普贴 l 关于中底技术的深度介绍 1.0——Zoom Air 篇 http://blog.sina.com.cn/s/blog_a42adb790102wkm9.html。

⑤ 图片来源：Nike Air Foamposite 完整发售历史回顾 http://www.flightclub.cn/news/a/sneaker/2014/0901/18773.html?_t_t_t=0.04081732127815485。

还有一款鞋不得不提：Air Foamposite One（见图 13），它可能是耐克史上用料最夸张的量产鞋，喷泡一体成型的鞋面以及丰富的配色，总能成为人们关注的焦点。但重视内涵的小赢却关注到，该鞋首次奢侈地采用了双层气垫配置：全掌＋后掌 ZOOM 气垫层叠，"踩屎感"更加强烈。记住下面的公式：Air Foamposite One＝全掌＋后掌 ZOOM。

作为 NBA 著名的现役巨星，以勒布朗·詹姆斯命名的球鞋更加特别，搭载了分区 HEX ZOOM（六角形 ZOOM）。在耐克公司的专利申请 US2006230636A1（见图 14）中对该技术有所记载：将 ZOOM AIR 用六角形进行分割，以在保持 ZOOM AIR 高回弹性特点的同时显著提高其灵活性，为穿着者在球场上做出快速切换运动提供了更多的稳定性。

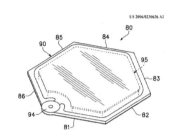

图 14 US2006230636A1 说明书附图

这种模块化设计还方便设计师使用压力测绘技术，根据测试数据，以对运动员最有帮助的方式确定 ZOOM 气垫安放的位置，从而提供精准的缓震与回馈动力。

结 语

如果抛开耐克的营销策略和对中国消费者的态度不谈，在缓震科技的技术上，小赢透过耐克公司长达几十年的专利布局，能够看到其在研发上的用心和进步。所以目前也形成了多品类的气垫类型。总结起来如下。

AIR SOLE：入门级气垫，经济实用、性价比高，至于脚感——你懂的！

AIR MAX：厚气垫，更强调缓震，要有足够冲击力才有效，否则反馈感较低，说白了就是"硬"。

ZOOM AIR：薄气垫（后期也有厚的），更强调快速反馈，相对较软。

跑鞋：ZOOM AIR 更多，AIR MAX 基本是给新手或者当休闲鞋穿准备的。

篮球鞋：中锋 AIR MAX 更多，而后卫、灵活型内线 ZOOM AIR 更多。

创新为消费者带来舒适和更好的体验，一直是科技粉小赢称赞并分享的，对耐克的下一代产品小赢永远期待，只是希望"气垫门"不要再有下一代。

本文作者：
国家知识产权局专利局
专利审查协作北京中心机械部
刘文

56

摩拜侵权？ 共享单车专利侵权 第一案深度分析

小赢说：正当共享单车行业如火如荼地发展、各路资本纷纷涌入的时候，一则专利侵权诉讼的消息传来，为忙于追求快速扩张的创业者和投资者敲响了警钟：是否走得太快，要等一等灵魂？

有着共享单车专利侵权第一案之称的"令令开门诉摩拜专利侵权案"，多家媒体纷纷进行了跟踪报道。

2017 年 3 月 20 日，国内手机门禁品牌"令令开门"（深圳市呤云科技有限公司，以下简称令令开门）宣布，对北京摩拜科技有限公司（以下简称摩拜）侵犯其多项发明专利提起侵权诉讼和行政救济处理请求，北京知识产权法院以及北京市知识产权局已受理此案（见图 1）。

令令开门在诉讼中要求摩拜单车停止侵权行为，并就其知识产权侵权行为对令令开门进行赔偿，这些知识产权包括手机开解锁涉及的高价值专利技术。

图 1 法院受理通知书、专利侵权纠纷处理请求受理通知书

在本此诉讼以前，估计大多数人和小赢一样，从来没有听过令令开门这个名字。这究竟是一家怎样的公司？令令开门的技术如何？专利布局怎样？摩拜单车是否真的侵权？

带着这些问题小赢与你一起抽丝剥茧，揭开谜团！

令令开门的专利布局

针对令令开门进行检索，发现其专利申请仅 7 件，但是其名下并不包含涉案专利 ZL201310630670.7。再仔细看一下该专利的专利权人，是一家名叫"大连智慧城科技有限公司"（以下简称智慧城科技）。经过进一步确认，原来该公司是令令开门的全资子公司。

将母公司和子公司的专利合并统计，令令开门共申请专利 24 件①，其中：发明 19 件（其中 7 件已授权，其余在审），实用新型 4 件（均已授权，且在有效期内），外观设计 1 件（均已授权，且在有效期内）。通过法律状态分析，已授权的 7 件发明专利专利权人均为智慧城科技。

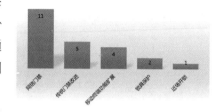

图 2　令令开门专利技术布局

按照不同的技术分支，令令开门持有多项专利（见图 2）。

先分析专利布局较少的几个技术分支：传统门禁涉及协议改进、室内 / 室外机的功能改进；移动终端功能扩展包括移动终端实现 VOIP 业务、通过 APP 实现呼叫固定电话、作为门禁控制装置、自助发票打印；近场开锁应用身份证作为门卡。这些都与摩拜的网络解锁技术关系不大。

从专利技术分支来看，令令开门重点专利布局的网络门禁方面，是与摩拜单车网络解锁技术关系最强的地方。接下来对网络门禁的 11 件专利进行重点分析。通过时间轴分析，令令开门的网络门禁技术很早就开始布局，早在 2013 年 12 月和 2014 年 6 月便已经分别进行了 5 件和 3 件发明专利申请（见图 3）。

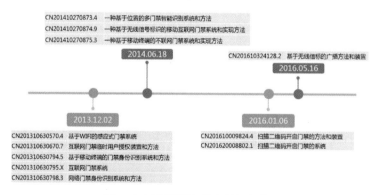

图 3　令令开门网络门禁专利申请时间

---

① 数据来源：国家知识产权局综合服务平台专利检索系统，http://www.pss-system.gov.cn。

再对网络门禁技术的 11 件专利进行技术改进点拆分。网络门禁系统结构改进: 2 件; 移动终端与门禁的无线连接方式改进: 8 件; 网络门禁临时用户授权: 1 件。其中, 网络门禁临时用户授权这 1 件专利利用于向北京知识产权局提出了行政救济, 网络门禁系统结构改进中的 1 件专利利用于向北京市知识产权法院提出了专利侵权诉讼。

摩拜车锁与涉诉专利的相关度

摩拜单车解锁的工作原理(见图 4)所示。手机(移动终端)通过扫描摩拜单车的二维码, 向云端请求解锁, 在账户正常情况下(没有欠费。车没有被预约等), 云端向单车发出解锁指令, 同时云端开始接收单车的状态和定位信息上报, 并向用户终端发送计费结果等信息。

图 4　摩拜单车工作原理图

摩拜单车的整个系统的核心就在于手机(移动终端)、服务器、车锁这 3 部分之间的交互操作。这样的操作是否落入权利要求的保护范围?

涉诉专利 ZL201310630798.3 的权利要求 1(见图 5)。

> 1.网络门禁身份识别系统,其特征在于:由网络门禁身份识别装置和通信终端组成,网络门禁身份识别装置和通信终端通过局域网或互联网进行通信;
>   网络门禁身份识别装置,用于处理通信终端的注册并下发用户门禁身份标识给通信终端;处理通信终端的开门请求,根据用户门禁身份标识合法性验证的结果执行相应的门禁权限操作,包括:
>   第一通信模块(301),用于连接网络,完成信息的发送和接收;
>   第一数据存储模块(302),用于存储用户的注册信息、用户门禁身份标识数据;
>   第一处理模块(303),用于处理用户注册、用户门禁身份标识下发及在通信终端发出开门请求时进行门禁身份标识的合法性验证、处理开门请求;
>   门禁权限执行模块(304),用于执行相应的门禁权限操作;
>   通信终端,用于完成用户注册操作,根据存储的用户门禁身份标识发起开门请求,包括:
>   第二通信模块(401),用于连接网络,完成信息的发送和接收;
>   第二数据存储模块(402),用于存储用户的注册信息、用户门禁身份标识数据;
>   交互模块(403),用于用户主动发起注册请求、发起开门请求及此过程中的用户交互操作,开门请求信息中包含用户门禁身份标识数据;
>   第二处理模块(404),用于完成用户注册过程、执行开门请求。

图 5　中国专利 ZL201310630798.3 权利要求 1

令令开门的专利所保护的系统中包括通信终端、网络门禁身份识别装置、门禁权限执行模块。如果再将"门禁"扩大解释到包含"自行车锁", 从实现功能上比较容易做出对应(见图 6)。

当然，根据小赢预测，“门禁”是否能够解释为包括“自行车锁”将是本案的争议焦点之一。如果将“门禁”认定为包含“自行车锁”，那么摩拜侵权的可能性比较大了。

令令开门专利	摩拜单车
通信终端	通信终端
网络门禁身份识别装置	云端系统中对终端用户身份进行识别的装置
门禁权限执行模块	自行车锁中根据云端或移动终端指令控制解锁的装置

图 6　令令开门涉诉专利与摩拜单车相应特征对比

摩拜车锁与涉行政救济专利的相关度

对于行政处理请求中所涉及的专利 ZL201310630670.7，小赢将其分类到网络门禁中的临时授权分支。根据说明书的记载来看，其是通过门禁系统中有权限的用户，比如住宅用户，通过门禁系统设置来允许特定手机号码用户在特定时间段内可以打开门禁出入。这样一看貌似与摩拜解锁原理并不相同。ZL201310630670.7 授权文本的权利要求 1（见图 7）。

但授权的权利要求中，并没有对用户、临时用户、发起方进行具体限定，如果对这些特征做最大范围的解释，则存在用户、临时用户、发起方是同一方的可能，因此权利要求的技术方案会包括用户请求对自身操作进行授权的方案（这将有可能对应于摩拜中已交足押金的用户通过移动终端请求云端对单车预约操作进行授权），这就不难理解令令开门为何会基于该专利请求行政救济了。

1.一种互联网门禁临时用户授权装置，其特征在于：由临时用户授权装置和通信终端组成，临时用户授权装置包括：

授权策略管理模块(201)，用于管理互联网门禁系统内不同用户具有的临时用户授权的权限策略；

临时用户管理模块(202)，用于进行临时用户授权验证，对收到的临时用户授权申请进行授权检测，首先进行发起方的权限检测，用以检查发起方具备的临时用户授权范围；然后将收到的临时用户授权申请范围与发起方具备的临时用户授权范围对比并取交集，取交集结果不为空，则授权验证通过，反之，授权验证未通过；生成并管理临时授权令牌，管理临时用户在系统内的权限；

消息模块(203)，用于与临时用户进行消息交互；

通信终端包括授权管理模块，用于通过与门禁系统的交互，发起临时用户授权申请、完成临时用户权限的增加、修改及删除操作。

图 7　ZL201310630670.7 权利要求 1

令令开门手中还没有打出的牌

令令开门涉及发明点是移动终端与门禁的无线连接方式的专利（或在申请中的）有 8 件，包括使用 WiFi、无线广播、蓝牙和扫码方式进行连接或通信。这 8 件专利（或申请）都可能是未来令令开门打出的牌，或者是摩拜单车趟中的雷。

目前来看，WiFi 或无线广播感应连接的方式还没有被摩拜用于手机和单车锁之间的连接，暂时风险不大。但小赢认为，这两种在未来也会是潜在的重要连接方式。但对于蓝牙和扫码两种方式来说，目前摩拜可能已经走在了雷区里。

对于扫码方式，大家再熟悉不过。目前看来，摩拜和令令开门的扫码方式略有不同，摩拜就是拿着手机去扫单车的二维码。同时，令令开门的两件"扫码"专利并非移动终端扫描门禁，而是门禁端来扫描移动终端生成的二维码，这与摩拜扫码方式不同。

小赢在最近使用摩拜单车时，经常会被提示"打开蓝牙，开锁更快，成功率更高"，可以看出摩拜已经采用蓝牙连接技术，是为了在单车的网络信号不好无法接收云端下发的开锁指令时，由移动终端通过蓝牙连接代为转发开锁指令。也许在蓝牙方面，摩拜的危机已经埋下！加上了蓝牙辅助开锁后的原理图就（见图8）。

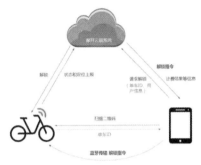

图 8 增加蓝牙模式后的摩拜单车工作原理

有报道称，令令开门目前手中最大的潜在武器不是涉诉的两件专利，而是一件尚在审查阶段的专利申请 CN201410270875.3（见图9），由于目前没有授权，小赢对该申请暂不评价，附上该发明申请的公开文本，各位看官自己判断。

3. 一种基于移动终端的不联网门禁实现方法,其特征在于:包括以下步骤:

S101、移动终端从云端服务器装置获取用户的门禁权限信息及不联网门禁单元装置的属性信息;

S102、移动终端与不联网门禁单元装置交互,建立无线通信连接;

S103、移动终端通过已建立的无线通信连接向不联网门禁单元装置发送开门请求;

S104、不联网门禁单元装置验证移动终端的开门请求并执行相应的门禁权限操作。

图 9 专利申请 CN201410270875.3 的公开文本中的权利要求 3

摩拜是否布局网络远程开锁技术

从摩拜单车专利申请的内容来看，主要涉及自行车车体（车架、车轮、链条、锥形齿轮、挡泥板）等的改进升级，也涉及智能锁、防盗技术和刹车技术的改进，还包括对基于云端的自行车管理系统的申请（见图10）。

其中，基于云端的自行车管理系统专利申请 CN105046827A 中，将自行车锁根据云端和 / 或移动终端的指令控制解锁作为系统管理的一部分内容，被记载在一个从属权利要求中进行保护。专利中未将对单车进行扫码、建立移动终端与自行车锁蓝牙连接等基础步骤写入权利要求中，一同进行保护。

根据以上事实，小赢认为摩拜单车在进行专利申请时认为上述开锁步骤是现有技术，从而没有对该方面进行专利布局。但，令令开门却是这项现有专利技术的持有者之一。

基于现在的局面，小赢认为摩拜亡羊补牢尤未晚也，可以做好如下两项工作。

1) 继续进行专利分析和预警研究，对下一代产品进行规避性设

图 10　摩拜单车专利布局

计并进行专利布局，避免在某一技术点上缺少专利保护，产品上市后陷于被动。虽然这次专利侵权纠纷和诉讼的结果还不好说，但令令开门专利的相关性确实很高。

2) 摩拜在使用现有技术时，做好现有技术的取证工作（也许该技术的使用比令令开门相关专利时间更早），一方面在令令开门拿着授权专利来起诉时，迅速拿出证据去请求宣告无效，另一方面也可以把这些证据向投资人和公众进行公开，将诉讼对公司发展带来的影响降到最低。

结语

尽管相对于其他共享单车企业，摩拜已经进行了 20 余件专利布局，但是仍然受到了专利侵权诉讼的打击。看到摩拜的现状，不知那些小黄、小蓝、小绿是否已经开始颤抖了？

通过此案，对于共享单车企业，不难总结出以下几点。

1) 专利预警分析对企业来说非常重要。摩拜应当通过研发立项前的专利信息检索和相应的数据分析，明确研发起点、开拓研发方向，提早发现有价值的合作伙伴、避免潜在的专利侵权风险。

2) 令令开门授权专利的稳定性还有待检验。其认定的基础专利或高价值专利还需要经过无效和诉讼的考验。虽然令令开门拥有专利权，但也只是一个暂时状态，如果被专利复审委员会宣告无效，则侵权无从谈起。若专利权维持有效，摩拜是否能够通过不侵权抗辩来赢得诉讼将成为最终看点。

后记

正当本文截稿准备刊发之际，突然传来了已经通过 IPO 申请审核，有着"共享单车第一股"美誉的"常州永安公共自行车系统股份有限公司"也陷入专利侵

权诉讼的新闻。

对于方兴未艾的共享单车行业，商业模式的复制和资本堆积下的扩张不一定是公司的唯一出路。还是文章开始时的那句话：别走得太快，请等一等灵魂！

对于科技企业来说，改善用户体验的核心技术才是公司的灵魂。

本文作者：
国家知识产权局专利局
审查协作北京中心党委办公室
张朝伟
专利审查协作北京中心专利服务部
刘鹤

Chapter5

第五章

智能家居

57
家用净水设备让水清如许

刘禹锡《叹水》: "水,至清,至美。从一勺,至千里。利人利物,时行时止。"水,是生命之源,然而当下人们对水资源的担忧却是:问君能有几多愁,恰似一江春(wu)水向东流。今天小赢带您细数家用净水设备,送您一杯清水。

随着人民富裕,消费升级,净水设备已经走进千家万户,最常见的是具有使用便捷性和成本优势的滤水壶。您家里也有一只吗?

若问滤水壶行业的领先品牌,很多人一定张口答道碧然德(BRITA)。但很多人不知道的是 BRITA 除了市场做的好,对知识产权也很重视。仅以在中国为例,该公司进行了全方位的专利布局:如 CN303697251S、CN204625240U、CN103502156B、CN105819535A 等。

该公司发明专利申请显著集中在滤水设备的关键部件——滤芯结构和材料,如 CN103502156B 通过两种离子交换材料实现水体净化,CN105822771A、CN105819535A 通过芯座、阀组件的设置控制水体流动、提高净化效率。通过图可以看出产品和专利的对应关系(见图1,图2)。

传统的滤水壶一般采用活性炭吸附、离子交换的方式来抽离水中的杂质,软化自来水。滤水壶可以去除大颗粒物、余氯、重金属,水垢也可以控制在可接受的范围内,但对于细菌、部分金属离子等小尺度杂质去除不够彻底。

如果家里有更高的品质追求,且不差钱的话,很多家庭会使用家用逆渗透(又叫反渗透,以下简称RO)净化器。家用RO净化器一般都具有以下5级过滤。第1级:PP 棉滤芯,孔径 $5\mu m$,吸附截留大颗粒,如泥沙、铁锈、灰尘等,降低浊度;第2级:活性炭滤芯中的颗粒活性炭,吸附水中余氯、大分子有机杂质;第3级:活性炭滤芯中的压缩活性炭,吸附水中小分子颗粒物;第4级:RO 膜组件,孔径达

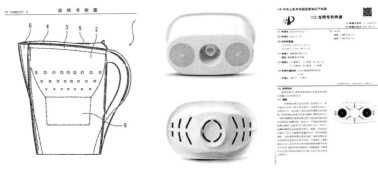

图 1 CN105822771A 的说明 图 2 滤芯照片与 CN105819535A 公开文本首页
书附图

到 0.1nm，理论上去除所有污染物、病毒、细菌、重金属、固体可溶物、污染有机物、钙镁离子等；第 5 级：后置活性炭滤芯，进一步去余氯，改善口感。

作者提示：家用 RO 设备各个级别滤芯的更换时间是不同的，要分别注意更换时间哦！特别是如果 PP 棉不按时更换的话，RO 膜的老化速度会很快！

家用的 RO 设备能达到什么级别，RO 到底是什么意思？如果你是个技术控，接下来请听作者详述。

要净化水，先要了解水，搞清楚水中危害健康的敌人。铁锈、管道中的水垢、泥沙等肉眼可见的，通过简单刷洗、沉淀可以去除！部分细菌只要经过煮沸就可以消灭它们。有机物、重金属、氯离子、抗高温细菌、病毒这些顽固分子怎么办？就需要特殊武器——过滤设备！

就像渔网的网眼大小不同一样，净水设备的等级也分为 4 种，从微滤、超滤、纳滤到 RO，滤膜孔径逐渐减小，过滤物质逐渐精细，产出物质逐渐纯净。

微滤设备

采用 PP 棉、滤网、高分子膜、陶瓷膜等，主要用于粗滤及 RO 净水器的前置过滤，技术门槛较低，生产厂家较多。

经过作者统计，中国专利申请量在微滤领域的申请较多，无明显集中度，发明和实用新型申请各占一半左右。

与微滤设备相比，超滤、纳滤和逆渗透设备过滤精度明显提高，但 3 种技术的申请量却存在明显差别（见图 3）。逆渗透技术的申请量占据了半壁江山，纳滤技

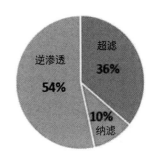

图 3 超滤、纳滤和逆渗透专利技术申请占比

术申请量最小，仅占 1/10，这与各自的技术难度和市场表现基本吻合。

超滤设备

滤膜孔径为微米至纳米级，相对于微滤可以去除更细小的杂质，但对于多数有机物、重金属、低价矿物质、水碱等却无能为力。超滤膜的优点在于可保留水中的大部分有益矿物质。超滤设备能够保证流量大、能耗较低，在商用和家用领域都有比较广泛的应用。

对于超滤设备，从在中国申请来看，主要申请人为国内科研院所和大型企业，进入前十唯一的国外申请人是日本东丽公司。虽然中国申请人的申请量大，但是本领域的核心专利却掌握在外国公司，如东丽公司手中！

纳滤设备

纳滤膜的孔径范围为几纳米，可以去除有害重金属，保留部分有益矿物离子，似乎鱼与熊掌可以兼得，但是部分纳滤净水器有较高能耗、有废水排出，并且纳滤膜净水效果不如逆渗透膜，造成纳滤净水器的市场表现平平。

申请量和市场表现契合，纳滤技术的申请量显著小于 RO 和超滤，但其申请结构中发明专利占据主体。申请量前十均为国内申请人。与超滤设备的专利分布一样，纳滤设备的少量核心专利也掌握在国外企业手中，如 GE(通用电气) 和海德能等。

逆渗透设备

先介绍一下 RO 的原理（见图 4）：将纯水和盐水用半透膜隔开，纯水会穿过半透膜向盐水流动（见图 4 左图），直到盐水液面高出纯水一定高度，形成压力差，达到渗透平衡（见图 4 右图），此即为渗透压。若在盐水一侧施加一个大于渗

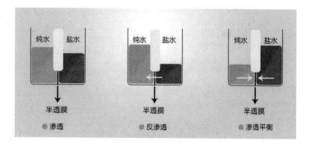

图 4 反渗透技术原理示意图

透压的压力时，盐水中的纯水就会向纯水一侧流动（见图 4 中图），这个流动的方向与左图正常渗透的方向相反，因此将这一过程称为逆渗透或反渗透。通过逆渗透，盐水（自来水）中的纯水逐渐富集，剩余的就是高浓度的废水。

RO 膜有多强大？图中可以告诉你为何 RO 膜能过滤掉几乎所有杂质（见图 5）！

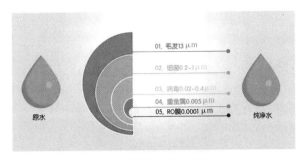

图 5 逆渗透技术过滤能力

原理懂了，但是产品哪家强呢？陶氏化学公司作为逆渗透技术领域的领导者，其逆渗透膜产品在世界范围内得到了广泛的使用。公司早在 1987 年开始就在中国申请了发明专利 CN1008327B（见图 6），是最早在中国进行专利布局的外国企业（注：中国专利法于 1985 年 4 月实施）。

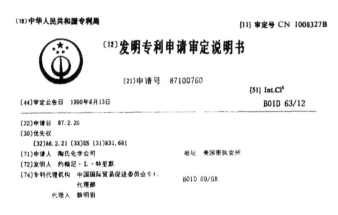

图 6 CN1008327B 授权公布文本著录项目

上述发明专利是一种中空纤维反渗透分离装置，用于解决中空纤维末端堵塞、降低渗透效率的问题。

分析陶氏的专利布局，包括以下几方面。对膜表面状态的改善：表面涂布（CN1031482A），材料修饰（CN101432058B、CN1180876C），滤膜元件结构改进（CN100566800C），滤膜制备方法（CN1210093C），废水处理方式改进（CN105473509A），新型杂质分离材料和方法（CN105848758A、CN105848759A）等。可见，陶氏化学公司全方位的保护了核心滤膜的材料、微观结构、制备方法等，并开始关注了 RO 技术的先天缺陷——废水排放。

认真读到这里的人一定是技术控，所以我们在这里分享一个彩蛋。

你可曾见过这样的场景？海鸥，忽然低空掠过海面，衔起一口海水，过一会儿又吐掉。千百年来，海鸥的行为被人熟视无睹。直到 1950 年，美国科学家 S.Sourirajan 无意中发现海鸥啜起一大口海水，吐出的却是一小口。

也许科学家和普通人的区别就在于爱刨根问底！科学家开始质疑了。其中一部分海水是被海鸥喝了吗？但是，用肺呼吸的动物是无法饮用高盐份海水的！爱纠结、爱实践的科学家经研究发现：海鸥嗉囊位置有一层薄膜，该薄膜构造非常精密。海鸥正是利用了这薄膜将啜起的一大口海水中的一部分过滤为淡水，而将剩余的含有杂质及高浓缩盐份部分吐出嘴外。这就是现代逆渗透 (RO) 技术的基础来源。

原来，和很多重大技术发现一样，逆渗透技术也来自仿生学！

本文作者：

国家知识产权局专利局

专利审查协作北京中心材料部

曹旭

58

世界那么大，
8K 电视带你去看看

小赢说：看过 IMAX 的人相信都被它的画面显示效果所震撼，事实上，IMAX 使用的是我们常说的 4K 技术。而在电视界，4K 电视仅是业内的一个小目标，8K 电视才是超高清电视真正的未来！

日本 NHK 电视台已经确定，在 2020 年东京奥运会中采用 8K 转播，同时美国也会采用此套标准。那么，什么是 8K 呢？

8K 是指屏幕的分辨率为 8K，也就是 4320P（1K 为 1080P），像素尺寸为 7680×4320。2006 年，国际电信联盟将日本广播协会科学与技术研究实验室的 Super Hi-Vison 视频技术作为 UHDTV 的推荐草案，这成为了 4K 和 8K 技术的前身。

UHDTV 进一步分为 UHDTV1 和 UHDTV2 两个标准，其中 UHDTV1 的分辨率为 3840×2160，即 4K 技术，UHDTV2 的分辨率为 7680×4320，即 8K 技术。

8K 电视的分辨率是全高清电视的 16 倍，是 4K 电视的 4 倍。如果用 8K 电视看蓝光大片，画面只能占到屏幕的 1/16。

就显示效果而言，8K 电视的清晰度更高，会让人有身临其境的感觉。即便离屏幕很近，也看不到面板上的任何像素点。8K 电视的水平观看角度能够达到 100°，远比全高清电视和 4K 电视的 55°更刺激。8K 电视对细节的表现无可匹敌，美颜在它面前会完全丧失效果（见图 1）。仅占画面 1/36 的面部表情依旧精致，不仅花瓣细节清晰可见，人物皮肤的肌理和面部雀斑也能看出（见图 2）。占整体画面不足 1/72 的眼部特写中，可以清楚看到人眼皮肤肌理，而且每根睫毛都没有粘连（见图 3）。

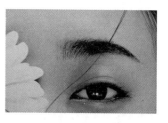

图 1　8K 电视屏拍摄完整图[①]　　　　图 2　8K 电视屏显示拍摄　　　　图 3　8K 电视屏显示拍摄
　　　　　　　　　　　　　　　　　　　　　人物面部特写[②]　　　　　　　　眼部特写[③]

8K 电视的技术解读

在 2013 年的 CES2013 的展会上，"液晶之父"夏普率先推出了一款 85 英寸的 8K 电视；随后的 IFA2014 上，LG 也展示了旗下的 8K 电视。

而就国内企业而言，CES2016 和 IFA2015 上海信和创维等整机企业也陆续推出了各自的大屏 8K 超高清电视。此外，上游企业京东方也一直在积极布局 8K 面板的生产线。

作为业界新宠，8K 电视的崛起一定少不了技术的支撑。接下来就从专利角度解读一下 8K 电视的相关技术。

1. 视频解码部分

8K 技术是一个系统，要想在一台电视上实现 8K 显示，除了显示面板要达到相应的要求外，节目源、传输速度、解码芯片和显示接口等方面的提高都缺一不可，其中解码芯片是整个 8K 电视的核心所在。

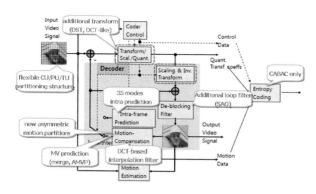

图 4　HEVC 相对于 H.264 的改进

2013 年 1 月，JCT-VC 发布了最新的视频编码标准——High Efficiency Video Coding（HEVC），相比于之前的标准 H.264/AVC，HEVC 将压缩效率提高了一倍以上，这意味着超高清视频的存储和传输变为了可能。

基于此，LG 为旗下的

①②③　图片来源：http//:www.znds.com/article-4160-1.html 到底 8K 清晰度是种怎样的体验？ 8K 电视与 4K 电视对比评测，邢焱，2015- 8-31。

4K 电视配置了 HEVC 超高清解码器。可以预见，基于 HEVC 标准的视频解码器必将成为 8K 电视的主流解码芯片。

HEVC 标准是一个比较大的体系，细节多、技术复杂（见图 4）。

对于视频编码技术来说，提高压缩效率和保障解码图像的清晰度永远都是其核心推动力。HEVC 延续了传统视频编码标准的架构，但其在编码的各个环节都进行了改进，一个最显著的改进是图像分块的自适应性。HEVC 相比 H.264 支持更灵活的分块方式以及更多尺寸的块大小，这可以使它在压缩时根据图像的特性进行更精细的分块编码，大大提高编码效率。

例如，在《新闻联播》播放过程中，画面的背景完全不改变，而仅是主持人有一些细小的动作，此时就可以将背景部分分成比较大的块，而在主持人部分划分较小的块来进行编码。又如，当视频画面中存在大面积相似的平滑区域时（如天空），平滑部分可以划分为较大的块，而在有比较多细节的部分（如花朵小草），需要分割为较小块来编码，以保证解码画面的质量。

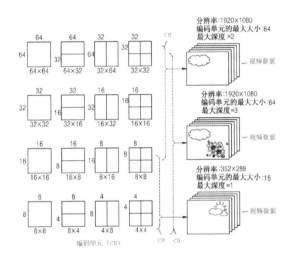

图 5　CN103220519B 说明书附图

这方面的专利申请数量众多，如 CN103220519B 涉及一种视频解码方法，其中详细描述了如何根据视频画面的不同特性进行分块（见图 5），并确定各个块的编码模式，以有效提高视频压缩效率。

作为一种新兴的视频压缩方法，HEVC 相关技术是目前专利申请的热点，各大公司都争先恐后提出申请，力图在知识产权方面能占一席之地。针对中国专利申请，当前的主要申请人分布在不同的公司（见图 6）。

技术方面则涵盖了 HEVC 编码的每个环节，除了上文介绍的涉及分块的专利申请，还包括运动预测（如 WO2016115733A1）、环路滤波（如 CN102804776B）等其他环节。

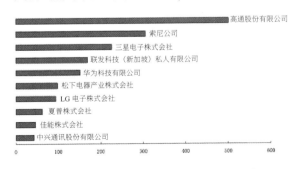

图 6　HEVC 相关技术中国专利申请主要申请人分布

2. 液晶面板部分

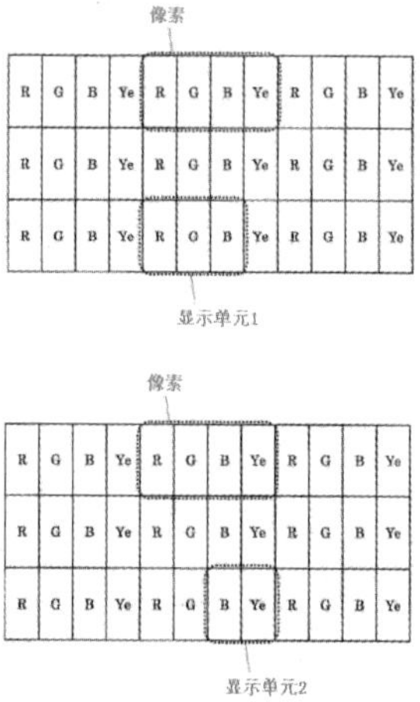

液晶面板是实现 8K 显示的关键部分。夏普公司早在 2000 年就在日本提交过专利申请 JP4034022B2，在 2010 年提交了中国专利申请 CN102770901A（见图 7），专利申请涉及通过由 4 种子像素显示的红、绿、蓝和黄这 4 种原色来进行彩色显示。并且，CN102770901A 还进一步在输入图像的分辨率（如输入 8K 的图像）比显示装置的分辨率高（如 4K 的显示屏）的情况下，将包括 1 个子像素或者连续的 2 个以上的子像素的显示单位作为假想的像素进行显示，以此抑制显示品质降低。

夏普在其首推的 8K 电视中即融入上述专利技术，没有采用物理分辨率为 8K 的液晶面板，而是在 4K 面板的基础上，通过加入黄色子像素以及半像素的亮度控制，达到人眼 8K 清晰度的同等效果。大家在电商平台看到的夏普 8K 清晰度电视就是这类产品。

图 7　CN102770901A 的说明书附图

3. 节目源

目前 8K 电视的片源可谓凤毛麟角，但这并不能阻挡 8K 技术的发展脚步，业界的技术人员各显神通，提出了多种方式来获得 8K 视频，其中使用最多的方法就是通过转换提高现有片源的分辨率，这一技术的相关专利也比较多。

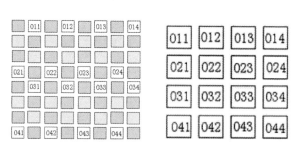

图 8　对图像进行两个方向的对角插值得到放大的图像示意图

CN103152540B 提出了一种通过插值来提高图像分辨率的方法，分别对图像执行水平对角填充和垂直对角填充两个过程，在提高分辨率的同时减少图像失真，并防止图像模糊和锯齿的出现（见图 8）。

8K 电视的推广

虽然各大厂商纷纷投身 8K 电视的生产布局中，但是 8K 电视的普及还是面临较大的困难，具体来说有以下问题。

1）价格。夏普公司在日本宣布出售的全球首款 8K 电视定价高达 1600 万日元（约 100 万元人民币）。

2）存储。经试验，仅 1min 的 8K 视频就需占据 194GB 的存储空间，如此巨大的存储需求也是 8K 电视普及路上的一个大挑战。

3）空间。夏普的 8K 电视设计了 80 英寸和 70 英寸两个机型，由于 8K 超高的清晰度，注定了只有大尺寸才能展示出其效果。80 英寸的屏幕面积加上底座，电视机的整体几乎与人同高。因此，购买了 8K 电视之后，还需要买一个能装下一面墙那么大电视机的房子。

4）片源。8K 的分辨率达到了 3300 万像素，而目前市面上大多数摄影器材的分辨率都在 2400 万像素左右。也就是说，即使播放静态的图片都达不到 8K 的要求，更别提视频了。摄影器材的严重匮乏直接导致了 8K 片源的稀缺，毫不夸张地说，当前的 8K 电视信号数量为 0。

高清电视的未来

8K 已经到来了，那么 16K、32K……还会远吗？对此，日本 NHK 给出了否定的答案，认为不会再有更高分辨率的出现，8K 就是终极分辨率了！

专家称，8K 分辨率已经是人眼辨别的极限，再高的分辨率没有任何意义。而且分辨率的提升对周边技术越来越高的要求也难以达到。所以，珍惜这个能带我们看世界的 8K 电视吧！

本文作者：

国家知识产权局专利局

专利审查协作北京中心通信部

许微

59
消费者到底需要什么样的冰箱?

小赢说:智能冰箱最近火热异常。在厂家热情似火的情况下,用户却基本无动于衷,这是为什么呢?

2016年的智能冰箱真地像是在上演"百团大战",几乎所有品牌都加入了战团。如果说以前冰箱更新换代按"年"来计算,那么进入到2016年智能冰箱的新品是按"月"更新的:1月的CES展上三星发布FamilyHub智能冰箱;同在1月,LG发布signature智能冰箱等(见图1)。

为什么2016年大家对智能冰箱都如此热衷?数据可以告诉我们答案:智能冰箱市场2016年零售额同比增长415.6%,零售额渗透率从2015年的1.7%猛增到2016年的9.7%,"智能化"已经成为各个企业强化差异的重要因素。

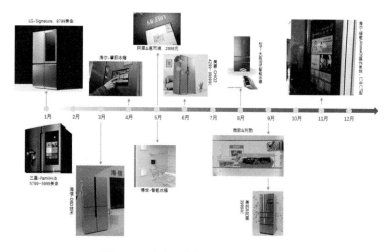

图1　2016年各品牌智能冰箱发布示意图

如此快速增长，但为什么是"叫好不叫座"？小赢暂且不表，先说说2016年自己最心仪、最心动的产品——LG的Signature。

首先，它长得好看（见图2）；再有，就是它丰富的技术亮点，我们来看看它拥有哪些说服我的卖点。

LG智能冰箱与其他智能冰箱较为明显的一点区别是，其可以通过语音、姿态等控制冰箱（如门的开关、菜单的推荐等），还能感受用户的感情色彩，想一想说句话就能让冰箱给我开门、还能和我聊天，不禁激动起来（LG的语音控制冰箱专利为CN105874405A）。

虽然上述技术在客人到家做客时，你不经意间轻轻的一句命令就让冰箱打开了门，让客人感到惊奇，成为一件生活利器，但是你却没有信心在任何时刻的一句命令它都能听懂，即缺乏对它语音功能的信任度。

图2 LG的Signature冰箱[①]

Signature冰箱还具有智能识别系统，其就物体识别技术申请了多件专利，除了识别技术本身，其延展的概念还包括传感器、信息传输等，总共数量在30件左右，典型的有识别技术CN104101175A、更新识别对象的CN105008832A，涉及将很多对象进行单独划分的CN105222519A等。

LG智能冰箱的设计精华是Door-in-Door设计，这一设计使得用户只需轻轻敲击冰箱的门中门区域，就可使门板隔层瞬间透明，并点亮内部LED光源。用户可轻松观察箱内食物，之前在一些用户说与其让冰箱去识别一堆莫名其妙的东西，还不如我直接打开冰箱，自己看上一眼来得快，这种反馈体现出了智能识别的道路还很漫长。但Door-in-Door的设计就很好地解决了这一观察需求。与透明显示模块安装位置相关的专利CN101939605A，其公开了透明观看冰箱内食物的方案。

虽然LG Signature颜值高、各种技术听起来也很美好，不过你首先需要准备1万美元。谈到这里大家应该明白了智能冰箱叫好不叫座的主要原因了。现在市面上的智能冰箱往往并不很智能，单单增加一个屏幕，能够实现手机的连接，用户可以对冰箱进行简单的控制和信息的浏览，价格就可能翻倍。换言之，用户觉得性价比低。

另外，很多推出的技术并不能很好地实现其主要功能例如，

1）智能识别技术：很多食品有各种包装，如牛皮纸、塑料袋、保鲜膜等，识

---

① 图片来源：LG官网。

别效果大大降低；

2）语音控制：准确度如果没有达到比手动操作更便利和高效果，基本上很难只依靠语音进行控制；

3）自动下单：有很多企业希望在智能冰箱的屏幕上加上自动下单功能，这个功能也较为不实际，因为该功能必须要基于自动识别技术。而现阶段，用户更倾向于自己在手机上下单购物。

也就是说，技术上不够完美、价格过高成为了智能冰箱被用户认同的主要绊脚石。

我们可以总结下现在用户对智能冰箱最主要的几大需求：

需求 1：提醒用户即将到期的食品；

需求 2：自动切换冷藏与冷冻；

需求 3：根据冰箱内的食材自动下单；

需求 4：针对用户进行个性化的识别；

其中需求 1 是比较强烈的智能化需求。几年前针对这一问题，各个厂家纷纷采用 RFID 技术来应对，并申请了不少相关专利。通过识别食物的标签来自动获取信息其实是非常准确的，但是这个方法比较麻烦：首先食物上得有一个标签，然后再通过冰箱扫描，这一过程既繁琐又浪费用户的时间。如果技术没有向着更快更高效的方向发展，那这个技术基本上是没有市场前途的。现在各大智能冰箱企业已经转变策略，采用更加智能的物体识别技术来自动识别。

关于智能冰箱的专利自 2014 年以后在国内申请有 1700 件左右（见图 3），智能控制还是主要研究重点。这个部分包括两个概念。一个概念是冰箱自动化的控制，这又包括两个层面，一个是控制冰箱内部的温度、湿度

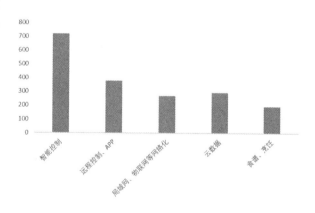

图 3　智能冰箱专利申请技术分布

等，另一个是冰箱作为一个智能主体，主动提醒用户食品的到期、药品的服用等。另一个概念则是用户对冰箱的控制，如语音控制、手势操作控制等。

远程控制很好理解，就是即使不在家，坐在办公室里也可以控制家中的冰箱。不过相较于空气净化器远程控制的实用性，冰箱除了能控制温度以外，其他功能

还有待开发。

物联网基于 ZigBee，局域网通过 WiFi 连线，以手机作为控制中心是整体主流的网络化解决方案。

云数据实际上和车联网等其他家电、交通工具的网络化有很大的相似性。车联网为什么那么重要，是因为它可以获取用户很多有价值的信息，利用这些信息，TSP 等可以嗅得商机，如根据用户的出行记录来动态定价用户的车险价格，实现精准报价，从而降低保险商的风险，也会降低本身就小心开车用户的保费。相类似的，冰箱相关的用户数据将来也会成为类似的价值宝库，一家人一天之内吃了些什么、一个月食品的开销、用户的倾向性选择、食品销售的热度变化、药品的选择等，都能够给企业提供动态应变和主动迎合的信息。相比于传统的调查统计，这种贴近用户的一手信息含金量更高，这也就是为什么各大企业都推出了智能识别系统，因为只有有了这个系统，才能实现前文所说的诸多功能，同时也才有了云数据服务端获取用户信息的基础。

通过上面的分析，我们可以预见，智能控制、物联网化等在将来都会逐渐变成智能冰箱的标配，而智能识别到的数据才是将来智能冰箱的真正巨大商机。参考近年来家电、汽车行业的风云变化，很容易预见到互联网公司融入各行各业的情况正越来越多地发生。

本文作者：
国家知识产权局专利局
专利审查协作北京中心电学部
丛磊

60
一个知心知肺的"小印章"

小赢说：这是最好的时代，也是最坏的时代，这是快节奏工作和生活的时代。生活在这个大时代的你，是否和小赢一样，有时有点累？实时了解自身的健康状况，不用去医院，不用排队等，不用找号贩子，想怎么测就怎么测，是小赢一个朴素的愿望！提到智能家庭医疗设备，您会想到什么？智能血压计？您可能认为智能血压计仅仅是传统血压计的简单升级。您还会想到智能手环或运动腕表。智能腕表配合APP，是否已经成为您运动时的标配？这些常用智能小设备就在您身边，只是您不知道它们属于智能家庭医疗设备的行列。今天，小赢介绍的重点可能是下一个走进千家万户的品类——"知心知肺"的小印章。

美国版"小印章"

在它"印章"的外形下，其实是一款智能听诊器Stethee（见图1）。只要放在胸前按压几秒，它就会随着心跳节奏振动，让用户直观感觉到自己的心跳。简单的诊断结果，通过颜色快速识别！

蓝色：已经连接成功；

绿色：身体状况正常；

橙色：身体状况欠佳；

红色：已经断开连接。

还可以通过蓝牙与耳机连接，用户就能听到清晰真实的心跳声波。它也可以与检测到的呼吸动作关联，以提供呼吸的声音和呼吸的感觉。另外，它还是一台胎心监护仪，孕妈妈也可以在家里随时监听宝宝的动静哦！当然，监测到的全部信息可以保存在手机APP上，方

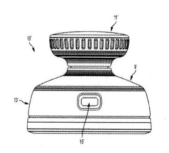

图1 US2016100817A1 说明书附图（正面视图）

便发送给医生、家人哦!

这台智能听诊器在 2014 年美国的众筹网站上获得了成功，在其公开发售前已经申请了专利 US2016100817A1。通过该专利申请说明书对其内在的技术可以有更全面的揭秘（见图 2）。

别看这一个小小的印章，里面集成的技术却不少：

1）传感技术：通过声音传感器也就是麦克风来实现声音信号的采集。

2）显示技术：通过 LED 显示不同颜色、不同的闪烁频率，以显示听诊器的不同状态或检测结果。

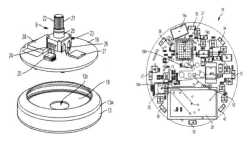

图 2 US2016100817A1 说明书附图(内部视图)

3）虚拟现实技术：听诊器还包括一个振动马达，以产生声音信号或振动信号。将心跳的频率和声音进行同步放大。

4）通信技术：蓝牙芯片将采集到的数据传送到智能手机或耳机，打开 APP，使用者就能将心电图等检查结果传送给医生。

中国版 "小印章"

这是一款专门监护宝宝心肺健康的产品，名字叫做 ChildCare 云听。是不是比美国产品更可爱一点（见图 3）？

1）在听音功能上，它与 Stethee 类似，可以听取心音、肺音、心肺音。而且它的听诊效果优于传统的机械式听诊器，因为它的听音模块是通过灵敏度为 120db/mV 的高品质双声道耳机实现的。

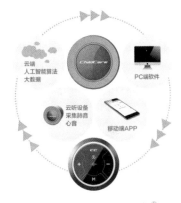

图 3 智能听诊器应用示意[①]

2）在系统设计上，它同样可以将数据输出至手机、PC 等外部装置。可以在手机 APP 或 PC 上查看听诊结果。

3）ChildCare 云听拥有一个更强大的功能，即通过人工智能算法和大数据算法，评估孩子的心肺健康状况。即使孩子表面上并没有呈现出明显的相关症状，通过内在听音的识别，就可以评估出孩子的心肺健康水平。这样就能把病情充分控制

---

① 图片来源：拓萧智能官网 www.intellchildcare.com。

在萌芽状态。

同样，在该产品上市前也进行了专利保护。从 CN105943080A 中我们可以获知这款产品的核心技术方案。该款产品的亮点在于：数据分析模块通过大数据和自学习算法，针对哮喘等呼吸系统疾病以及有心脏杂音症状的心脏疾病，实现病灶特征的筛选与识别，进而帮助用户进行疾病的初步判断。

通过中外两款智能听诊器的对比，中国版具有智能数据分析模块，可以预测早期的呼吸系统和心脏疾病。有了它，妈妈可以更容易听懂宝宝，再也不用担心宝宝普通的感冒发烧发展成肺炎了。

智慧医疗领域创新概述

在 10 年前，远程医疗仍旧属于研究阶段。而到了 10 年后的今天，市场上已经出现了很多智能医疗的产品。从上面中外两款智能家庭医疗产品可以发现，在上市前均进行了专利申请，可以说通过专利申请的变化，可以对智能家庭医疗进行很好的预测和判断。

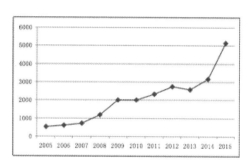

图 4　智能医疗相关专利的申请量趋势图

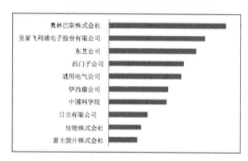

图 5　智能医疗领域申请人排名

针对智能医疗领域。笔者采用关键词和国际分类号在 Patentics 中选择中国专利进行检索。智能医疗相关专利的申请量趋势（见图 4）。从图中还可以看出，近 10 年来，智能医疗方面的专利数量逐年增加，2014~2015 年更是迅猛增长。

再对前 10 位申请人的专利权的数量进行统计（见图 5）。可见，很多传统的电子／电器公司都纷纷涉足并全面布局智能医疗领域。

可以畅想，在不久的将来，我们可以坐在家里进行各项身体指标的检查，因为您的家庭医生就在您身边，生活质量将大大提升。

本文作者：

国家知识产权局专利局

专利审查协作北京中心电学部

陈冬冰　黄万国　郭星

61
智能时代不用再舞动笤帚了
——扫地机器人详解

小 赢说：有没有近期入手个扫地机器人的打算？哪家技术强，哪家适合你的家庭布局？快跟小赢去看看吧！

哪个小家电最能提高幸福感？有调查显示：扫地机器人！刚吸完一肚子雾霾下班回家，还要打扫卫生继续吸尘，多希望有个机器人把家务事都干了啊！

无死角、不撞墙、手机控制、自动规划路径、主动避障、返回充电，如果买了这些功能俱全的"扫地机"（见图1），小赢回家后就能一直依偎在沙发上了。

作为技术控，小赢还是做自己擅长的事儿。扫地

图 1　iRobot 扫地机器人[①]

机器人机身为带轮的移动壳体，有集尘盒的真空吸尘装置，配合机身设定控制路径，在室内反复沿边清扫、集中清扫、随机清扫、直线清扫等路径打扫，并辅以中央主刷旋转、边刷辅助、抹布擦地等方式，加强打扫效果，以完成拟人化居家清洁效果（见图2）。

路径控制大体分为两个方向：一是随

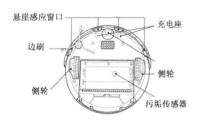

图 2　扫地机器人内部结构示意

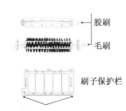

机碰撞寻路式的扫地机器人，二是自主规划路径型扫地机器人（见图3）。

从专利申请角度看（见图4），扫地机器人从 1996 年开始起步，但还没有广

---

①　图片来源：iRobot 官网。

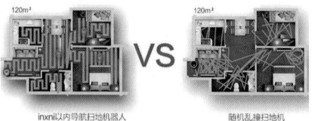

图 3　扫地机器人工作路径示意①

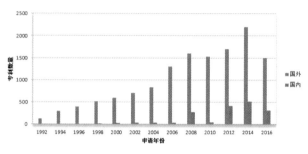

图 4　扫地机器人领域国内外专利申请趋势

泛进入家庭；1996~2006年，美国、日本、韩国等机器人领域发达国家开始逐步发展，我国也开始起步；2006年之后，扫地机器人大范围扩张，整个行业呈现百花齐放的态势。细数扫地机器人领域的领军大品牌，除了iRobot、飞利浦、NEATO、福玛特等国外大公司，也有后起之秀科沃斯、小米、美的等国产精英，市场一片大好。

扫地机器人哪家强，要说美国iRobot。2002年推出全球第一款扫地机器人，扫地洗地擦地样样都行，申请了500余件专利进行全方位立体保护。究竟有多强大且看专利详细解读。

贴心配件

1．自动清灰

扫完地后还要动手清理里面的灰尘，那岂不是和吸尘器一样 Low！ WO2016/093911A1 公开的机器人（见图5），通过真空吸入技术自动将灰尘排出，机器人即可继续完成清扫任务。真乃让"懒人""懒"到底的大好设计！

2．自动维修

大块杂物、头发等可能会堵塞滤网孔造成吸力下降，影响清洁效果，单纯使用真空吸附的功能不足以清除碎屑。US8528157B2（见图6）公开了一种机

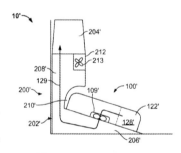

图 5　WO2016/093911A1
说明书附图

图 6　US8528157B2 说明书附图

---

① 图片来源：慧聪机械网 http://www.machine.hc360.com。

器人维修站，当机器人在站房停靠时与机器人对接，用搅拌器梳将碎屑等杂物梳到收集箱。有了这个维修站，维修和清洁的工夫都省了，彻底可以与电视和爆米花为伍了！

3. 自动返回充电

若是面积大的豪宅，机器人扫到一半没有电，说不定停在哪个角落，这可上哪去找？即使找到了，是不是还得手动抱回充电？US8461803B2、US9215957B2 公开了对机器人的电源储量进行计算，当电量不足时自动回到充电站进行充电的方法（见图7）。

图 7 扫地机器人返回充电示意①

程序算法的华丽转变

当然，扫地机器人的技术难题并不在于机器的外壳形状、刷子设计，那只是第一级别的创新。更大的难点在于，如何让机器人在规避家具、宠物等障碍的同时，还能尽可能全面清扫。扫地机器人没有眼睛，如何"看"到世界呢？答：靠"触觉"，也就是传感技术，并配合机器人的核心——智能化程序算法。

1. 接触式避障碍

早期的智能清扫机器人使用接触式避障，即碰到了再说。例如，CN101075138B 中侦测装置可检测碰撞或踩空。CN100567922B 则是通过气囊以及气压检测器（见图8），感受压力变化，判断是否存在碰撞以及碰撞的力量，检测到后再采取转向等手段。

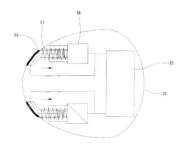

图 8 CN100567922B 说明书附图

2. 随机碰撞式

美国 iRobot 扫地机器人是基于 iAdapt 智能化清扫专利技术的随机碰撞寻路系统的典型代表。使用 Common Lisp 语言开发并有着天文数字般复杂程序控制的先进算法，实现机器人主动对清扫环境进行监测。硬件采用红外探测器、底部灰尘

---

① 图片来源：中国机器人网 www.robot-china.com。

侦测器、落差传感器、测速系统等。例如遇到椅子，机器人传感器部分会出现不同程度遮挡，从而得到一个大体的障碍物的形状，实现提前躲开的效果。并且，该算法包括数十种标准的清扫动作，如围绕、折返、螺旋、贴边、转身等（WO02/101477A2）。该专利摘要附图（见图9），图中10为扫地机器人，沿着45（螺旋）、51（贴边）、48（转身、折返）等路线行走。

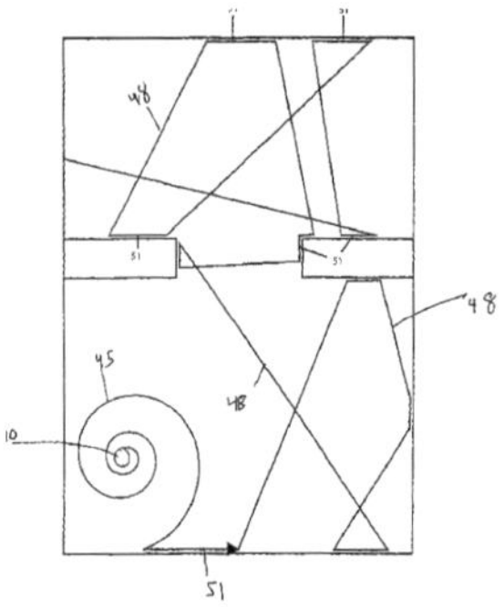

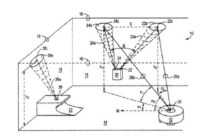

图9 WO02/101477A2 说明书附图

3. "盲人摸象"转变为"导航摸象"

随着时间的推移，路径规划技术逐渐应用到扫地机器人中，SLAM（Simultaneous Localization And Mapping）成为路径规划的核心算法（US9020637B2）。

Rommba 植入 SLAM 算法后，华丽地转型为路径规划型机器人。SLAM 通过对比 3 个关键点的占有位置图像进行定位，并计算 3 个点的平均质量，由控制器计算路径，并借助无线导航系统（US8874264B1，见图 10）实现路径控制。目前市面上主流的定位系统有 RPS 激光定位系统、VSLAM 图像位移定位系统，iRobot 主要基于图像定位。

图 10 US8874264B1 的摘要附图

在计算过程中，机器人可以生成虚拟屏障防止移动到不能碰触的区域，如墙壁、障碍物或其他表面，使用控制器变成通过执行操作限制主体的运动，在地图上制定虚拟屏障（WO2016164071A1），这就类似于先在地图上设置一个地雷区，让机器人直接不会碰触这个区域，按地图行走（见图 11）。

图 11 扫地机器人路径规划示意[①]

4. 爬坡设计

而清扫过程中，地面是有不同类型的，如地毯、地板、小的台阶等，此时需要机器人适度爬坡，而不是遇到地毯就逃之夭夭，WO2016130188A1 公开了在清扫过程中，机器人根据传感器相应俯仰的变化，可以让机器人越过地面的间断（如地毯的高度）而产生俯仰的变化（见图 12）。

---

① 图片来源：www.evolife.cn。

图 12 扫地机器人爬坡示意[1]

图 13 扫地机器人边缘检测技术示意[2]

6. 智能家居控制

WiFi 云控制无疑给智能化家居提升了一大步。iRobot 申请的 US9233468B2（见图 14）通过云端的服务器和移动终端（手机）控制机器人，轻松设定 / 实时控制扫地机器人的行动路线。

5. 边缘检测

快要走到边缘时，需要阻止机器人继续行走。WO2016057181A1 公开了机器人在清扫的同时，收集和分析地板材料的变化，确定是否要离开该区域。例如机器人正在清扫地毯，不能因为到边缘了就走了，而是优先将这块地毯清洁干净，再进入下一个区域，该项技术使得机器人有前瞻性地改变行进方向保持在选定区域内（见图 13）。

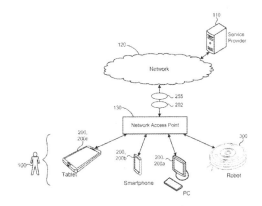

图 14 US9233468B2 的说明书附图

产品出炉

这么多产品，到底选择哪一款呢？iRobot 目前已经推出了很多家用清洁机器人型号，虽然看起来型号繁多，但实际上根据前述介绍小赢已经分类总结好了（见表 1）。大家可以根据家庭地形、污渍类型以及钱包厚度合理选择哦！（价格参考京东，仅代表价位，供参考。）

---

① 图片来源：www.maigoo.com。

② 图片来源：慧聪网 www.hc360.com。

表 1 iRobot 扫地机器人产品对比①

产品示例	Roomba 500 系列	Roomba 600 系列	Roomba 700 系列	Roomba 800 系列	Roomba 900 系列	Scooba 系列	Braav 系列
外型							
型号	Roomba 52708	Roomba 651	Roomba 770	Roomba 861	Roomba 980	Scooba 450	Braava Jet 241
价格	￥1999	￥2599	￥2780	￥3599	￥5400	￥5400	￥1999
功能	510 不能自动回桩充电；530 可自动回充；550 可定时预约；560 吸尘盒改进	620、630、650 型号，滤网毛刷升级，均具备预约功能，但不支持虚拟墙	首次出现了触摸式面板操作，配有红外遥控器，垃圾一体成型，多探点算法，可设定重点清理区域	高端产品 870 设有虚拟墙，880 有 2 个灯塔，避障功能较好	虚拟地图功能 SLAM 技术，APP 控制；根据地板类型可改变强劲力度	最简单的控制系统，清洁速度一般；螺旋路径后转变为随机模式	方形，造型小巧，采用 iAdapt 二代算法，机身带有喷水口，地面打湿后溶解污渍。APP 设置虚拟墙
特点	价格亲民，适合家里地形不太复杂，面积适中	适合稍大一些的结构简单的房间	适合一般懒人	非常适合养宠物的家庭	高端产品，功能齐全，适合有钱人的豪宅	适合比较有钱的懒人	适合国内小面积居室，尤其是地面布局比较复杂、风沙较大污渍难除的房间

虽然国内相对于欧美等发达国家研究起步较晚，但近些年相关技术也得到了飞速发展。国产品牌通常也能实现红外探测、沿墙壁行走清扫，并获得房间尺寸信息，规划高效的清洁路径，自动充电等功能。不过国内外差距主要在于"核心算法"。目前结合国家提出的"创新驱动发展战略"，国内很多科研机构和生产企业都在不遗余力地开发各种新型的扫地机器人。

相信在不久的将来，以科沃斯、小米为代表的国产品牌（见图 15）也一定能像国产手机一样，性能优良且价格便宜。小赢期待国产！支持国产！虽然目前清洁机器人已经越来越成熟，但依然有可能出现各种各样的问题，所以如果预算

---

① 产品均为上市产品，图摘自 iRobot 官网。

比较充足，还是建议入手有保修的行货。海淘的话，iRobot 还算耐用，海淘 Neato 的朋友有不少可能都后悔不已了。

科沃斯　　　　　　　　小米

图 15　国产扫地机器人产品示意[1]

研究了这么多，"小赢"已经忍不住跃跃欲试了，虽然价格比笤帚贵多了，但对于懒人来说，能用钱买到的一切都是值得的。摸摸钱包，小赢转身工作去了。

本文作者：
国家知识产权局专利局
专利审查协作北京中心医药部
吴漾

————————

① 图摘自科沃斯、小米官网。

62
再也不用担心被手机砸脸了

小 赢说：在家用手机时，很多时候处于躺卧状态，长时间举着胳膊好累，有没有考虑过买一款适合你的手机支架呢？

你喜欢躺床上玩手机吗？睡意朦胧间你有被手机或平板电脑砸过吗？那感觉，分分钟变成扁脸加菲猫。

然而，"懒人"的智慧是永远不可小觑的。为了能够懒得更舒心惬意，人们发明了多种床上手机支架，可谓造福广大人类（见图1）。

床上手机支架的设计可谓五花八门，我们先看看有哪些有趣的设计。

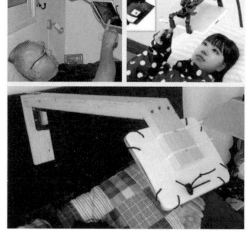

图1 床头手机架[①]

可弯折式

在 CN203181034U 中提出的这种手机支架应该是目前最常见的手机支架原形了（见图2）。其原理很简单，固定结构、金属软管和夹紧结构是其关键部件。

图2 CN203181034U 的说明书附图与产品实物图

---

① 图片来自 http://digi.tech.qq.com。

跟上述支架类似的还有这样的，CN203181032U 将软管换成了可伸缩的连接杆（见图3）。但实物一般用常见的伸缩台灯结构来实现，共用零件，换个夹头就行，降低成本啊。

图3 CN203181032U 的说明书附图与对伸缩连接杆改进的实物产品

充电式

CN204539251U 中手机的数据线可以穿过万向软管（见图4），一端连接移动电源，另一端连接手机。

笔者觉得从软管中走线是个不错的设计，至少看着没那么乱。但市场上的充电式支架多种多样（见图5）。

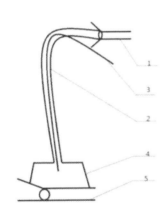

图4 CN204539251U 的说明书附图

图5 充电式手机支架实物举例①

体侧放置式

这款比较"雷人"，让笔者想到了霍格沃茨的设计图纸。

在 CN104315314A 中（见图6），人平躺床上，支架安放身体两侧，吸盘14可以吸住手机，

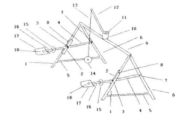

图6 CN104315314A 的说明书附图

双臂可以放在托臂件17上，不知道的还以为在做牵引。这个原理图表示真觉得好累，无法让人喜欢！

---

① 图片来自 http://digi.tech.qq.com。

背压式

更有甚者，支架需要人们将底座压在身下，如CN204697135U 的专利（见图 7）。也就是使用者需要先钻到这个架子中躺下把它压住！

感觉想看个视频可真是个浩大的工程呀。这还能愉快地说看就看、说走就走吗？

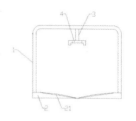

图 7　CN204697135U 的说明书附图

头戴式

CN204376996U 公开的这款支架需要固定在头上！圆形部分就是头部固定装置了（见图 8）。上市的实物产品比专利图美观很多。要是戴着帽子的这个支架出门回头率也是不敢想（见图 9）。

看了这图，你有没有想到这个产品可以拆分为自拍杆 + 普通帽子的组合？

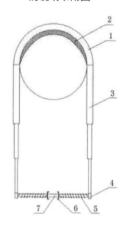

图 8　CN204376996U 的说明书附图

吸附式

下面来款小清新。通过支架表面吸附技术直接吸附智能手机和平板电脑（见图 10），简单大方、十分清爽。不过这种支架的底部需要置于平面上，对于躺床上的懒人们显然又不太适用。

常见的各种手机支架在很大程度上满足了懒人需求，但是在外观上都是冰冷的塑料或者铁件，在美观和舒适度上是否有点遗憾呢？

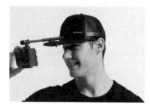

图 9　帽子手机支架实物图

抱枕式手机支架

说到舒适度，能抱着一个软软的抱枕看视频是多么美好的体验。

CN201790438U 中设计了一种多功能靠枕（见图11），在靠枕侧面缝制出口袋，口袋用于放置手机。算是抱枕类手机支架的雏形。抱枕式手机支架也有更简单直接的（见图 12）！在 CN203619215U 中（见图

图 10　吸附式手机支架实物图

13)，直接在抱枕上面安装一个用于放置平板或手机的可调节底板。可以想象，如果没有放上平板或手机，这个抱枕的造型还是略微诡异。笔者发现在 2017 年 1 月 18 日公告的 CN205896637U 中（见图 14），对这一类型抱枕支架的底座进行了改进。

图 11　CN201790438U
的说明书附图

图 12　抱枕式手机支架实物图

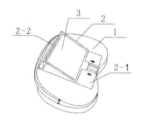

图 13　CN203619215U 的说
明书附图

图 14　CN205896637U 的说明书附图

最近，来自墨尔本的一个技术宅团队发明的一款抱枕 Grippy Cushion 更加可爱。这款靠垫通过纳米吸垫固定住智能设备（见图 15），什么支撑架、弹簧、伸缩杆、金属管，统统不需要了。固定牢固，还能给设备充电。更重要的是，它非常美观。

除了固定平板和智能手机（见图 16），Grippy Cushion 也能够固定书籍等其他日常用品。只要物体具有一个平面，都可以试试让这款靠垫把它"抓"住（见图 17）。

图 15　Grippy Cushion 抱枕
实物图

图 16　Grippy Cushion 吸附
能力展示图

图 17　Grippy Cushion 吸附
零食展示图

Grippy Cushion 释放了我们的双手和颈椎，你可以找你舒服的任意角度来观看设备（见图18）。

对于喜爱躺在床上又经常被智能手机或平板电脑砸脸的人，这款 Grippy Cushion 是一枚福星。更出彩的是它有一个类似"不倒翁"的功能，无论怎么按压，它仍然会稳稳地安放在固定的位置。所以还可以顺手练个拳击操？

图 18 Grippy Cushion 应用场景展示图[①]

Grippy Cushion 带来了一百分的亲切感和慵懒感。想想大冬天窝在家，抱着软软的抱枕看着网剧，可以腾出双手吃炸鸡、喝啤酒，用户体验简直不要太好！

然而，到目前为止，还没有查询到这款产品的相关专利。笔者认为，好的专利才能更好地保护原创性发明，使得公司在科研和市场上占据主动权。

本文作者：

国家知识产权局专利局

专利审查协作北京中心通信部

左林子

---

① 图 15~ 图 18 来源于 www.kickstarter.com.

63
智能窗户，"窗"造奇迹

小赢说：读完本文，小赢只有一个愿望——争取早日给家里换个玻璃推拉门！

想象一下，面试的时候突然窗外天崩地裂、末日降临，你还能微笑淡定地回答问题吗？在一段高清电视的创意广告中，营销人员将电视伪装成办公室的窗户，让求职者面向窗户回答面试官的提问，面试过程中在窗户上播放事先制作的陨石撞击地球的画面，偷拍下求职者惊恐的表情来反衬电视的逼真。在人们的印象里窗户是透明的，所以看到逼真的电视画面才会惊慌失措。但未来的玻璃窗会是什么样的呢？

变色玻璃技术

当室温、光线、透明度需要变化时，如果玻璃的颜色能够自动调节，这个想法怎么样？

事实上，变色玻璃技术已经较为成熟，能够随着电场、光线、温度的变化而变化。只是因为成本、安装等原因目前没有广泛推广，一些豪宅

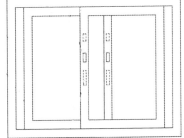

图1　CN103643879A 说明书附图

已经开始使用。小赢想：如果有一天突然成本降低很多，会不会所有窗帘厂商都会哭晕……

你是否也会向往这样的场景：清晨，玻璃自动从黑色逐渐过渡为透明的，让温暖的阳光准时洒进卧室。驾车时，车窗玻璃根据光线强度自动调节透明度，保持车内的舒适。

类似的技术已有许多专利申请，例如CN103643879A（见图1）中，记载了通

过窗外的温度传感器感受外部温度，进而形成对玻璃颜色变化的反馈控制。

玻璃显示技术

窗户除了能变色，未来还会有其他作用吗？先看科幻电影给出的答案！在科幻片《全面回忆》中，男主角把植入芯片的手放在汽车玻璃窗户上时，窗户瞬间变成一块可以即时通信的显示屏。

你是否也曾和小赢一样幻想过，家里的玻璃推拉门、幕墙、玻璃桌面都拥有互动显示功能，那该多好？每一块玻璃都是显示终端，可以随时展开你的设计工作，一边欣赏窗外美景，一边发个邮件，具备手写功能，像在黑板上进行演算……

从梦想回到现实，这种产品是否已经出现了呢？

平视显示 HUD 技术

目前，在玻璃上显示/投影，主要还是 HUD（平视显示 Head Up Display）技术。这种技术在"二战"时已经广泛应用在军用飞机上，将环状瞄准圈投射在座舱前端的一块玻璃上，这样就不需要飞行员在瞄准目标时转移视线。

1988 年通用汽车公司首次将 HUD 技术用于汽车中，将仪表盘的信息投影在驾驶员前方的挡风玻璃上。此后，汽车 HUD 技术开始逐渐用在跑车和高档轿车中，并且开始朝着信息化和数字化的方向发展。

如今，HUD 系统除了显示仪表信息，还可以结合车载电脑、外置传感器，通过增强现实技术，将导航信息、路况等一并投射到前挡玻璃上，并将投射的信息与实际路况进行同步。

捷豹路虎公司于 2014 年在中国提出了一件和该技术相关的专利申请 CN106163872A（见图 2），该专利记载了在车的外表面设置多个摄像头拍摄的车辆周围影像，通过挡风玻璃显示出来。

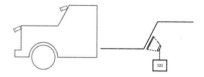

图 2　CN106163872A 说明书附图

车载 HUD 系统给驾驶员带来极大方便，但是也存在很多局限性，如玻璃需镀特殊膜：镀膜含有氧化铁和氧化锶，其折射率要大于普通的风挡玻璃；投射光源的强度要求高：由于采用光干涉成像，为了减少外界光线效果，须采用大功率光源。

基于上述两点，采用该技术的造价高，限制了 HUD 技术的广泛使用。为克服 HUD 技术的缺点，目前研发人员正在致力于新的研发方向。

内嵌液晶显示层技术

2015 年，韩国釜山大学的研究人员开发出一种先进的智能光阀，这种光阀由液晶制成，其最大的特点在于透明状态下可以当普通玻璃使用，工作状态下快速转换为不透明的显示状态。[①]

在 2016 年 2 月的迈阿密海滩游艇展上，一家名为 Taptl 的公司也发布了类似的透明液晶显示屏技术。平时，像玻璃一样透明的显示屏能够让人直接看到海洋或者沙滩，需要时也可以作为一个巨大的平板电脑或者电视机。显示屏配有无线通信接口，支持多个操作系统。据说一块 110 寸这样的屏幕价格高达 10 万美元，估计也只有豪华游艇才能配置吧。[②]

在公布产品前，Taptl 公司针对这项技术已经于 2015 年申请了专利。根据专利文献 US2016327729A1（见图 3）记载，在窗户中嵌入一块透明显示玻璃，该透明显示玻璃中包括一层透明的 LCD 液晶模块和一层光导板，能够实现普通玻璃窗户和显示屏之间的快速切换。

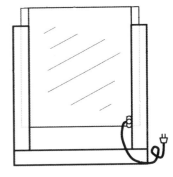

图 3 US2016327729A1 说明书附图

看过上面的介绍，小赢好想赶紧给家里换上一扇科技又炫酷的窗户？怎奈小赢不是土豪，换不起啊！

但是，小赢仍然乐观的认为，既然已经有公司做出了这样让人心动的产品，根据 IT 产品成本降低和快速更新的速度，相信用不了几年这样的玻璃窗就会走进我们的日常生活。

科技已经给了我们"窗"造奇迹的曙光，让我们给这些创新企业一些时间，给中国的企业多一些时间。

本文作者：

国家知识产权局专利局

专利审查协作北京中心电学部

苏文

---

① 智能光阀：能够让你家窗户瞬间变 LCD 显示屏，http://tech.huanqiu.com/news/2015-05/6336462.html，环球网科技。

② BELIEVE IT OR YACHT, THESE BOAT WINDOWS DOUBLE AS TRANSPARENT TOUCHSCREEN LCDS https://www.digitaltrends.com/home/taptl-transparent-touchscreen-lcd-displays/?utm_source=feedly&utm_medium=webfeeds Digital Trends。

64
智能时代，你家的马桶该换了

小赢说：一日三餐，五谷轮回。马桶，每天坐得是否已经麻木？看本文能否戳一下你的痛点？

"马桶"一词从何而来？

马桶的历史可以追溯到汉朝（见图1），当时的马桶叫虎子（多霸气的名字），皇帝专用，传说用玉制成，由专门的太监负责，随叫随到。现在流传下来的都成了文物！

到了唐朝，因皇族中有人叫李虎，为避名讳，把虎子改名为兽子或者马子。后因民间多以桶的形式存在，就演化成了马桶的称呼（见图2）。

现代的马桶是英国人发明的：

●1596年，英国贵族约翰·哈灵顿发明了第一个实用的马桶（见图3），有水箱和冲水阀门的木制座位。

●1778年，英国发明家约瑟夫·布拉梅改进了抽水马桶的设计，采用了控制水箱里水流量的三球阀，以及U形弯管等。

●19世纪，英国政府制定法律，规定每幢房屋都必须安装适当的污水处理系统，马桶开始大幅改善。

●1861年，英国管道工托马斯·克莱帕发明了一套先进的节水冲洗系统，废物排放开始进入现代化时期。

图1 汉朝马桶

图2 唐朝马桶

●1885 年，托马斯·土威福在英国取得第一个全陶瓷马桶的专利，其后每年都有数十件改善的专利授出。

●1914 年由英国人在唐山开的启新陶瓷厂（唐山陶瓷厂的前身）制造出中国第一件陶瓷马桶。

此后，一百年来马桶也随着科技的发展发生了翻天覆地的变化。让我们先来看一款科技感十足的产品，该款产品由 Kim Hyeonseok 发明。

外表圆润光滑，曲线自然、身材窈窕有没有！！！（见图4）

图3 现代第一个实用马桶

如图5所示，自动感应开合，坐好后脚踏板自动弹出，并调整到最佳角度。用完自动冲洗后还别着急走，回头看着马桶盖，还能显示时间、日期和用户的心率等健康信息。

你是不是在感慨：马桶居然有这么多功能？小赢告诉你，这才是冰山一角。

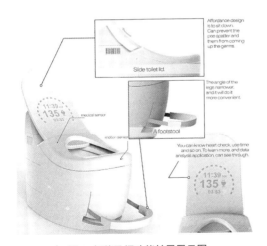

图4 智能马桶功能扩展展示图

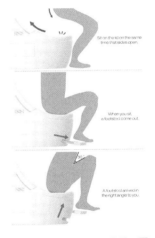

图5 智能马桶脚凳功能展示图

智能马桶功能大分解

先来一张宏观图（见图6），再来拆分各功能细节。

●前面提到过的感应开合：你来了，打开欢迎你；你走了，合上等着你。

●座圈加热：每一次的接触都知冷知热，根据季节和气温自动恒温调节。

●喷嘴自洁：在喷嘴使用前后都出水冲洗清洁，保持卫生。

●臀洗妇洗：专用的妇洗方式，关注女性健康。

●夜灯照明：昏暗环境下感应开启照明模式，显示自身位置的同时还可以伴有音乐（小赢很想知道，漆黑的夜晚，坐在幽蓝色光芒的马桶上，放着抒情的音乐，这是一种怎样的体验？）。

●暖风烘干：再也不用担心厕纸中的荧光剂残留了。

看到这里也许你会问：马桶的水箱会有什么样的改进呢？小赢很遗憾地告诉你：没有水箱！对，你没看错，就是没有水箱。为了避免水箱中存水带来的细菌滋生，新一代智能马桶采用无水箱设计，利用过滤后的活水冲洗，更加卫生。

下面让我们从图7中看一看一台全功能智能马桶应该包括哪些功能性结构。

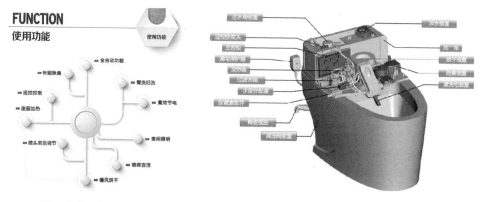

图6　智能马桶功能拆解　　　　图7　全功能智能马桶功能结构

上面那么多功能有没有戳中你的痛点？开始心猿意马了吗？理智一点，先看看价格！

智能马桶市场价格大调查

小赢经过调研，在某电商平台上，图8这款东陶（TOTO）CES997B壁挂式智能马桶的价格是54399元！这么多钱够小赢装修两个卫生间了。图9科勒（KOHLER）这款K-4026T-0智能（17639元）马桶相比于TOTO的产品便宜不少，当然也少了显示触控面板等功能。

看完知名品牌的价格后，小伙伴们是不是有点望而却步了。虽然高大上，但价格也吓人呐。别走开，还有国产的智能马桶呢，比如图10九牧（JOMOO）这款Z1D60B1S智能马桶（5299元）。

图8 东陶（TOTO）CES997B 壁挂式
智能马桶

图9 科勒（KOHLER）
K-4026T-0 智能马桶

图10 九牧（JOMOO）
Z1D60B1S 智能马桶

价格的差异源自于功能不同，更源自于公司技术实力的差异；而这种技术实力可以从企业的专利申请中体现，同时专利也成为了制约竞争对手的利器。下面咱们就来梳理一下背后的专利。

智能马桶背后的专利

先看一下三家公司总体的专利布局情况（见图11~图13）。

九牧的专利布局仅涉及中国大陆，而东陶和科勒的专利布局涉及美、日、欧、韩、中国大陆、中国台湾和中国香港等全球市场。

仅从具体在中国的申请量来看，九牧的申请量也远低于另外两家。作为跨国企业，东陶和科勒已熟练运用专利工具，掌握了一定周期内的市场定价权。

还记得前面提到的自动感应功能吗？科勒在20年前就申请了专利US6250601B1（2001年授权，见图14）。这么早，有没有被惊到？该重点专利的同族申请在欧洲、中国和澳大利亚也获得了授权。遗憾的是，该专利当时未进入日本，为东陶后续使用该技术留下漏洞。

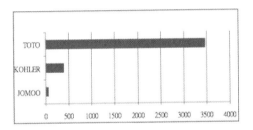

图11 智能马桶全球发明与实用新型专利申请量

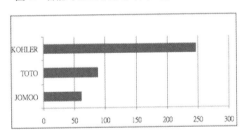

图12 智能马桶国内发明与实用新型专利申请量

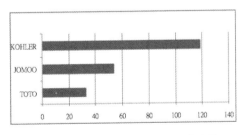

图13 智能马桶国内外观设计专利申请量

东陶抓住科勒在专利布局上的漏洞，在其基础上改进后于 2003 年在日本申请了感应开合的专利 JP4402406B2（2010 年授权，见图 15）。

近年来，科勒又出大招，2014 年又申请了另一重要专利 US9293024B2（2016年授权，见图 16），主要涉及智能马桶的坐姿提醒功能，即通过检测人体姿态的同时，以振动或语音提醒使用者调整为正确的姿势，从而有利于健康。

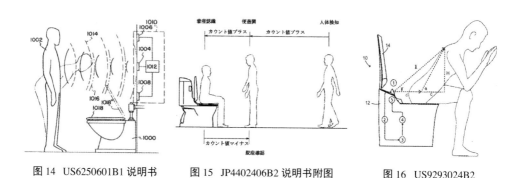

图 14　US6250601B1 说明书附图　　　图 15　JP4402406B2 说明书附图　　　图 16　US9293024B2说明书附图

小赢通过对智能马桶的相关专利分析，认为健康监测是目前发展的一个主要方向。东陶公司正在该方向上进行着专利布局，在专利申请 JP2016145806A（2015年申请，见图 17）中，通过检测排便过程中排出的臭味气体，分析相关元素的含量，与医院、保险公司的大数据交互对接，检测判断用户是否患病及患病程度。

除了技术创新，外观设计也在进步。图 18 有没有觉得很眼熟？是否觉得和前文提到的科勒的一款产品很像？没错，这张图就是科勒于 2009 年申请的CN301285913S（2010 年授权）中的附图，在上市前即对最新设计的外观进行了保护。

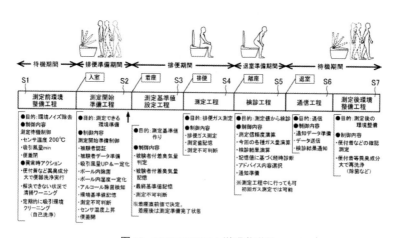

图 17　JP2016145806A 说明书附图

图 18　CN301285913S 外观　　图 19　CN302773441S 外
设计图片　　　　　　　　观设计照片

　　文章的最后，推荐一款小赢喜欢的外观设计专利 CN302773441S（见图19），是不是也挺有创意？

结语

　　最后，小赢只有一个愿望，国产智能马桶在不久的将来能否像国产的智能手机一样，价格实惠、功能强大。到时候小赢也一定把家中的马桶更新换代，让每天如厕都会变成一次体验，一种感受。

本文作者：

国家知识产权局专利局

专利审查协作北京中心电学部

赵洋　韩静静　丁冉

Chapter6

第六章

2016 年度最佳发明

65

雾霾天出行，你需要一款
随身携带的空气净化器

小赢说：近几年雾霾泛滥，各种颜色的预警频发，男女老少提霾色变。抗击雾霾的方式也越来越多，今天的主角是一款可随身携带的智能空气净化器，创意不错，应用场景贴心，不过是否实用还要你来评论。

引言

大家脑海里传统的空气净化器是不是图 1 这样的，当然还有图 2 这样的。

图 1　传统空气净化器[①]

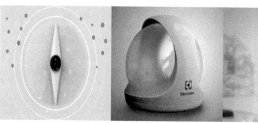

图 2　各种类型的空气净化器[②]

不过这些空气净化器的问题是使用场景单一、不易携带。Wynd 便携式智能空气净化器的出现解决了上述痛点（见图 3）：上班时，你可以将它放在桌边；带宝宝遛弯时可以放到婴儿车里；出差时还可以放在酒店房间——真正实现随时随地，想净就净！

图 3　Wynd 便携式智能空气净化器[③]

---

①②　图片来源：百度图片。

③　图片来源：www.kickstarter.com。

Wynd 净化器大揭秘

虽然 Wynd 体积小巧，但其每秒可净化超过 8 升的空气（见图 4）。

为了使空气气流具有低湍流性，研发团队专门为 Wynd 使用 3D 打印技术定制了特殊的空气流动体系组件（见图 5）。

在"自动模式"下，Wynd 会根据空气质量自动调节净化水平，当然你也可以通过扭动 Wynd 顶部的环状部件手动调节空气的流量（见图 6）。

设在底部的快拆型空气质量检测器是 Wynd 的一大亮点。用户可以通过检测器上显示的灯光颜色判断周围空气的质量。

位于净化器顶部的 360°环形灯可以显示空气质量、气流量、剩余电量以及滤芯寿命。

此外，Wynd 还配备了 type-C 型 USB 接口，4 小时即可让净化器"满血复活"。

不过 Wynd 毕竟太小了，人们不禁要问：它的滤芯到底与普通净化器有何不同？是否需要频繁更换？空气净化效果到底如何？莫急，且听小赢一一道来。

图 4　Wynd 便携式智能空气净化器参数介绍[①]

图 5　Wynd 使用 3D 打印技术定制空气流动体系组件[②]

图 6　Wynd 会根据空气质量自动调节净化水平[③]

Wynd 滤网采用何种材料?

Wynd 的滤芯由可以捕获 99% 1μm 以上颗粒的高效滤芯和可以杀灭 99% 微生物的抗菌银涂层制成，即 Wynd 把传统吸附方式与银离子杀菌组合使用。

1. 传统吸附式净化技术

吸附式净化技术涉及初效滤网、中效滤网和高效滤网，其中过滤效果最好的就是高效滤网（High Efficiency Particulate Air Filter，HEPA）。它的清洁原理是依靠细颗粒物与固体（滤网）之间的范德华力，因此对直径为 0.3μm（头发直径

---

①②③　图片来源：www.kickstarter.com.

的 1/200）以上的微粒去除效率可达到 99.7% 以上，是烟雾、灰尘以及细菌等污染物最有效的过滤媒介。

2. 银离子净化技术

高氧化态银的还原势极高，足以使周围空间产生原子氧。原子氧具有强氧化性，可以消灭细菌。

3. 净离子群技术（PCI）

净离子群技术由夏普公司于 2000
年开发，工作原理是来自水分子的正离
子与来自氧分子的负离子，在微粒表面
发生化学反应，形成 OH⁻ 根离子，破坏
分子表面的蛋白质，致使分子本身功能

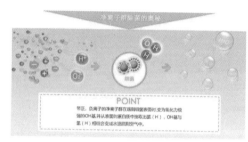

图 7　净离子除菌示意图[1]

失效，消灭浮游病毒等有害物质，最后以水分子的形式返回到空气当中（见图7）。

4. 负离子净化技术

负离子净化是一种利用自身产生的负离子对空气进行净化、除尘、除味、灭菌的环境优化方式。目前采用负离子转换器技术和纳米富勒烯负离子释放器技术的负离子空气净化器，不需要风扇，没有任何噪声，夜间也可以使用。但大型负离子净化器一直没有大面积普及的原因是普遍存在对人体有害的臭氧物质。

5. 光触媒净化技术

光触媒净化利用纳米光触媒二氧化钛的抗菌、分解有机物、脱臭的特性实现净化（见图8）。

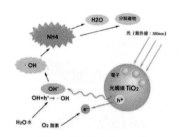

图 8　光触媒净化示意[2]

Wynd 滤芯是否需要更换？

使用一段时间后，Wynd 配备的 APP 会
显示滤芯的使用状态。当 Wynd 上部的环状灯闪烁黄色时表明用户该换滤芯了。Wynd 滤芯的更换频率取决于使用时间、周围空气质量以及空气流量等因素，但是由于滤芯体积偏小，所以其更换频率也会偏高，后期需要一定的维护成本。

为了减少空气净化器后期维护的费用，有些商家推出了可水洗维护的滤网，

---

①② 图片来源：百度图片。

其原理是采用可水洗的 PET 或 PTFE 代替不可水洗的 PP 或玻璃纤维制作 HEPA 滤网，但是 PET 的缺点是净化效率很低。

此外，杀菌棉过滤网滤料为较细直径纤维，可以用清水进行冲洗。但是随着冲洗次数的增多，杀菌棉过滤的作用也会越来越差。

Wynd 净化效果如何？

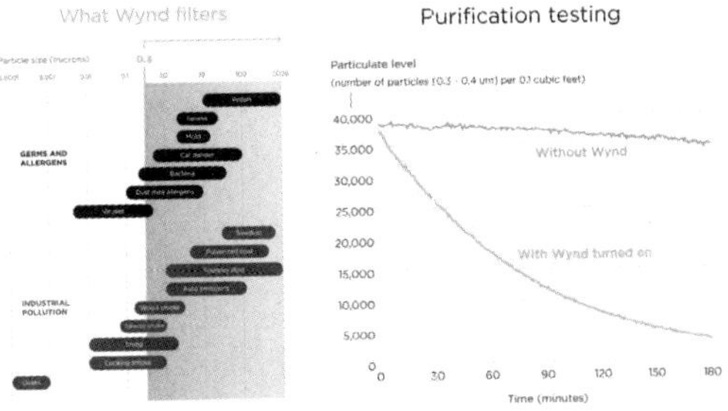

便携式空气净化器的目标与家用空气净化器不同，前者旨在净化 1m 内的随身空气。Wynd 净化器可以去除周围空气中的大量过敏原、病菌以及 PM2.5。

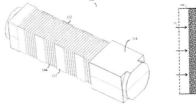

图 9 Wynd 净化能力①

净化试验表明，Wynd 在 3 小时范围内，可将空气内的颗粒水平从 40000 降至 5000 以下（见图 9）。

不过随身空气净化器还是无法代替家用空气净化器，只能尽量让你的周围环境变得更好。

主流空气净化器结构

主流空气净化器大多包含高效滤网。例如奥郎格（Airgle）PurePal 系列由高效过滤网（HEPAfast）或者

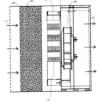

图 10　CN103977444B 的光催化消毒反应器

图 11　CN102210879B 的空气净化装置

超高效过滤网（c-HEPA）、椰壳活性炭网、紫外灯 UV 组件组成。代表专利有 CN103977444B、CN102210879B（见图 10、图 11）。IQAir 空气净化器的过滤网采用了医用级别 HyperHEPA 滤芯材料。

在国产空气净化器方面，352 空气净化器主要采用初效滤网、中效过滤器、气味过滤器和高效过滤器，代表专利为 CN204373099U（见图 12）。小米空气净化器则采用初效滤网、HEPA 和椰壳活性炭滤网的组合方式，代表专利为 CN205127562U（见图 13）。

当然，还有部分产品结合了上述多种净化技术，例如夏

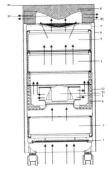

图 12　CN204373099U 的说明书附图

---

① 图片来源：www.kickstarter.com。

普空气净化器采用专利"净离子群"主动净化空气的技术，并结合多重滤网（前置滤网、可清洗脱臭滤网、去除甲醛滤网、HEPA 滤网、可选加湿滤网）强效吸附净化，能高效去除细菌、病毒、甲醛、异味、油烟、尘螨、二手烟等空气污染物。代表专利为 CN103930730B（见图 14）。图 14 中的 12 为带电粒子产生器，11 是空气清洁单元。

图 13 CN205127562U 的说明书附图

Blue air 的滤网套件由 HEPASilent 高效无声三层渐进式过滤网、被称为"甲醛克星"的冷触媒净化滤网和蜂窝状改性活性炭滤网组成，此外它还具有负离子发生器，每秒释放 300 万个负氧离子，使室内空气接近大自然的清新感，让人精神爽朗。代表专利位为 CN106140474A（见图 15）。

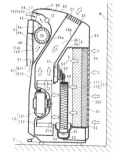

图 14 CN103930730B 的说明书附图

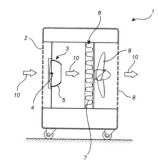

图 15 CN106140474A 的说明书附图

空气净化器怎么选？

首先要知晓几个参数，参照新版《空气净化器》（GB/T 18801—2015）。

- CADR 值：洁净空气量，该数值越大净化能力越强；
- CCM 值：累计净化量，净化能力的持续性，数值越大滤网寿命越长；
- 能效比（CADR/功率）：反映净化器的节能特性，能效比数值越高意味着产品在同等性能条件下耗能越低。

建议消费者在选购前仔细了解净化器产品工作原理以及空气净化器的主要技术指标（见表 1）。在此基础上，根据实际情况选用合适的产品。

表 1 各种空气净化技术的特点

	高效滤网 HEPA	高压静电技术	水洗技术	介质吸附技术	光触媒技术	等离子技术	负离子技术
目标污染物	可吸入颗粒物（0.3μm 颗粒物净化效率：H13 级 99.7%；2.5μm 颗粒物净化效率：H11 级 99%）	可吸入颗粒物、微生物	可吸入颗粒物，水溶性气态污染物	气态污染物如苯系物（活性炭），甲醛（分子筛）	气态污染物（甲醛、苯系物）、微生物	挥发性有机物、微生物	颗粒物

	高效滤网 HEPA	高压静电技术	水洗技术	介质吸附技术	光触媒技术	等离子技术	负离子技术
经常更换	是	否	否	是	否	否	否
抗菌作用	无	有	无	有	有	有	有
缺点	容易成为细菌、霉菌生长温床，造成二次污染	产生臭氧造成二次污染	颗粒物清除效率低；不适用于潮湿地区	容易饱和	仅分解，不能分离颗粒物；需有紫外线配合，可见光效果不确定	技术尚不成熟	只将灰尘沉降在地面，并未彻底清除；存在重离子二次污染
改进发展	静电驻极技术抗菌涂覆技术			冷触媒（常温催化）技术			

建议消费者在选购前最好了解净化器产品的工作原理以及对净化器的评价方法，尤其是空气净化器的主要技术指标，如 CADR、CCM、噪声、能效等。在此基础上，根据实际情况选用合适的产品。如需去除固态颗粒污染物如 PM2.5 以及各类有害气体，建议选用同时兼具固态颗粒物与有害气体甲醛、苯系物等净化功能的产品，CADR 较大、CCM 较高的产品。卧室要选用噪声小的产品。家中有婴儿、哮喘病人等敏感人群，建议选用不产生臭氧的纯物理吸附式产品。需要 24 小时开机的用户适当考虑购买节能产品。

另外，对于具有 HEPA 滤网的空气净化器，应当选择 H12 级别以上滤网级别的产品，有条件的可以选择 H13 级别。

最后，还要根据房间面积选购，产品不是越大越好，适合才是最好的。

本文作者：

国家知识产权局专利局

专利审查协作北京中心化学部

杨芳

66
球形轮胎
距离我们的汽车还有多远

小 赢说：看了这个发明，小赢就想问一句话：是不是安装了球形轮胎以后，停车什么的再也不愁了？好像哪里不对——这个轮胎是怎么安上的呢？

如果你是新司机，当遇到狭窄的车位，特别是侧方位，你是否也想化身周星驰《少林足球》中的女侠，用掌力把车推进车位？如果你是老司机，看到别人停车各种打死、各种揉，仍然停不进去的时候，是否有过去抢方向盘的冲动？

现在，解决这一问题的神器来了——球形轮胎。

球形轮胎可以参考 12 年前上映的一部科幻电影《我，机器人》（也叫《机械公敌》）。男主角威尔·史密斯驾驶了一台奥迪专门为影片设计的概念车 RSQ（见图 1）。RSQ 的车轮采用了直径 18 寸的旋转球，可以方便地实现侧向停车。

有了这样的配置，是不是再也不用担心停车难，能够更好地享受驾驶呢！而且，这样停车占用的空间更少，原有的停车场能容纳更多的车位。

球形轮胎为什么以前不用呢？球形的车轮好控制吗？安全吗？球形轮胎能造出来吗？

这么多问题，看作者一个一个来解答！

12 年来，球形轮胎只生活在电影世界里。

图 1　奥迪 RSQ 概念车①

直到 2016 年 3 月 1 日，固特异在瑞士日内瓦国际车展上展示了其最新的概念球形轮胎 Eagle-360（见图 2），轰动了世界！这个球形轮胎靠磁悬浮驱动，四个轮都

---

① 图片来源：搜狐汽车，http://auto.sohu.com/20060926/n245538946.shtml。

图 2 固特异 Eagle-360 球形概念胎①

图 3 球形轮胎磁悬浮驱动②

能轻松转向，360°无死角转向（见图 3）！

Eagle-360 虽然今年才面世，但是技术上已经过多年的积累；让我们从专利信息角度梳理一下：

对于汽车采用球形轮胎的追求，人们很早就有，例如 1988 年公开的美国专利（US4785899，见图 4）介绍了一种采用电机作为动力源，通过齿轮传动来驱动球形车轮的车辆。2010 年授权的美国专利（US7644787B2，见图 5）中公开了一种带有轮轴，并采用拉杆操纵转向的球形车轮车辆。

与奥迪 RSQ 比较接近的是 US2012112590A1（见

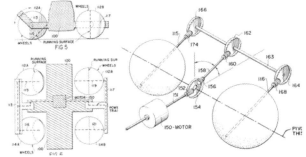

图 4 美国专利 US4785899 文献中的相关附图

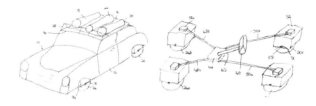

图 5 美国专利 US7644787B2 中的相关附图

图 6），该专利展示了一种磁悬浮汽车，球形轮胎通过磁悬浮与车体适配，构建轮胎周围磁场的同时，还贴心地设置有电磁屏蔽结构来保护驾驶舱不受磁场影响。

除了前面提到的球形轮胎在停车方面的优点外，对于目前蓬勃发展的自动驾驶技术来说，球形

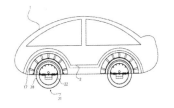

图 6 US2012112590A1 中的相关附图

①② 图片来源：固特异 Eagle-360 球形概念胎入选《时代》周刊 2016 年度最佳 http://www.goodyear.com.cn/uncategorized/。

轮胎也有很大的应用前景，因为其相对于现有轮胎能更方便地解决安全问题。例如，当自动驾驶汽车突遇路面危险打滑时，就能直接保持前行状态，用灵活的车轮滚动避开障碍。

怎么把一个球形轮胎装到汽车上并驱动其转动？固特异给出了和美国专利US2012112590A1 基本上相同的答案——磁悬浮。取消了固定的转动轴，在轮胎里内置马达，就能保持轮胎各个角度都能灵活滚动。刹车和加速的情况，也都靠磁力变化和轮胎滚动方向控制。

对于这种磁悬浮技术，除了 US2012112590A1 采用的技术。世界其他的知名车企也纷纷给出了自己对于球形轮胎的解决方案。韩国现代公司在 CN103158433A 中提到了一种采用电磁驱动球轮的系统，能够在各个方向上移动车辆。日本本田公司在 CN101657347A 和 CN101663194 A 中给出了一种摩擦式的驱动球形车轮的驱动装置。

但是首先推出球形轮胎产品的固特异公司，作为专业轮胎厂商在轮胎的设计方面注重更多的细节。例如，Eagle-360 的胎面纹路也花了不少心思。它的外部模仿了大脑表层的珊瑚结构（见图7），布满了多方向的块状纹路和凹槽，增加抓地力而且兼顾雨天排水和散热。

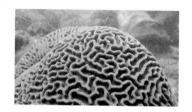

图7 珊瑚纹路①

在干燥路面上，轮胎会自动变硬，减少摩擦；在有积水的路面上，轮胎会变软一些，增加摩擦，减少打滑，让雨雪天气行驶更加安全。在轮胎的纹路中还有一种吸水材料，这种材料吸水后会自动收缩，从而创造更大的排水槽。这样的话，车辆可以轻松地通过有积水的地方。

这种通过吸水来改变轮胎胎面性能的技术固特异公司也早已进行了专利保护。如 CN103172871A。

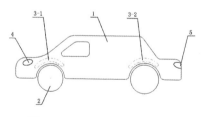

图8 CN106114344A 的相关附图

此外，固特异公司计划为 Eagle-360 轮胎装上传感器检测拥堵、天气和路表面状况，把这些数据传给车辆并对外广播，提醒附近车辆——想想以后车联网和物联网的时代，真让人兴奋。同时，固特异公司还致力于使轮胎自动调整与地面的接触面积，增加使用寿命。而且，因为是 3D 打印，所以根据司机开车习惯

---

① 图片来源：歪果仁真会玩 球形轮胎都被他们造出来了！http://www.sohu.com/a/108428149_235058。

定制轮胎也不是没可能。

不过固特异公司对轮胎未来的奇思妙想，可能被一些敏锐的公司提前进行专利布局。例如，上海小糸车灯有限公司在 2016 年 8 月 22 日申请的中国专利 CN106114344A（见图 8），便要求保护一种与球形轮胎关联的智能车灯，用于在车身横向移动时向外传递信号。小赢认为，未来球形轮胎的车不仅有前后大灯，还一定有侧大灯。

随着球形轮胎技术的不断成熟，有一天你就能在路上看到一台这么"拉轰"的车了！奥迪公司已经决定要生产采用这种轮胎的车（见图 9）。让咱们再仔细看看这款车的概念版造型（见图 10）和内饰（见图 11）：不过看官别急，根据奥迪的官方消息，这款车真正发售：那要等到 2020 年以后了⋯⋯

图 9　奥迪 RSQ 正面图① 　　图 10　奥迪 RSQ 造型② 　　图 11　奥迪 RSQ 内饰③

本文作者：

国家知识产权局专利局

专利审查协作北京中心审业部

田远

① 图片来源：2035 AUDI RSQ 概念车 http://auto.qq.com/a/20040518/000022.htm。

67
能自动系鞋带的鞋

小赢说：斯皮尔伯格监制的经典科幻电影《回到未来》系列，小赢看过好多遍，其中对 2015 年未来科技生活的描述，让小赢二十年前对未来就产生了无限憧憬（暴露年龄了）。如今，科幻电影中的一项科技真地实现了……

你是否还记得《回到未来 2》中的片段？男主角穿越回当时幻想的"未来世界"2015 年，穿上了一双名为 AIR MAG 的耐克鞋。

在影片中，这款鞋真是非常炫酷！ 2016 年，影片中的同款鞋横空出世，耐克科技让科幻照进现实，那就是 AIR MAG 2016（见图 1）。

图 1 AIR MAG 2016 官方宣传图片

广告噱头还是致敬经典？不论耐克的动机是什么，单说鞋的造型便让小赢口水直咽：耀眼的鞋底大灯，性感的圆润鞋跟，炫酷的鞋身造型，浑身散发着科技感。有人说，这是耐克一次长达 27 年的商业计划。这种说法小赢是不信的，因为 1989 年，耐克公司的主打产品是 AIR JORDAN 第 5 代。[1]

---

① 迈克尔·乔丹穿着它在 1989 年的战绩斐然，《灌篮高手》中流川枫也是用的这一款。

多年来耐克的主打产品都在于改进鞋底技术，电影中的鞋子之所以是耐克标志，相信更多原因是赞助费的作用。鞋子的设计应该更多是电影人脑洞大开的结果，因为比起什么当时的 AJ 系列，电影中的鞋子不知要先进到哪里去了。

实际上，AIR MAG 鞋的首发还要追溯到 2011 年。当时耐克通过慈善拍卖的方式，在 eBay 上仅限量发售 1501 双，共筹得善款 560 万美元，捐给研究帕金森综合症的 Michael J.Fox 基金（Michael J. Fox 就是《回到未来》系列里的男主角，史上第一位穿上 AIR MAG 的人）。按照一般的说法，2016 年耐克发售的 AIR MAG 2016 款，只是 2011 款的"复刻"版。但是这款复刻版为何让媒体和公众沸腾了呢？

原因就在于一个承诺，一个耐克关于梦想的承诺：让电影中的自动系带系统正式实现！没错，这就是 2016 款与 2011 款最主要的区别：穿戴者只需按下鞋跟处的按钮，鞋带就能够根据脚型自动完成系紧鞋带的动作；按下另外一个按钮，就能够自动松绑。从 1989 年《回到未来 2》播出，到 2016 年带有自动系带功能的 AIR MAG 发售，耐克用了近三十年，才实现了当年的梦想。

这款鞋在哪儿可以买到？别冲动，理性消费！请看下面的介绍：AIR MAG 2016 款全球限量 84 双，大部分以拍卖方式发售。在中国香港的拍卖，其中一双以 81 万港元成交。① 惊呼价格太贵的小伙伴们不要惊慌，回忆一下手机、计算机等科技产品的价格曲线，给点时间！

成本的降低通常来自科技进步带来的大规模量产，价格的降低还有赖于商家之间的激烈竞争。关于自动 / 半自动系鞋带技术实际各大企业都没闲着。让小赢从专利的视角带您看遍各大运动鞋品牌，哪家技术强？哪家有专长？哪家能量产？

耐克： Adaptive Fit 技术

提起耐克的当家科技，Sneaker 们（泛指运动鞋爱好者）随口就能说出 Air、Zoom、Lunar 等技术。但这些都是中底缓震科技，是"踩在脚下面的"。MAG 鞋，除了乱花渐欲迷人眼的各种灯，还有一项更实用的科技，就是"绑在脚上面的"技术——Adaptive Fit，一种自动系带技术。 对于该技术，耐克公司在 2009 年即申请了相关专利 CN102014682 （见图 2）。

耐克公司号称将于近期推出的新鞋 HyperAdapt 1.0（人称平民版的 AIR MAG）也搭载了这一项科技。发售之前已让当家代言球星 C 罗试穿。

至于价格方面嘛，比起 AIR MAG 来，听说也仅仅是"不那么贵"而已——你

---

① 约等于一辆低配的宝马 X5 车的售价。

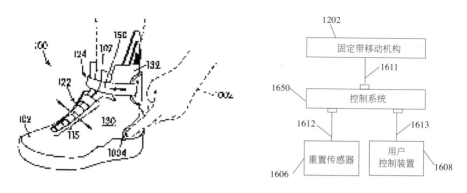

图 2　CN102014682 的相关说明书附图

懂得！你说想穿着打球、跑步？嗯，一个急停磨掉 5 元钱，破个口子就要心疼哭了。要不还是再等等吧……

ADIDAS：HUG 技术

说过耐克，就不能不说 ADIDAS。两家就像江湖中的少林、武当，科技的比拼从未间断。ADIDAS 在更早时就探索过对系带系统的改进，2001 年便发明了 HUG 系统——也称三维环抱技术，该技术能让球鞋对运动员的脚部拥有更持久和稳固的包裹性能。

美国专利 US2004134099A（见图 3）就公开了这一系统，仅需要人工一个简单的拧紧或扣紧动作，就完成了整个鞋面处的拉紧。当然，比起耐克的 Adaptive Fit 技术，"HUG"技术也只能算"半自动"系带了。

"HUG"系统主要缺点在于，关键机构完全延伸并隐藏在鞋内部，如果关键部分（例如牵引线）断裂，不易替换和修理，这套系统就完全失效了。"HUG"技术主要应用在篮球鞋上。例如，由中国球迷熟悉的姚明在火箭队的队友麦迪代言的 T-MAC4，当时的销售红极一时。

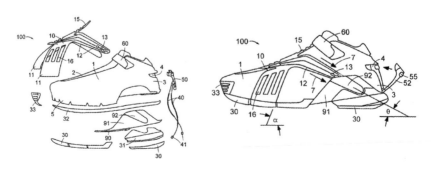

图 3　US2004134099A 的相关说明书附图

PMmA：DISC 技术——有个圈的运动学

除了耐克和 ADIDAS 之外，PMmA 公司的影响力也是非同小可的。实际对 PMmA 公司追踪溯源，还和 ADIDAS 能攀上亲。

PMmA 实际是最早投入研发快速系带科技的公司，也就是其应用的 DISC 技术。早在 1991 年的专利申请 CN91109120（见图 4）中就对该技术进行了记载。该技术只需单手旋转脚面处设置的圆盘，便能够将鞋带系紧。DISC 技术也是一种"半自动"系带系统，其缺点也和 ADIDAS 的 HUG 类似，如果里面的关键部分出了问题，整个系统就失效了。

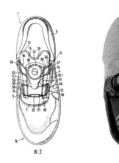

图 4　CN91109120 的相关说明书附图与 PMmA 运动鞋实物图

REEBOK：PMmP 技术——鞋带是什么

提起 REEBOK，估计爱打篮球的小伙伴不会陌生。当年的 REEBOK 篮球鞋可以和耐克、ADIDAS 分庭抗礼，更是有艾佛森、姚明这样的顶级球星代言其品牌。而在系带系统科技的发展中，REEBOK 可算另辟蹊径——没有鞋带。

在该公司的专利 US5158767（见图 5）中详细介绍了这一技术：在鞋面下铺设一个大部分包裹脚背的可充气气囊，通过气泵（也就是 PMmP）向气囊里打气。随着充气膨胀，直到

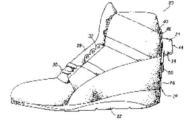

图 5　US5158767 的相关说明书附图

整个带气囊的鞋带把脚舒服的包裹在里面，就完成了相当于系紧鞋带的工作。

现今，REEBOK 早已辉煌不再，被 ADIDAS 收购之后更多的是发展休闲产品。但是它的 PMmP 技术作为独门绝技，时不时就会再亮亮相。要说缺点，当然就是千万不能"霸气"外漏。

ZUBITS：新潮的磁铁技术

最近，一款叫做 ZUBITS 的产品悄然出现——就是两片磁铁。普通的系带鞋通过这两个简单的磁性片，就能变成自动系带的鞋。

它的原理很好理解，就是两个磁性带孔的片，当你把一只鞋的两段鞋带分别

缠绕在磁性片后，穿鞋的时候仅需把两个磁性片一合，"啪啪"一声，双脚就都穿好了。

结语

三十年前，自动系带的鞋还只能出现在科幻电影里，还是需要"做特技"的魔术；今天，我们已经能够触摸到技术的发展带给我们的便利。十年后，也许我们的生活中再也没有"鞋带"这个东西了。

虽然，这样的生活也许会失去少许的炫酷，会失去少许的基情，甚至会失去少许的浪漫，但是，享受科技带来的福祉不也是一种快乐吗？

"懒人推动科技进步"又一次被印证！

本文作者：

国家知识产权局专利局

专利审查协作北京中心材料部

赵楠

68
更接近现实的芭比娃娃

小赢说：每一个少女心中都有一个芭比。《时代》周刊评选的 2016 年 25 大最佳发明中争议最大的要属"更接近真实的芭比娃娃"。有人说芭比娃娃能有什么技术含量？但事实却是……

前言

2016 年 HBO 的年度收视担当《西部世界》第一季已经完美收官，剧中美丽的女接待员让大家对于机器人所能达到的真实高度有了新的讨论。

与此同时，更像现实中女孩的芭比娃娃入选《时代》周刊 2016 年度最佳发明。尽管目前的技术还无法达到剧中人工智能的高度，然而为了使芭比更真实，美泰公司也在不断探索。

玩偶中的科技创新

诞生于 1959 年的芭比 2016 年已经 57 岁"高龄"了，其风靡半个世纪而魅力不减，却也因身材过于纤细而饱受非议。观点普遍认为，芭比给年幼的女孩灌输了错误的审美观念。有研究表明[1]，在看过芭比的照片后，女孩们对自己的体型更加不满意，更希望变瘦，而且岁数越小的孩子受到的影响越明显。有些女孩为了更像芭比，甚至去多次整容！

---

[1] Does Barbie make girls want to be thin? The effect of experimental exposure to images of dolls on the body image of 5- to 8-year-old girls, Dittmar, Helga; Halliwell, Emma; Ive, Suzanne. Developmental Psychology, Vol 42(2), Mar 2006, 283-292.

2016 年 1 月 28 日，美泰公司宣布除了原有的纤细骨感标准身材外，为芭比增加三种不同的身材类型：娇小型（petite）、丰腴型（curvy）以及高挑型（tall），使其更接近真实的女性身材比例。此举大幅提振了美泰公司连续三年下跌的芭比销量，并将公司股价在年内提升了近 20%。

有人说，不就是个玩偶吗，没有什么技术含量，完全是概念。而笔者想说的是，如果你认为芭比的成功仅仅建立在商业模式上，那就太傻太天真了。下面就带领大家来看看，为了使芭比更逼真，美泰公司在科技创新上做出了哪些努力。

图 1　US9586153B2 的说明书附图与产品实物图

1. 肢体动作

为了让芭比更贴近生活，美泰为芭比设计了各式各样不同的职业身份。显然，对于不同的职业，标志性的动作也各不相同。

在 US9586153B2（见图 1）中，可以通过背部按钮上下驱动手臂转动，配合彩带能够模拟体操运动员的挥带动作。

EP1265681B1（见图 2）则保护了一种通过轮滑可以带动躯体和手臂摆动的玩偶结构。

2001 年美泰公司曾经推出一款以关颖珊为原型的滑冰明星芭比，而早在 1998 年，美泰公司就已经申请了包括 US6042451A（见图 3）在内的一系列专利，通过设置在腰部的齿轮组件控制相对于腰部的上下躯干分别运动，从而模拟滑冰姿态。值得一提的是，这款芭比已经是绝版产品，有这款芭比娃娃的姐妹们要好好收藏了哦。

通过简单的几个例子，可以看出美泰公司对于模拟肢体动作的机械结构分类非常精细，并且具有严格的专利布局意识，在产品上市前两三年就已经针对相关的重点技术进行专利申请。

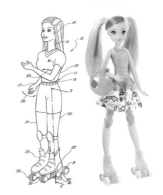

图 2　EP1265681B1 的说明书附图与产品实物图

图 3　US6042451A 的说明书附图与产品实物图

2. 细节配件

眼睛是心灵的窗户，娃娃也需要明眸皓齿才能人见人爱。为了模拟真实眼球上湿润的有机体外观和反射性，美泰采用LED来模拟虹膜和瞳孔（CN103256557A，见图4），从而在LED被激活时更显灵动。

图4　CN103256557A 的说明书附图

爱美之心人皆有之，烫发染发才跟心情更配。于是在 2003 年申请的专利 CN100566786C（见图5）中，玩偶头发选用热色材料，在承受高温和低温时分别会变成不同的颜色。2011 年的申请专利 CN203723497U（见图6）则显得更为专业，通过毛发延长套件将毛发纤维固定支撑后，可以通过打印或喷涂的方式对头发的色彩图案进行改变。

图5　CN100566786C 的说明书附图
与产品实物图

这么靓丽的发型必须要好好秀出来啊。美泰 2014 年申请保护一种玩偶支架（US9205342B2，见图7），神奇的地方在哪里呢？这种支架上能产生静电，从而带动玩偶头发飘动。

维密天使的即视感有没有！按照美泰提前两到三年进行专

图6　CN203723497U 的说明书附图与
产品实物图

图7　US9205342B2 的
说明书附图

利布局的传统，相关产品应该马上就能跟大家见面啦，感兴趣的姐妹可以关注起来了。

3. 美泰的芭比"黑科技"

除了之前介绍过的传统模拟真人的玩偶技术，美泰还有一些出人意料的"黑科技"申请，有惊喜，也有惊吓哦。

2006 年，美泰申请了一种具有液体传输机构的玩偶（US7841920B2，见图8），可以模拟哭泣的表情。笔者看到这个专利和配图的时候内心真的是崩溃的，美泰确定这样的娃娃不会吓到小朋友吗？

1992 年美泰申请了一个同样是具有液体传输机构的玩偶专利（WO9315810A1，见图9），能够在玩偶的头部制

图8　US7841920B2
的说明书附图

造泡泡。笔者看到的第一反应是，这种设计的潜台词是芭比的脑子进水了吗？泡泡不会搞砸芭比美美的发型吗？实际上，美泰推出的产品是在美人鱼的尾部产生泡泡。

在电子技术的发展下，芭比这种传统的玩偶类型受到了很大的冲击，于是美泰也试图面向交互类玩偶进行努力，2005 年就申请了一种可以互动的娃娃，当用户给娃娃化眼影或涂唇彩时，能够语音回应或者眨眼。然而类似的产品仍然不是芭比系列的主流，可以预期的是，美泰还需为传统玩具的转型付出更多尝试。

图9　WO9315810A1 的说明书附图与产品实物图

结语

一个小小的芭比娃娃背后竟有如此多的专利保驾护航。《西部世界》中也多次提到公园的上层管理者非常重视知识产权，不知道读过此文的您是否对小产品背后的大智慧有所感悟呢？创新成果要记得用知识产权保护哦！

本文作者：

国家知识产权局专利局

专利审查协作北京中心光电部

张洁（自动控制二室）

69
即将上市的人工胰腺
会是糖尿病患者的福音吗？

小 赢说：人工胰腺是什么？它究竟能解决什么问题？技术是否成熟？有无改进空间？您往下看。

2001年《时代》周刊曾将人工心脏评为年度最佳发明。时隔15年，人工胰腺进入2016年度最佳发明榜单，人工胰腺可能成为糖尿病患者的大救星。

胰腺、胰岛素、糖尿病

胰腺"隐居"在腹膜后，其知名度远不如胃、十二指肠、肝、胆，但是它如果不好好干活，会引发多种严重疾病，其中最常见的就是糖尿病。

糖尿病分为Ⅰ型和Ⅱ型，其中Ⅰ型糖尿病患者通常存在免疫系统异常；而Ⅱ型糖尿病更多受制于环境因素，通俗来讲，越来越多的高血糖起因是人们不良的生活习惯以及肥胖。

根据德勤的一份报告，到2020年，在中国人群中，糖尿病或许成为最为常见的慢性病，全球糖尿病患者将达到3.82亿，而每四个人中有一个是中国人，总患病人数将比德国和葡萄牙人群总数之和还要多。[①]

从20世纪开始，人类就开始了与糖尿病斗争的漫漫长路。从前患上了Ⅰ型糖尿病基本上相当于宣判了缓刑，在几个月到几年的时间里，这部分人会在痛苦中挣扎直到死去。

在20世纪20年代，两个伟大的加拿大年轻人发现了外源性胰岛素，这使得Ⅰ型糖尿病患者能够过上相对正常的生活，甚至获得足够长的寿命，但是胰岛素

---

① https://www.aliyun.com/zixun/content/2_62_1897709.html.

需要采用皮下注射方法，糖尿病患者需要每天在自己身上扎针，一天注射三到四次，还要频繁监测血糖，计算每天热量摄入，精打细算协调每一口营养。也许你觉得听起来跟减肥差不多，实际上可是要痛苦多了，这让糖尿病人很难享受生活的乐趣。

人工胰腺的前世今生

在20世纪70年代，人们提出了人工胰腺系统的概念——采用电子机械的方法来替代胰腺内分泌的功能。对于糖尿病患者，尤其是没有太多时间和精力来关注自身血糖水平的年轻患者来说，毫无疑问这正是梦寐以求的。但概念的提出并没有迅速取得技术上的突破，直到"双C系统"的诞生。

"双C系统"是指由持续血糖监测仪（Continuous Glucose Monitors System, CGMS）、持续皮下胰岛素输注系统（Continuous Subcutaneous Insulin Infusion, CSII）构成的系统。

1. 持续皮下胰岛素输注

持续皮下胰岛素输注系统，也就是常说的"胰岛素泵"，诞生于20世纪80年代。有了胰岛素泵，糖尿病患者再也不用每天给自己扎好几针了。

美国专利申请US2009/0177147A1（见图1）披露一种胰岛素泵，包括输液管、泵以及经由鲁尔接口连接的针头，这也是胰岛素泵的常规组成，针头通常被埋入皮下组织几毫米处，按照人体需要的剂量将

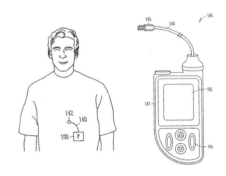

图1　US2009/0177147A1的相关说明书附图

胰岛素持续地推注到使用者的皮下，保持全天血糖稳定。

专利文献中披露的胰岛素泵能够做到一次刺入，长久使用，这显然比每天扎几针人性化多了。但事实上，单独使用胰岛素泵还不能解决过量注射等问题。

2. 持续血糖监测仪

到20世纪90年代末，出现了持续血糖监测仪，顾名思义，它能够连续不断地监测血糖水平。

持续血糖监测仪通常被设计成小盒子一样的监测器，通过传感器以体内或体外感测的方式获得血糖数据，再通过蓝牙、WiFi向外输出。专利文件US2014/0118138A1（见图2）披露了相关技术。

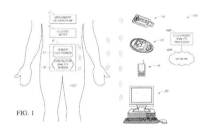

FIG. 1

图2 US2014/0118138A1 的相关说明书附图

3. 人工胰腺系统

通过上面CGMS和CSII组成的双C系统，我们既能知道血糖高不高，又能持续给患者注射胰岛素，还差什么？

就差一个控制环节，血糖高得多的时候多注射，血糖高得少的时候少注射，不高的时候不注射。特别是夜里，没有人监控血糖水平的时候，有了控制环节就能自动调节胰岛素的注射速率，这就跟人体内胰腺的功能非常相似了！

所以说，人工胰腺系统的主要部分除了上面的"双C系统"外，还包括一个控制系统。行业龙头美敦力在专利文件CN10543395A（见图3）中记载了这样的系统。

2016年，美敦力公司的MiniMed 670G获得批准，很快将正式进入市场。

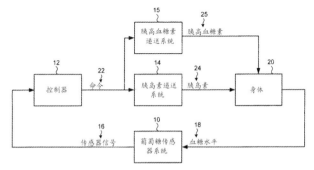

图3 CN10543395A 的相关说明书附图

美敦力公司在专利文献CN106133731A（见图4）中披露了MiniMed 670G的技术内容，设备包括图中能够固定在患者腰间的持续皮下胰岛素输注设备，另一个固定在腰部皮肤上或皮肤下的是持续血糖监测仪。

看起来和刚才提到的双C系统没什么区别？如果看到这，你还是这么觉得，那人工胰腺的的研发人员真要哭晕在实验室，小编也要哭晕在办公桌上了。

两者之间的联系靠着重要的胰岛素输送算法，通过计算能够接收CGMS回报的血糖监测数据，计算并实时自动调节胰岛素输注速率，进而保证系统能够更为准确地替代胰腺内分泌的功能。这是质的飞跃！

人工胰腺系统大大优于传统的胰岛素皮下注射和胰岛素泵，不仅能更好地控制血糖水平，也能更好地控制低血糖和肾脏病变等急慢性并发症的发生，尤其是在减少低血糖事件发生上。

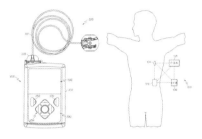

图4 CN106133731A 的相关说明书附图

存在的问题

毕竟是人工的东西，人工胰腺目前还无法做到真正胰腺一样的尽善尽美：

1）系统不能提前预知何时进餐，皮下胰岛素吸收延迟，使进餐早期的血糖高峰得不到有效控制，如果辅以手动调节，可能导致输注过量后的餐后晚期低血糖。

2）人工胰腺须持续输注，注射针头长期插于皮下，可能发生局部感染、红肿和硬块，给患者带来不适，也影响胰岛素输注和皮下吸收。

3）设备故障，如电池耗尽、元器件老化、储药器内气泡未排尽、管路漏液、药液沉淀堵塞等，都会影响治疗。

4）价格高昂，人工胰腺装置价格都在数万元以上，加之佩戴期间所用胰岛素费用，可定会导致了真正能持续使用的患者并不多。

优化方向：

1）如何避免低血糖现象、增加安全控制约束，是血糖控制算法从目前仿真研究走向实际应用亟须解决的问题。

2）如何在进餐时实现良好血糖控制，是提高患者生活质量、达到良好血糖控制效果的关键。

3）如何提高控制算法的运算速度、减少算法的复杂程度、控制程序易于实现硬件固化并能够随时进行升级也是未来需要关注的问题。

抛砖引玉

首次众筹就获得100万美元的初创企业 Beta Bionics，计划在2017年3月启动一项更大规模的 the iLet 试验，其未来模式是将同时配送胰岛素和胰高血糖素（胰高血糖素是当葡萄糖水平过低时，比如两餐之间，人体所需要的另一种激素）。

人工胰腺发明本身值得肯定，但在产品适用性、控制精确度、性价比上还有发展空间，如此庞大的国内市场，国内企业和科研机构还可以有更多作为，人工胰腺也必将成为糖尿病患者的福音。

本文作者：

国家知识产权局专利局

专利审查协作北京中心光电部

马楠

70
好用的家用体温计就该这样

小赢说：有过摔碎水银温度计慌乱收拾的经历，有过电子体温计反复测量不准的苦恼，也有过宝宝不让把耳温计贴近时的抓狂。家中究竟需要一款怎样的体温计呢？

还在为传统水银体温计玻璃易碎、水银挥发具有毒性发愁？还在苦恼于小宝宝发烧生病、却不肯好好配合测量体温而哭闹不止？其实，你完全可以不用如此忧心忡忡，因为 InstaTemp 非接触式体温计诞生了。

体温计的发展历程

早在 1865 年，水银体温计便已经问世，其利用汞受热膨胀的原理制成，特点是储存水银的细管里有一狭道，当体温计接触人体后，水银很快升到人体实际体温刻度处，取出后水银柱不下降，测量准确、稳定性高、价格便宜，因此被广泛应用，但其自身弊端也日渐凸显，例如安全性方面的重大隐患。数字式体温计在 20 世纪 80 年代便已被采用，如笔式电子体温计、耳温枪。相比于传统的水银体温计，数字式体温计安全性能得到了提高，然而测量时与人体接触造成的损伤或不适感仍是制约其使用推广的最大障碍。基于红外测温原理的非接触式体温计的出现，完美地克服了上述体温计存在的缺陷。

在自然界中，一切温度高于绝对零度的物体都在不停地向周围空间发出红外辐射能量。物体红外辐射能量的大小及其按波长的分布与它的表面温度有着十分密切的关系。因此，通过对物体自身辐射的红外能量的测量，便能准确地测定它的表面温度，这就是非接触式体温计所依据的客观基础。其主要框架结构如图 1 所示。

图1 非接触式体温计框架结构

与传统接触式体温计相比，非接触式体温计测量更加快捷、安全无害，并且不会对身体造成损伤。2003年年初，在非典型性肺炎肆虐我国的时候，非接触式体温计更是充分发挥了自身的优势，书写下了浓墨重彩的一笔。如今，非接触式体温计越来越受到普通民众的认可和接受，在日常生活中的多个角落都可以见到其踪影，如在婴幼儿看护照料过程中，在人流量大需要迅速完成体温测量的公共场所，在面对疫情需要接受体温测量但又要防止交叉感染的医务场所。

存在的问题和改进方向

当然，非接触式体温计也存在不足之处，精度不高便是其经常会受到的诟病之处。鉴于此，各大非接触式体温计制造公司在非接触式体温计的测量精度方面持续进行着努力改进。

1. 误差修正

瑞士的迈克大夫公司基于测量目标的温度以及当前的测量工作参考温度，由在可电擦除只读存储器（E^2PROM）中获得一对应的生理位置偏差值，用于补偿修正当前测量目标的最终温度值，为用户提供正确且可靠的温度测量结果（WO2005050153A1，见图2）。

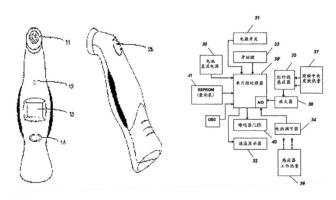

图2 WO2005050153A1 相关说明书附图

2. 优化算法

台湾热映光电股份有限公司先利用红外线温度计扫瞄侦测受测者的受测部位而读取到多个红外线信号，然后排序这些红外线信号，而获得一个最大红外线信号，并从排序后的这些红外线信号中，选取靠近此最大红外线信号的数个红外线信号，再对其取——平均红外线信号，最后即可转换此平均红外线信号为温度测量值，从而获得具有高精确度的测量结果（US2009054785A1，见图3）。

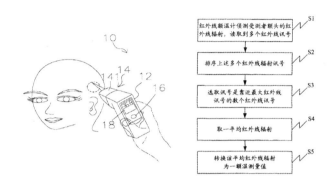

图 3 US2009054785A1 相关说明书附图

3. 持续监测

海尔集团公司利用便携的红外传感器装置和手机相连，连续监测体温，在为用户提供通信服务的同时极大程度上方便用户随时随地测量体温，该产品尤其适用于须经常测量每个人的体温的非常时期和需要经常监测自己体温的个人（专利ZL03138899.X，见图4）。

4. 小巧精度高

ARC设备公司推出的InstaTemp非接触式体温计（见图5），只要将其放置在患者额头前方一英寸的地方大概2.5s，设备就会根据体温的高低显示红黄绿等不同的颜色，其体积小巧、便于随身携带、减少感染机会，给医生和患者愉悦的使用体验。

借助于数字化单芯片红外传感器技术，InstaTemp非接触式体温计增强了传感器灵敏度，并且不需要额外的校准，测量精度可以达到±0.2℃，较现有红外额温枪的测量精度大大提高。设备中采用高效节能的功率控制模式以及低功耗设备元

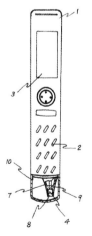

图 4 ZL03138899.X
相关说明书附图

图 5 InstaTemp 非接触式体温计应用场景[①]

件，在非使用状态下关闭所有模块的电力供给，在使用状态下依次打开必要功能元件并在该功能元件使用完毕后及时关闭，保证了体温计电池的持久耐用，足以满足 13000 次重复测量使用（US8965090B1，见图 6）

体温计这种家庭必备的小仪器，易用、精准、性价比才是用户的终极需求，InstaTemp 也因此获得了 2016 年度最佳发明。随着体温计测量精度的不断提高和装置功能的多样化，加之其自身便捷的操作方式以及卓越的安全性能等优势，非接触式体温计未来势必将在日常体温测量领域中大显身手，产品设计上会更加多样化。

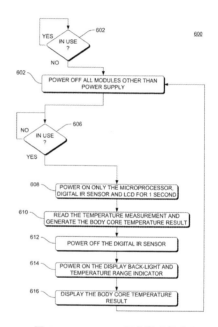

图 6 US8965090B1 相关说明书附图

本文作者：

国家知识产权局专利局

专利审查协作北京中心光电部

黄长斌

---

① 图片来源：百度图片。

71
这个发明
用于抚慰人类的创伤

小 赢说：很多时候，完成一项发明的驱动力是经济效益。但是，对于一些有情怀的发明家来说，创新的终极目标却是为了抚慰全人类的创伤。这些人是科技界的大侠，因为"侠之大者，为国为民"。

科技飞速发展、物质极大丰富的今天，战争、自然灾害仍然成为地球挥之不去的创伤，大量难民因此背井离乡、居无定所。为了让难民过上更有尊严的生活，瑞典的一群设计师从 2010 年开始，设计了一款名为"better shelter"（更好的庇护所）的临时建筑物，得到了宜家基金会及国际难民组织的资助，并被美国《时代》周刊评为 2016 年最佳发明之一（见图 1）。

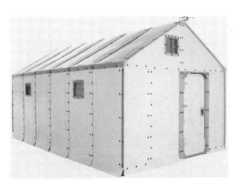

图 1　"更好的庇护所"房屋结构

"更好的庇护所"有半刚性、不透明的墙，四个窗户、两个通风口；挑高的屋顶使得屋内居民可以站立；房门可以从内、外落锁，使得居民特别是妇女儿童在家时能更有安全感。屋内有太阳能灯泡，由屋顶设置的太阳能板充电。在充满电的情况下能够提供 4 小时的照明。灯泡设置 USB 接口，可以为手机充电。

"更好的庇护所"比灾害条件下常用的帐篷更安全、更耐久、更舒适，也更有人文关怀。内部的空间是传统帐篷的 3 倍，最多可以容纳 5 人居住。太阳能板存储的电力保证了太阳落山后室内仍然能有充足的供电。

看似简单的临时房屋，仔细想来却不简单。因为要同时满足下列条件：

1）能够抵御风、雨、雪等天气的影响；

2）便于大量生产、便于运输、便于安装与拆卸；

3）更经济、更舒适、有更强的适应性。

满足上述条件的好设计，才真正体现了设计师的巧思。而这些巧思，从专利技术中就可以找到。

轻质 & 承载能力强

主要的解决方案包括：采用轻型金属框架，或者直接为轻质墙。采用框架结构承载时，墙板、屋面板可以采用轻型的甚至是半刚性的材料（如轻质的保温板）；采用轻质墙承载时，墙体要轻质的同时满足一定的强度和刚度。

US9303426B2 采用的即是模块化框架结构，如图 2 所示。金属框架的杆件之间采用预先加工好的节点连接件连接，安装方便快捷。

"更好的庇护所"就是采用类似该专利申请的框架结构，具有轻质但坚固的镀锌钢框架，可以锚固到地上，整个结构的预期寿命为三年。

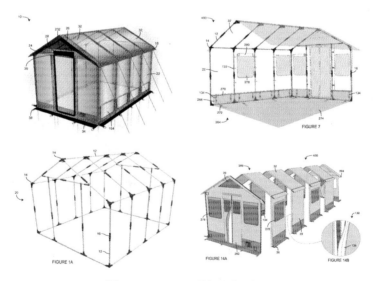

图 2　US9303426B2 的相关说明书附图

便于运输

主要解决方案包括：采用折叠、收束等方式将结构缩小以便运输，再在现场组装。

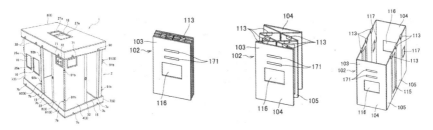

图 3　WO2007063651A1 的相关说明书附图

WO2007063651A1（见图 3）中的临时建筑就采用了墙板可以折叠的方式，组装时用间隔件固定在地板上。

图 4　"更好的庇护所"的框架与固定装置实物图

"更好的庇护所"（见图 4）采用的是平板包装，与宜家的常见的家具类似，由两个平板包装运输，可以由 4 个人抬起，包装内还包括了所有组装需要的工具和说明手册。能由 4 名熟练工人约 4 小时组装完毕，组装需要三个步骤（见图 5）：钢基础，包含通风口和太阳能板的屋顶，以及包含门窗的墙。

图 5　"更好的庇护所"的搬运与组装

模块化

标准化、模块化是满足大规模生产和快速安装的前提。

CN104781481A（见图 6）中的集装箱建筑，兼具标准化、便于运输、便于组装的特点。集装箱建筑物是近年来的热点之一，通常由单独的钢制集装箱组装，对常用的货运集装箱进行改装，形成基本的模块化单元，并可根据需求由一个或多个集装箱单元相互连接成为单层、多层建筑物。

"更好的庇护所"也采用模块化设计。门窗可以根据需求布置在不同的位置，如屋子的长边或短边；竖直设置的墙和高的屋顶使得屋内能够放置床、桌子、架子以及医疗器械等；用户也可以根据自己的需求加长或者缩短整个结构；结构框架可以根据需求由当地的材料覆盖，损坏的部件也可以在不用破坏整体结构的情况下替换。

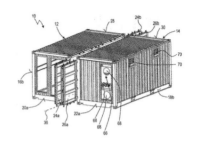

图6　CN104781481A 的相关
说明书附图

《时代》杂志强调了"更好的庇护所"的灵活性，可以容易地根据需要被改装。

在非洲、欧洲、中东及亚洲，大部分"更好的庇护所"被用于难民或 IDP 露营地的临时居所（见图7）；在尼泊尔，被改建为临时医院（见图8）；在希腊，被用作创新中心（见图9）。

图7　"更好的庇护所"被用于临时居所

图8　"更好的庇护所"被用于临时医院

图9　"更好的庇护所"被用于创新中心①

建筑行业是传统行业，建筑的设计和建造在很多人眼中也不是"高科技"。但正是一些材料、节点、填充、布局一些细节的改变，加上设计师的人文关怀、人道主义情怀，就能够在满足诸多限制条件的同时，最大限度地创造舒适与便捷，让每个人，哪怕是漂泊在外的难民，也能够过上更有尊严的生活。

本文作者：
国家知识产权局专利局
专利审查协作北京中心机械部
赵洁

---

①　本文照片来源：http://www.bettershelter.org。

72
好用又亲民的电动汽车

在2015 年北美车展中，全球汽车巨头通用公司发布了一款新能源电动汽车——雪弗兰 Bolt EV 概念车（见图 1）。时隔不到一年，这款概念车量产并在 2016 年 1 月正式发布（见图 2）。

这款备受瞩目的纯电动车单次充电后的续航里程可达 321km，然而售价折合人民币仅 20 万元，据说在美国市场已经影响了特斯拉 35% 的销量。

美国《时代》周刊杂志也因其良好的性能和平民化的消费水平，将其选入 2016 年度 25 大最佳发明之列。雪弗兰 Bolt 电动车的入选，为电动车领域注入了一股清流。

提起电动汽车，人们首先想到的可能是特斯拉（见图 3），环保性能好、超长续航里程、外形酷玄、空间大、加速快，这些优点让人们为之侧目。然而其动辄上百万元的价格则让人望而却步。

乐视推出的电动车 FF91（见图 4），定价尚未公布，但是定金就要 5000 美元或 5 万元人民币。

对于传统车企来说，转型电动车就等于更换整套动力系统，这意味着其百年积累的内燃机技术一夜之间毫无作用。特别是对于通用这一老牌汽车巨

图 1　通用公司发布 Bolt EV[①]

图 2　Bolt 量产车[②]

图 3　特斯拉电动汽车[③]

① 图片来源：太平洋汽车网。
② 图片来源：易车网。
③ 图片来源：AutoR 智驾。

头，甚至对于沉没的汽车之城底特律来说，传统的大厂商和新兴的创业公司回到统一起跑线。因此，Bolt的意义要远大于特斯拉此前上市的任何一款产品。

图4 乐视 FF91 电动汽车①

尽管传动技术大家在同一起跑线上，但是 Bolt 中的其他细节却无不是通用数十年来在汽车领域核心技术的体现，它对宝马 i3（见图5）和特斯拉等竞争对手的最大的杀伤力在于超长续航里程和亲民价格的完美融合。在特斯拉 Model 3（特斯拉预计在2018年量产的低价车型）的量产上市还遥遥无期的时候，通用公司通过雪弗兰 Bolt（见图6）已经至少提前两年开始抢占市场份额。

图5 宝马 i3 电动汽车②

电动汽车什么是关键？没错，是电池！通用虽然在电池方面的技术积累有限，但可以寻找合作伙伴。Bolt 虽然售价便宜，但在动力技术上却不落后。这款车采用了与 LG 合作开发的 60 kW·h 锂离子电池组（见图7），最大马力为200匹，最高扭力达到了 360N·m。此外，雪弗兰 Bolt 纯电动车支持快速直流充电，能够在不到30分钟时间内为电池充电达80%。

图6 雪弗兰 Bolt 量产车③

韩国 LG 公司是世界第三大电动汽车锂电池生产商。LG 公司的锂电池特点在于：通过对电池组中晶体粉末聚集方式的优化，使电池能够在发热的同时保持能源供给。这意味着，雪弗兰 Bolt 可以利

图7 雪弗兰 Bolt 锂离子电池组④

用更小的冷却系统来配置更多的电池单元。此外，LG 还提高了电池的传导性，因此离子的流动更快，能源供给更加快速（Bolt 的时速从0加速到60km 只需几秒钟）。

事实上，作为全球最有影响力的锂电池生产厂商之一，LG 化学在产业链的纵向布局优势最为明显。LG 化学在前端的材料、中间的电芯、下游的 Pack（即锂电池的加工组装）、配套的 BMS（即电池管理系统），甚至整车核心部件的电机和电控领域，都有广泛的研究和丰富的产品。截止到2016年1月，LG 化

---

① 图片来源：观察者。
② 图片来源：盖世汽车网。
③ 图片来源：pcauto。
④ 图片来源：安卓资讯。

学就锂电池相关的研究已在全球范围内申请专利3000余件。其中，中国专利申请（CN106233513A）就公开了一种正极活性材料和包含该材料的锂二次电池，其通过对锂锰化合物进行元素掺杂并对其组成进行优化，采用优化后的正极材料的锂二次电池结构稳定性好且具有优良的容量和倍率特性且成本低、安全性好。这是典型的提高电池续航性能和降低成本的技术改进。而另一中国专利申请（CN102414864A）则公开了包括软包结构的二次电池。软包结构能够改善电池的密封性，提高电池的长期存储能力，进而改善电池性能。LG的软包电池在汽车用锂电池领域可谓独树一帜，在能量密度和安全性方面得到通用、福特、现代、起亚和雷诺、日产等众多车企的认可。

除了为雪弗兰Bolt提供锂电池组，LG化学还为雷诺Zeo、福特福克斯电动版以及沃尔沃V60/XC90 T8供应锂电池组。大众旗下奥迪也开始考虑为即将推出的Q6 E-tron纯电动SUV配备LG锂电池组，有消息称2017~2018年保时捷也有望同LG展开合作。

图8 雪弗兰Bolt内饰[1]

说了这么多，是不是对于Bolt的电池有足够的信心了呢？实际上，除了超长的续航里程和亲民的价格，花哨的内饰（见图8）也为Bolt加分不少：仪表盘上是一块10.2寸触摸屏；有一个特殊的空间可放iPhone6，并能为其充电；另外还有一个小隔间可放块平板电脑；后视镜可显示车后摄像头传来的影像。使用不同的车钥匙，Bolt还进行个性化设定，根据钥匙主人判定开车人并据此选择播放的广播。可以说，为了这款纯电动车能吸引更多的用户，老牌的通用汽车公司也是够拼了。

可以预见的是，随着各方汽车巨头们特别是老牌汽车巨头聚焦经济型电动车的发展，相信电动汽车会更快的走入平民家庭。

科技改变生活，让咱们共同期待更好开，更清洁的出行工具！

本文作者：

国家知识产权局专利局

专利审查协作北京中心材料部

郑丽丽

---

① 图片来源：汽车时代网。

73
苹果的 AirPod：
不只是耳机

小 赢说：有很多人质疑苹果的这款 AirPods 耳机为什么能入选 2016 年度的 25 大发明？小赢的看法是，《时代》周刊的视角可能是更宽广一点吧，因为它不只是一款耳机！

当在 2016 年的苹果发布会上，库克宣布新推出的 iPhone7 将取消耳机接口时，很多苹果手机用户心里应该都在想：这是要干什么？！没有独立的耳机接口，只有一个 lightning 接口用于充电和连接耳机，这也就意味着耳机与充电二者不可兼得，这让众多音乐发烧友如何生活？

但苹果就是苹果，从不打无准备的仗。库克随后宣布即将推出一款新的无线耳机 AirPods，用发布会上的话就是：聪明的、快充的、天籁之音的、妙不可言的无线耳机。[1]

有人质疑：蓝牙耳机已经出现十多年，AirPods 与传统蓝牙耳机相比，有哪些进步呢？难道"乔帮主"走后，苹果已经没落到要复刻之前的产品了吗？小赢接下来带您仔细看看 AirPods。

首先是外观方面，不同于市面上常见的蓝牙耳机的各种独特造型，AirPods 看起来跟普通的有线耳机别无二致，甚至于跟苹果的有线耳机 EarPods 在外观上几乎只有两根线的差别，这也符合苹果产品一贯简单、干净、精致的视觉定位，更能凸显苹果用户的身份。更何况，外形不变的基础上增加了电池和很多功能元件，本身就是一项技术突破。如果因为增加了其他功能而使得产品造型不得不变得奇特甚至臃肿，在一定程度上也落了下乘。

---

[1] https://images.apple.com/media/cn/apple-events/2016/5102cb6c_73fd_4209_960a_6201fdb29e6e/keynote/apple-event-keynote-tft-cn-20160908_1536x640h.mp4.

其次是功能方面。关注 AirPods 的读者应该知道，AirPods 耳机是装在一个白色的小盒子里的。不要以为这个小盒子只是一个包装，它可是承担了耳机收纳和快速充电的双重使命，这也是人们称为"充电盒"的原因所在。收纳方面，充电盒也不是简单地为 AirPods 提供了一个容身之所，为了防止耳机从中滑落而摔坏或者丢失，苹果公司在充电盒中设置了吸附装置，能够将耳机固定在里面。充电方面，充电盒中的电量能够为耳机进行多次充电，且号称"充电 15 分钟，使用 3 小时"，累计可以满足耳机 24 小时的续航需求[①]。另外，苹果公司还贴心地在充电盒上设置了充电指示灯，用于指示耳机正在充电或者提示用户充电盒该充电了。

现代社会的生活节奏越来越快，各种智能设备的响应速度也成为人们选购时候的重要指标。作为与 iPhone 配套使用的无线耳机，AirPods 与 iPhone 的配对速度也相当快，尤其是相比于传统蓝牙耳机还需要发现设备等烦琐操作而言，简直可以用"秒配"来形容。

而且，AirPods 并不仅支持与 iPhone 配对，它可以连接到任何搭载 iOS 10、macOS Sierra、watchOS 3 的设备使用[②]。换句话说，你可以在自己拥有的多个苹果设备上使用 AirPods。

造型简约的 AirPods 看不到任何按钮，而且也没有线控装置，如何实现对 AirPods 的控制呢？有人也许会说，可以通过手机控制啊！这诚然是一种解决方式，然而相比于苹果公司给出的解决方案就过于普通了。苹果给出的解决方案是：双击 AirPods 机身启动 siri，语音控制 siri 实现接听电话、播放音乐、调节音量、导航等各种功能。怎么样，是不是有一点小惊喜？

除此之外，AirPods 还有其他一些优点，例如，AirPods 能够感知其佩戴状态，当从用户耳朵中取出时就自动暂停播放。这个贴心的设计也很好地解决了带着耳机跟对方聊天不礼貌、摘下耳机又会错过自己正在听的音乐的尴尬。

读到这里，相信很多读者和小赢一样陷入了沉思：与普通蓝牙耳机相比确实在使用体验方面有一定的提升，但国内高达 1288 元人民币的售价能够支撑其市场定位吗？苹果作为一家以改变世界为己任的公司难道就仅止于此吗？上网随手一搜，便能看到很多对 AirPods 的吐槽，如音质不够专业、控制方式烦琐、自动暂停功能不稳定等。那么苹果公司力推的这款单品到底意义何在呢？是苹果错了吗？

---

① ②　https://www.apple.com/cn/shop/product/MMEF2CH/A/airpods?fnode=5ab1fa86f25eb2631
4a713a8b4840ee5f0c370840c9337bc3e245e2d2c251e642912037231d1f908131c47ea65bf997e563e68
d588e0580f0aae7da705b110e3cb27c2b807e69e5ecede771ed901c2f4fff6e2b298a268902f0044cdd1dcd
dd8c85adcd8c62be86b65c133c1e16e82087f9b52f67d202cb1bb875353127dbfe6.

小赢沉浸智能硬件领域多年后，突然顿悟：AirPods 的定位，并不只是一款耳机！苹果在下一盘很大的棋。

事实上，苹果为 AirPods 的新定位是一种可实现语音交互的可穿戴设备，它的竞争对手可并不是传统的无线耳机厂商，而是亚马逊和 Google，它能够以语音交互的方式实现与 siri 的互动，从而有可能成为将来物联网应用中的重要人机接口。

早在 2014 年 12 月，亚马逊就成功发布了基于语音控制的个人家庭虚拟助理——Echo，发布后 Echo 迅速占领市场，成为亚马逊布局家庭物联网的重要产品。随后，Google 也基于其产品 Google Glass，研发了 Google Glass 升级版以实现 Echo 的类似功能，简而言之，就是一个能够实现语音交互的眼镜。而苹果公司在 2015 年 WWDC 大会上曾经推出了 Homekit，其目的是通过 iPhone 控制家庭中联网的所有家电，在之后的 iOS 10 里，Homekit 演进为一个新的 APP——Home。Home 允许用户通过 Siri 完成一系列操控家电的操作，苹果公司的一众产品，包括 iPhone、iPad、iTouch、Apple Watch 等，都能够支持这个 APP。而现在，又加上了一个新的产品——AirPods。①

可以看出，AirPods 不只是一款耳机，更是苹果公司在物联网领域中的一项重要布局。其优势非常明显，因为耳机作为一种天然的可穿戴设备，大众已经习惯和适应了耳机的存在，耳机与 Echo 或者 Google Glass 相比，要方便舒适得多，同时，苹果完善的硬件生态系统也会让 AirPods 有更多应用场景。过去几年，苹果在设备交互上一直通过 Siri 来统一体验，苹果的所有产品，从播放器到 Apple TV，都能够用 Siri 控制，这也为 AirPods 提供了更多的应用场景。试想在将来，你可能仅需要佩戴上一副低调精致的 AirPods 耳机，就可以发出语音指令，让 Siri 指挥各种设备满足你的需求，如开灯、控制电视、播放音乐、调节室内温度、控制洗衣机工作等，是不是有一种电影照进生活的酷炫感！

说完 AirPods 的种种特点，回归老本行，我们来聊聊这款产品的相关专利布局。在当今这个专利硝烟四起的时代，一向重视专利布局的苹果公司，对于 AirPods 中涉及的多项技术均申请了专利保护。小编挑选了苹果公司布局的与 AirPods 密切相关的两件重要发明专利申请与大家分享。

一件发明专利申请为 US 2016/0357510A1。该申请是由苹果公司申请的并于 2016 年 12 月 8 日公开的一项发明专利申请。该申请的附图 1a（见图 1）中明确示出了"可穿戴设备"为一款无线耳机，结合已经面市的 AirPods 真机的外观，可以肯定本申请中的无线耳机就是 AirPods。

附图 1b（见图 2）中示出了无线耳机包括一对耳机，这对耳机能够同时与包

---

① https://rf.eefocus.com/article/id-appleairpods?p=1.

括手机、手表、笔记本电脑在内的多台配对通信设备进行配对，这与 AirPods 可以同时与多台苹果设备配对的功能相对应。

该申请中还记载了一种无线耳机盒，看看说明书附图4（见图3），是不是和 AirPods 的充电盒一模一样？

此外，该申请中还涉及了大量与 AirPods 相关的功能应用描述，例

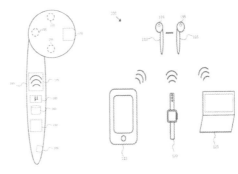

图 1 US2016/0357510A1
的说明书附图 1a
图 2 US2016/0357510A1
的说明书附图 1b

如涉及系统、方法和非暂时性计算机可读存储介质，以用于检测可穿戴设备的穿戴状态，发送穿戴状态数据至配对通信设备，以控制所述配对通信设备的行为。

另外一件与 AirPods 密切相关的发明专利申请是 US 2016/0360350A1，该申请同样是由苹果公司申请的并于 2016 年 12 月 8 日公开的一项美国发明专利申请。该申请请求保护的是一种"wireless audio output devices"（无线音频输出装置），该申请的同族申请 CN 106293597A 也于 2016 年 6 月 6 日向中国国家知识产权局提交了专利申请并于 2017 年 1 月 4 日公开。该申请中同样涉及了与 AirPods 相关的无线耳塞和无线耳塞盒子（见图4），还涉及无线耳塞与通信装置之间的耦合（见图5）。

该申请的说明书中详细描述了何时对一对无线耳塞进行通信耦合、如何选定主无线耳塞、无线耳塞如何与伴侣通信装置进行配对，以及如何确定何时擦除在无线耳塞上的连接历史等内容，为无线耳塞的配对、通信等功能提供了具体的实

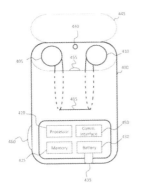

图 3 US2016/0357510A1
的说明书附图 4

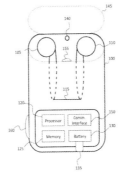

图 4 US2016/0360350A1
的说明书附图 1

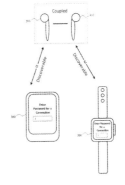

图 5 US2016/0360350A1
的说明书附图 4

现方案。

　　写到现在，小编终于理解为何苹果的这款 AirPods 耳机能够入选 2016 年度的 25 大发明了。作为无线蓝牙耳机，它在设计精度、使用体验方面已经具备了长足的优势，而其在未来物联网领域的无限可能又为它的重要性起到了充分的加持作用，可以想见，在将来，它的应用场景绝不局限于耳机领域，在未来的物联网领域中，它很有可能会成为最重要的人机交互接口。更何况，AirPods 还集合了众多专利技术于一身，位列 2016 全球最佳 25 个发明之一，的确是名副其实了。

本文作者：
国家知识产权局专利局
专利审查协作北京中心通信部
韩雪　　刘成

74
大疆的革命性作品：
Mavic Pro 无人机

小赢说： 要说中国在哪些高科技细分领域独霸全球，消费级无人机应该是其中之一，因为，中国有大疆这家企业，大疆有今天我们要介绍的这款"神器"。

没玩过无人机？你过时了！

时尚达人、娱乐明星，如果不用几款高科技产品，都不好意思说自己在这个圈里混的！无人机就是这样一款高科技产品！

无人机最开始用于军事用途，随着技术发展、成本降低，已经拓展到工业测绘、农业、商业航拍等领域，但是常见的当属民用消费级无人机（见图1）。

图1　消费级无人机

提到消费级无人机，就不得不提到大疆，这家位于深圳的公司几乎占领了全球市场。有报道称："2015年，大疆无人机占据了全球消费级无人机市场份额的70%，净利润由2012年的800万美元增长至2.5亿美元。大疆公司估值100亿美元。"

随着公司的成功，大疆经常占据新闻头条。2014年，大疆无人机入选《纽约时报》"年度杰出的高科技产品"榜单，美国《华尔街日报》发表的一篇报道中，评价大疆为"首个在全球主要的消费产品领域成为先锋者的中国企业"。大疆在推动中国经济发展的同时，正通过创新向世界重新定义"中国制造"的概念。

同在2014年，大疆"精灵P2V +"（见图2）被美国《时代》周刊评选为"2014年度十大科技产品"。汪峰向章子怡求婚时，运送9.15克拉钻戒的就是这款大疆"P2V +"无人机。

图 2　大疆"精灵 P2V +"无人机系列

2016 年 4 月，《福布斯》杂志发布全球创变者（Global Game Changer）的三十大人物，包括来自中国的 4 人：郭台铭、王健林、马云和汪滔。相信前三位的名字众人早已皆知，只有大疆的创始人 +CEO 汪滔（见图 3），低调到现在还没人知道。《福布斯》将汪滔排在全球创变者排名第 28 位，甚至超过了排在第 30 位的扎克伯格。

一个白手起家的 80 后，从无人机的红海中杀出，成就了消费级无人机的绝对霸主地位，这样一个传奇励志故事还在继续。在刚刚公布的胡润中国百富榜中，因持有大疆 45% 的股份，汪滔以 240 亿元的身家排在第 77 位。

然而，大疆并没有停下脚步。2016 年 9 月 27 日，大疆在北京发布了旗下首款紧凑型折叠无人机 Mavic Pro（见图 4），标志着消费级无人机向小型化又迈出了坚实的一步，可以说具有里程碑意义。Mavic Pro 出现后，玩家们的表情是这样的：OMG!

图 3　大疆的创始人 +CEO 汪滔

继上一款产品入选 2014 年度十大科技产品之后，大疆的 Mavic Pro 再次入选《时代》杂志评选的 2016 全球"25 大最佳发明"。Mavic Pro 究竟为何如此神奇？ 小赢接下来就探究一下。闲言少叙，先上几张靓图，看看外观（见图 4）!

机身设计方面：体积小、重量轻，Mavic Pro 折叠后的尺寸为 83mm×83mm×198mm，重 743g。采用 8.3 英寸折叠桨叶设计，后机臂错层结构可以让桨叶收起后互不干扰。从上方看去，Mavic Pro 折叠后的面积与 iPhone7plus 一般，其体积与瓶装矿泉水差不多大小，可以装进口袋中。

基于双目立体视觉技术，搭载前

图 4　大疆的 Mavic Pro 无人机

视障碍物感知、视觉定位、视觉感知三大系统。可以实时对飞行环境进行三维深度检测并构建 Mavic Pro 与障碍物的坐标参考系。跟随拍摄、识别用户手势，甚至可以实现高度 13m 范围内无 GPS 信号情况下的精准悬停。

传感器方面：Mavic Pro 采用惯性测量单元（IMU）和指南针双核心冗余备份设计。两套传感器同时运行实时监控，一旦出现工作异常就会自动切换至另一套传感器继续工作。

图 5 Mavic Pro 三轴机械云台与 4K 相机

搭载三轴机械云台与 4K 相机（见图 5）：支 持 4K@30fps、1080P@96fps 视 频 录 制，1200 万像素拍照。三轴机械云台可以说是大疆目前最小的一体化增稳设备，配备电子图像增稳技术，相比于通过裁剪实现增稳的电子防抖云台的实力不言自明。

图 6 Mavic Pro 遥控器

OcuSync 高清数字图传：最大遥控图传距离 7km，可实时预览 1080P 画面。相比于通常无人机一般选用 WiFi 图传，OcuSync 高清图传系统具有更优秀的数字压缩与信道传输技术，在清晰度与图传距离上优势明显。

遥控器与配件，Mavic Pro 的遥控器（见图 6）看上去更像是一枚游戏手柄，可以嵌入手机获取实时图传画面，或者直接在触屏上智能操控。

让人眼前一亮的是，Mavic Pro 还整合了现在流行的 VR 技术，可配套 DJI Goggles 图传 VR 眼镜，戴上眼镜 Mavic Pro 就成了你的驾驶舱。玩家带上眼镜飞完之后是图 7 这样的，真地是带上你的眼睛带你飞，身临其境的感觉！

图 7 佩戴 VR 眼镜操作 Mavic Pro

大疆公司在无人机领域快速崛起得益于其坚持不懈的创新精神。与其他初创公司不同，在知识产权，特别是专利方面具有很强的保护意识及较为全面的布局。

图 8 Mavic Pro 的核心专利布局

对应 Mavic Pro 这款产品，其核心专利布局如图 8 所示。其中重点专利包括：CN205554572U，涉及无人飞行器机架，详细记载了无人机的工作状态和收纳状态的原理和结构（见图 9）；CN205675221U，涉及折叠机臂的结构，详细记载了在不同位置的旋转过程和如何触发通信装置和功能元件（见图 10）；CN205541399U，涉及遥控器的折叠结构，无人机能折叠，遥控器为了节省空间当然也能折叠。收纳时，用户可拆下 / 折叠手柄（固持机构），减小遥控器的占用空间，提高遥控器的便携性（见图 11）。

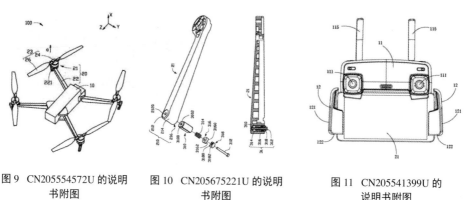

图 9　CN205554572U 的说明　　图 10　CN205675221U 的说明　　图 11　CN205541399U 的
　　　书附图　　　　　　　　　　　书附图　　　　　　　　　　说明书附图

小结

经过以上介绍，相信各位看官对大疆 Mavic Pro 已经有了一个直观的了解。

经过 Mavic Pro 技术和背景信息的梳理，小赢认为：

优点：极度便携且功能不减；同时拥有强大的自拍及航拍功能；支持跟随模式、手势控制、APP 控制；

缺点：在自拍场景里，体积仍然较大；画质不够锐利，容易走焦；图传距离没有明显提升（尽管前代已经很强大）。

最大的缺点：售价较高，不够亲民！对于很多和小赢一样的普通消费群体来说还是偏贵！

本文作者：

国家知识产权局专利局

专利审查协作北京中心实用新型部

梁晨

75
悬浮在空中的灯泡：Flyte

小 赢说：很多媒体点评《时代》周刊 2016 年度 25 大发明时，都说中国占了其中的两个（天宫 & 大疆无人机）。不深究不知道，殊不知入选的磁悬浮灯泡也有很浓的中国血统。

创刊于 1923 年的《时代》周刊每年都会推选出当年惊艳或乐趣十足的科技发明。2016 年刊登的 25 大科技发明中，就包括这款让人眼前一亮的 Flyte 磁悬浮灯泡。

Flyte 灯泡将磁悬浮、无线充电和优秀的产品设计结合到了一起，科技与设计的结合瞬间提升家居的美感与创意。

只要把 Flyte 悬浮灯泡放在木质底座的上方，Flyte 悬浮灯泡就开始发光，与此同时，你会感受到一个向上的力。当灯泡到达底座中心正上方的位置，这个向上的力就会有所减小。而在电磁铁的作用下，灯泡会自动被固定在底座中心上方。放手后，灯泡就会一边发光一边缓慢地旋转。

不使用 Flyte 灯泡时，底座因设有无线电力发射器即感应线圈，可以被用来当无线充电器给手机充电（注：为手机充电需加配第三方配件）。

当然，由于 Flyte 采用的无线供电的效率比传统的有线供电低，所以它的耗电量会比普通的 LED 灯泡略高。

解密灯泡悬浮原理

Flyte 能够悬浮依赖三项技术。

1）磁悬浮技术：灯泡底部和连接电线的木质底座中各包含一个同极相对的磁铁，通过磁铁的斥力抵消重力，将灯泡保持在底座的上方而不会掉落。

2）电能无线传输技术：在木质底座中设置无线电力发射器，在灯泡底部设置无线电力接收器，实现灯泡发光。

3）旋转技术：通过木质底座中的旋转电机带动底座中的磁铁旋转，进而带动灯泡中的磁铁运动，使得灯泡发生旋转。

专利解读灯泡悬浮技术

在工艺品方面，磁悬浮技术已经有很长的历史了。1983 年申请的 US4585282（见图 1）公开了一种磁悬浮装置，利用上座 12 中的永磁体 30 对棱台 18 中的永磁体 20 的吸引力，保持棱台 18 悬浮在空中。

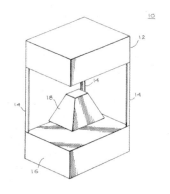

图 1 US4585282 的说明书附图

2005 年申请的 CN2761963Y（见图 2）的磁悬浮灯则能同时实现悬浮、无线充电和旋转的功能。浮体 2 在顶部的永磁体 5 与其上方的电磁铁 3 的相互作用下实现悬浮。灯座电路的振荡发射电路将高频振荡信号发送给浮体 2 中的振荡接收电路，再经整流滤波之后供给发光电路发电。底座中的旋转的电机带动底座中的永磁体 10 旋转，从而使得浮体 2 平稳地旋转。

以上两种方案都需要悬浮体上方设置磁体装置，依靠吸引力保持悬浮。接下来这种方案只需要悬浮体下方的磁体装置，依靠斥力使得悬浮体保持悬浮，让产品看起来更简洁，更另类。

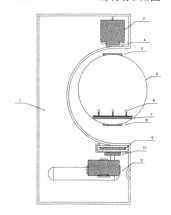

图 2 CN2761963Y 的说明书附图

2008 年申请的 CN201332374Y（见图 3）的磁悬浮装置具有磁性底座 2、悬浮体 3。悬浮体 3 能够发光，也能在磁性底座 2 上方旋转。

看到这儿，小伙伴们一定在惊呼：这不就是 Flyte 的基础专利吗？为什么 8 年前就在中国申请了实用新型专利呢？

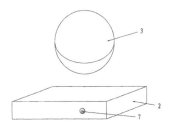

图 3 CN201332374Y 的说明书附图

小赢起底 Flyte 身世的秘密

CN201332374Y 的申请作为 US8294542B2 的优先权，在美国已经授权。CN201332374Y 和 US8294542B2 的申请人都是两位中国人：王晓冰、李良清，其中王晓冰是肇庆市衡艺实业有限公司的法人代表。

Flyte 和这家中国公司有什么关系呢？小赢顺藤摸瓜查到了这样的新闻报道 ①②。

广东肇庆高新区造磁悬浮灯泡登上美国《时代》周刊

http://www.gd.chinanews.com 2016年12月05日 22:51 来源：中国新闻网

南方网 > 肇庆新闻

肇庆高新区一企业产品发明荣登美国《时代》周刊

2016-12-01 11:05 西江日报 方斌王娟

近日，肇庆高新区衡艺实业有限公司发明的磁悬浮灯泡上了美国《时代周刊》。创刊

看了上述报道，您是否和小赢感受一样：发售 Flyte 悬浮灯泡的这家公司一定与中国肇庆的这家公司有不解之缘，这款发明身上也一定充满了浓重的中国血统！

虽然专利申请 8 年后才展现在世界面前，但是小赢认为，这家中国企业能这么早的研发并知识产权保护这款产品，真是棒棒的！

这样一款简单的灯泡一定价格很亲民吧？

答案可能让您失望了！据报道，该灯泡在美国某众筹网站预售价为 249 美元，最终募集额超过 67 万美元。

所以，小赢还是希望中国的公司继续努力，面对中国市场，在未来能够推出一款品质保证又价格合理的产品吧！

本文作者：

国家知识产权局专利局

专利审查协作北京中心电学部

马欲洁

---

① http://www.gd.chinanews.com/2016/2016-12-05/2/377705.shtml。

② http://zq.southcn.com/content/2016-12/01/content_160796454.htm。

76
能回应的音箱：Echo

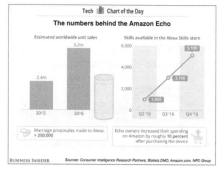

小赢说：经过近两个月的相伴，盘点／《时代》周刊2016年度最佳发明系列文章终于走到了完结篇，感谢关注的每一位赢粉。

图1　获评最佳发明的亚马逊Echo音箱

能获评最佳发明，亚马逊的Echo（见图1）显然不是一款简单的无线音箱。其真正强大之处在于内置了云端语音服务"Alexa"，一下子将这款音箱变成了能和用户语音交流、控制其他设备的"智能助理"。

"Always ready, connected and fast. Just ask." 随时待机，快速响应，从亚马逊的广告语中就知道：提问就好了！

Alexa，几点了？

Alexa，找首轻松的歌放放；

Alexa，明天要不要带雨伞？

如果你觉得上面的小儿科，那么它还可以：控制Nest、IFTTT公司旗下智能家居产品；查银行账户信息；订购披萨；Uber叫车；甚至还能语音控制汽车（当然，目前还不支持中文）。

外表简约却内藏丰富的功能，Echo倍受用户欢迎。自2015年正式发售至今，

图2　Business Insider在2016年12月对Echo销量及Alexa技能数量的统计①

---

① "It's been a good year for the Amazon Echo", Jeff Dunn, http://www.businessinsider.com/amazon-echo-sales-figures-stats-chart-2016-12.

短短两年销量即已突破 500 万台，在近来甚少创新的音箱界可谓异军突起。而且，据亚马逊官网的销售页面显示，Echo 在近 5 万名用户评价中获得 67% 的全 5 星好评，被亚马逊视为"下一个 10 亿美元级"业务。

销量翻倍（见图 2），技能数直线上升……一个看上去比较简单的音箱类单品能达到这种火爆程度，实在令人惊讶。

在互联网各大巨头早已布局语音助手的情况下，为什么 Echo 能够独领风骚，甚至让 Google 追随其脚步而推出 Google Home 音箱，苹果也据传将要发布基于 Siri 的智能音箱？

下面，小赢就从产品功能和专利技术角度，和大家分享一下亚马逊这款"可以回应的扬声器"背后的秘密。

Echo 的产品研发

亚马逊开发 Echo 以及 Alexa 服务的项目可以追溯到 2011 年，由亚马逊的 Lab126 实验室研发（Lab126 类似于 Google 的 X 实验室。126 表示第 1 到第 26 个字母。其研究项目以字母顺序命名，例如 Kindle 为项目 A），属于项目 D，于 2011 年启动。[①]

该项目最初的目标并不十分远大，其创意实际是项目 C（涉及增强现实）的一个衍生分支，后来才逐渐明确。为了加速语音技术的研发，亚马逊从著名的语音技术公司 Nuance 挖来一批重要技术人员，后来又陆续收购了 Yap、Evi、Ivona Software 等多家语音初创公司，为语音转文字、语音识别在商品搜索上的应用、文本语音转换和语音命令等功能提供技术支撑。

2014 年 11 月，亚马逊推出 Echo，并于 2015 年 7 月正式对所有用户出售，售价 179.99 美元。

Echo 呈圆柱形，高约 23.5 厘米，内置麦克风阵列和扬声器阵列，以语音作为主要交互方式，通体只有两个按键，其主要硬件结构见图 3 所示。[②]

图 3 亚马逊 Echo 音箱硬件结构

---

① "The Real Story of How Amazon Built the Echo"，Joshua Brustein，https://www.bloomberg.com/features/2016-amazon-Echo.

② https://www.amazon.com.

Echo 的两个物理按键都在顶面，分别是关闭麦克风和唤醒；顶部有一个灯环，灯环下面是一个音量控制转环，可以通过旋转来调节音量。灯环会对 Echo 的状态做出灯光反馈，比如关闭麦克风的时候，灯环会变成红色，而调节音量的时候，灯环为白色，且范围随着音量变化。当捕捉用户语音时，灯环还会在朝向用户的部分点亮。

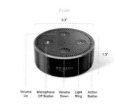

2016 年 3 月，亚马逊丰富 Echo 品类，发布了小型版的 Echo Dot，并在 10 月更新为 Echo Dot 2，售价 49.99 美元（见图 4）。

Echo Dot 具有与 Echo 同样的语音交互功能，只是弱化了扬声器，但可以通过 3.5mm 音频接口或者蓝牙的方式连接到其他音响中，从而弥补扬声器的不足。[①]

图 4 小型版音箱 Echo Dot

与 Echo Dot 同期推出的还有 Amazon Tap，是一款 360°户外蓝牙音箱，同样内置了 Alexa 语音助手，售价 129.99 美元。

Echo 的功能

在 Echo 研发过程中，亚马逊很长时间都没有明确这款扬声器的主要功能是什么。作为一个重要特点，Echo 支持同时播放声音和监听用户语音的功能在后期才确定下来。

亚马逊创始人贝索斯希望能让 Echo 完全支持电商购物。需要说明的是，有证据表明，早在 2013 年底，Lab126 就已考虑将 Echo 作为一款智能语音控制设备，通过互联网将它与其他公司开发的智能灯泡等设备进行连接和控制。

2015 年 4 月，Alexa 新增对 Belkin WeMo 无线开关和飞利浦 Hue 灯具的控制功能，正式触及智能家居领域。

在先后增加对多款智能家电的支持之后，2015 年 6 月，亚马逊宣布将 Alexa 开放给第三方开发者，发布了 Alexa Skills Kit（ASK）和 Alexa Voice Service（AVS）两套工具包。其中，ASK 主要面向开发者，在 Alexa 中开发更多语音服务应用；AVS 则主要支持第三方设备厂商在设备中集成 Alexa。与此同时，亚马逊还特别设立了 1 亿美元的风险投资基金"Alexa Fund"，专门用来扶持语音交互领域的初创企业。

由于亚马逊的推动以及 Echo 的良好口碑，其他智能设备厂商和第三方开发者

---

① http://www.amazon.com.

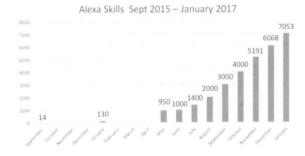

图 5　国外媒体对 Alexa Skills 的数量情况统计

的热情日益高涨，Alexa 具备的技能越来越丰富。图 5 是国外媒体对 Alexa Skills 的数量情况统计 ①。2015 年 Echo 整合的第三方服务只有 14 项，到 2017 年 1 月已经上升至 7000 余项，并且以每天大约 100 项新技能的速度增长。

在刚刚进行的 CES 2017 消费展上，据说有 700 多种产品将内置 Alexa 服务，包括 LG 超豪华冰箱、华为 Mate 9 手机（美国版）、联想音箱、优必选机器人、甚至福特电动汽车……虽然没有参展，但 Alexa 几乎无处不在。福布斯新闻表示，亚马逊的 Alexa 要主宰 CES。

亚马逊硬件部门高级副总裁 David Limp 曾说：“亚马逊相信下一个大平台是语音，我们要做的就是为用户打造一个完全由语音控制的云计算机。”伴随 Echo 发展起来的 Alexa 不再只是一个内置于设备中的智能语音助手，它已经成为一个抢占先机的智能语音平台，是亚马逊在人工智能和智能家居领域的重大布局。而作为亚马逊自家最先接入 Alexa 服务的主体，Echo 未来也必然水涨船高，还将具备更多令人期待的功能。

Echo 相关的专利

如此重要的产品，自然少不了专利保护。同时，为了保密起见，对于 Echo 项目早期的专利，亚马逊是借助一家名为 Rawles LLC. 的公司进行申请，后来再转让给亚马逊。

从 2012 年 6 月起，Rawles LLC. 申请了多个名称中包含“voice controlled assistant”（语音控制助理）的专利，其中的语音控制助理就是 Echo 音箱的形式。例如，较早的一篇专利 US9060224B1，如图 6 所示，语音控制助理包括麦克风阵列、扬声器阵列和计算组

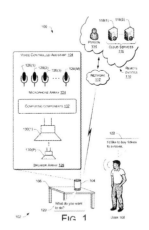

图 6　US9060224B1 的说明书附图

①　“Total Number of Amazon Alexa Skills Reaches 7000”，AVA MUTCHLER，http://voicebot.ai/2017/01/03/total-number-amazon-alexa-skills-now-7000.

件，用户以说话的方式向语音控制助理提交请求，语音控制助理通过麦克风阵列采集声音信号，对声音信号进行处理，形成相应的查询请求，然后与云端通信，通过云端为用户提供各种应用服务，如播放音乐、回答提问等，最后通过扬声器阵列将结果反馈给用户。

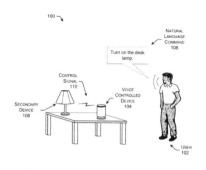

图7　US2015154976A1 的说明书附图

2013 年 12 月，同样是通过 Rawles LLC. 公司，亚马逊申请名称为 "Natural Language Control of Secondary Device"（二级装置自然语言控制）的专利 US2015154976A1，同时还申请了 PCT 并进入欧洲和中国。该申请描述了通过自然语言输入并经由初级语音响应装置来控制二级装置的技术，也就是利用 Echo 以语音方式控制其他设备的原型（见图7）。

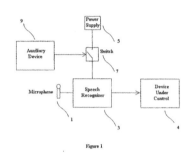

图8　US7418392B1 的说明书附图

众所周知，亚马逊并非最早推出智能语音助理的公司，单就以语音方式控制二级设备而言，这也不是亚马逊的首创。例如，Sensory, Inc. 的一项专利 US7418392B1（申请日为 2004 年 9 月 10 日）就公开了通过语音指令控制设备操作的方案，如图8所示。该专利被苹果和亚马逊的相关申请大量引用。

然而，在 Echo 推出之前，市面上最为普遍的语音交互应用一般都是采用单麦克风或双麦克风系统，如集成 Siri 语音助手的 iPhone 等。单麦克风系统可以在安静环境或距离较近的情况下取得良好效果，但声源距离麦克风较远，并且真实环境存在大量噪声、多径反射和混响，这会严重影响语音识别率。在这种情况下，即便像 iPhone 这样的产品，其 Siri 的表现也不尽如人意。

相比之下，Echo 的独特之处在于使用了麦克风阵列，并且结合亚马逊强大的云服务进行语音识别。麦克风阵列由一组按一定几何结构（常用线形、环形）摆放的麦克风组成，对采集的不同空间方向

图9　Echo 使用的 6+1 麦克风阵列

的声音信号进行空时处理，能够实现噪声抑制、混响去除、声源定位、人声干

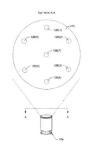

图10 US9060224B1
的说明书附图

扰抑制等功能，从而提高语音信号处理质量，提高真实环境下的语音识别率。[1]

图9[2]中的圆圈示出了Echo使用的6+1麦克风阵列，位于Echo顶部，图10为前面提到的专利US9060224B1的相关附图。

Echo所宣传的"Far-Field Voice Recognition"（远场语音识别）正是基于其硬件中的麦克风阵列实现。基于麦克风阵列技术，亚马逊在音频信号处理、智能语音识别等领域布局了大量专利，对其产品和方案进行保护。

1. 远场拾音

为了实现良好的远场拾音效果，获得清晰的目标语音信号，需要用到波束形成、声源定位、噪声抑制、混响消除、回声消除等技术。图11简要说明了这些技术及亚马逊的典型相关专利。

2. 智能语音识别

得到声音信号之后，Echo如何进行智能语音识别，准确理解用户的语音命令？这里需要用到"模型匹配"技术。模型匹配主要是和语音识别以及语义理解进行匹配，语音交互是一个完整的信号链，从麦克风阵列开始的语音流不可能割裂的存在，必然需要模型匹配在一起。实际上，效果较好的语音交互专用麦克风阵列，通常是两套算法，一套内嵌于硬件实时处理，另一套服务于云端匹配语音处理。

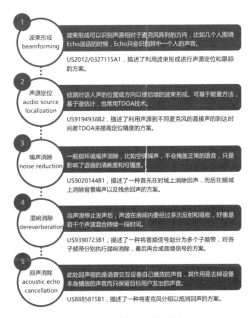

图11 亚马逊的典型相关专利

亚马逊设计了运行于云端的自动语音识别ASR（automatic speech recognition）系统，并基于模型匹配设计了关键词识别（keyword spotting）系统。Echo收到的语音命令被系统拆分为多个字段，它们在云端与关键词模型逐一比对，

---

① 陈孝良，"远场语音交互的麦克风阵列技术解读"，http://blog.sciencenet.cn/blog-1375795-1012654.html.

② https://www.ifixit.com/Teardown/Amazon+Echo+Teardown/33953.

匹配度最高的部分被认为是用户发出的语音命令。US9159319B1 描述了该关键词识别系统。

对于较为特殊的"唤醒词"，亚马逊还专门申请了多篇专利，如 US9275637B1、US9368105B1 等，可以避免错误唤醒。

此外，US9299346B1、US9424840B1 描述了一种语音识别平台，可基于自动语音识别 ASR 的结果和用户上下文来确定语音指令的范围，理解语音指令的意图，并执行相应的动作。

通过对多种音频处理和智能语音识别技术的综合运用并不断优化，亚马逊将 Echo 的平均语音处理响应时间从最开始的 5s 缩短到 1.5s，如今甚至已缩短到 1s 以内，大幅领先其他智能语音类产品，与 Echo 对话毫无延滞感，用户体验十分出色。

小结

经过以上分析可以看出，Echo 之所以领先于 Google Home 等竞争对手，其秘籍包括：

1）性能优异，用户体验良好；

2）高度机密的研发过程；

3）低调和完善的专利布局；

4）开放的策略，促进发展完整生态链。

目前 Echo 和 Alexa 还暂未进入国内，以上策略或许可供国内有关厂商借鉴一二，在竞争激烈的人工智能语音交互市场觅得一席之地。

亚马逊硬件部门高级副总裁 David Limp 曾在描述 Alexa 的时候说："我们的长期愿景是让 Alexa 这个系统能像《星际迷航》里的中央计算机一样，像科克船长一样坐在舰桥里，用声音控制一切。"

随着大数据的不断积累和人工智能的迅速发展，我们相信，人类与机器之间自然语言交流的障碍将会消除，"用声音控制一切"的时代终将到来。而 Echo，也许是这一时代开启的序章。

本文作者：

国家知识产权局专利局

专利审查协作北京中心通信部

刘毅